제4차 산업혁명

급변하는 디지털경제,
불확실한 미래사회

김 기 홍

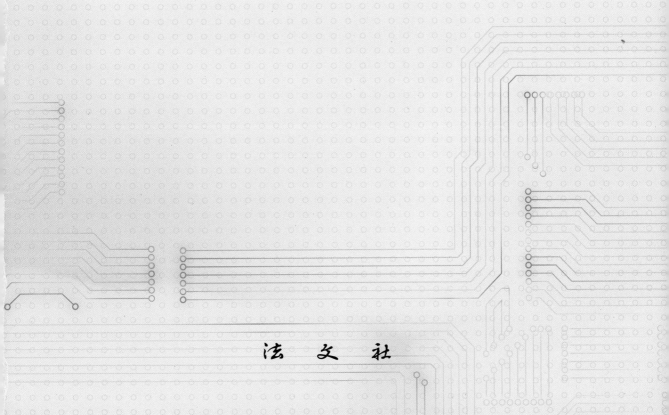

法文社

* 이 과제는 부산대학교 기본연구지원사업(2년)에 의하여 연구되었음.

머리말

Ⅰ.

제4차 산업혁명! 이 말을 들으면 대부분의 사람들은 다음과 같은 반응을 보인다. '언론에서 많이 거론하는 것 아닌가' 혹은 '변화가 일어나는 것은 이해하겠는데 나하고는 아직 관계가 없지 않나' 혹은 '구글, 아마존, 테슬라, 그리고 애플이 잘하고 있고, 우리 삼성과 LG도 약간 ~~'. 이런 반응이 일반적이다. 하지만, 조금 관심이 있는 사람이라면 지금 사용하고 있는 휴대폰의 활용범위가 상상 이상으로 늘어나는 것에 당혹스러움을 느끼고, 그래서 인공지능과 로봇이라는 단어를 떠올릴지도 모른다.

그러니 물어본다. 제4차 산업혁명, 어디까지 왔을까? 결론부터 말하자. 제4차 산업혁명은 바로 지금 이 시간, 이 장소에서, 당신과 나, 그리고 우리를 둘러싼 모든 환경에서 이미 진행되고 있다. 설마? 아니다. 스마트폰을 잘 사용하고 있는 사람이라면 금융업은 이미 무한경쟁의 시대에 접어들고 있음을 알 수 있다. 산업의 움직임을 눈여겨보고 있는 사람이라면 자동차 산업, 조선 산업, 금융 산업 등 과거와 같은 산업 구분이 의미가 없어지는 것을 목격하고 있다. 이런 산업의 변화 대신 일상생활의 변화를 봐도 좋다. 스타벅스 커피점, 혹은 지하철을 한 번 타보라. 거기에 있는 사람들이 무엇을 하고 있는가? 이미 그 답을 알고 있다. 그래서 물어본다. 스마트폰 없는 생활을 상상할 수 있을까? 스마트폰의 원조인 아이폰이 세상에 나온 것이 2007년이니 불과 10여년 사이에 일어난 변화다.

Ⅱ.

이 책은 이런 제4차 산업혁명에 대해 알기 쉽게 설명하려 한 책이다. 사실 지금 일어나고 있는 변화가 '제4차'인지 '제3차'인지 논쟁이 없는 것은 아니다. 하지만 이런 명칭은 그리 중요하지 않다. 문제의 핵심은 전대미문(前代未聞)의 변화, 그것도 그 폭과 범위가 엄청나게 넓은 변화가 일어나고 있고, 또 일어날 것이라는 점이다. 과장하지 말라고? 개인적인 경험 몇 가지를 들어보자.

미국 라스베이거스에서 열리는 CES(Consumer Electronics Show)에 참석하기 위해 미국을 여행하던 때, 어느 소도시의 도로 주변에 주차할 일이 있었다. 과거의 경험에 의하면 25센트 동전을 넣으면 그 시간만큼 주차할 수 있다. 당연히 그러려니 했는데 내가 마주친 것은 주차하기 위해선 이 회사의 모바일 앱(app)을 다운로드 받아 설치하라는 안내문이다. 이 지역에 사는 주민이라면 귀찮지만 앱을 설치할지 모른다. 하지만 방문객은? 아니 앱을 설치하는 것이 익숙하지 않은 고령층은? 주차를 하지 말라는 말인가?

그것보다 더 놀라운 일이 있다. 이 소도시의 슈퍼마켓에 들어갔더니 입구에 위치한 키오스크에서는 비트코인을 팔고 있었다. 한때 끝이 없이 오르는 가격 때문에 우리 젊은이들을 열광하게 하고, 끝이 없이 내리는 가격 때문에 우리 젊은이들을 좌절하게 한 그 비트코인. 그 비트코인을 현금으로 살 수 있다는 것이다. 현금을 넣어볼까? 비트코인이 어떻게 나오는지 지켜볼까?

III.

거듭 말하지만, 이 책은 이런 제4차 산업혁명에 대해 알기 쉽게 설명하려 한 책이다. 하지만, 제4차 산업혁명에 대한 답, 다시 말해 제4차 산업혁명이 가져오는 변화에 우리는, 우리 학교는, 우리 사회는, 우리 국가는 어떻게 대처해야 하는지 그 해결책 혹은 대응방안을 제시하려 한 책은 아니다. 물론 몇 가지 기본적인 대처방안을 제시하고는 있지만, 그보다는 제4차 산업혁명의 다양한 측면에 대해 질문을 던지고, 독자들 스스로 그 질문에 대해 생각해보기를 권유하고 있다.

가장 중요한 질문은 무엇일까? 그 중 하나는 다음과 같다: '이 책을 읽는 당신은 이 제4차 산업혁명이 가져오는 변화에 대해 어떤 준비를 해야 할 것인가?' 이 책의 기본 독자인 20대와 30대는 이 질문을 심각히 생각해야 한다. 이 글을 쓰는 저자까지 포함하여 기존 세대는 그럭저럭 한 세상을 살다 가면 될지 모르지만, 30년 이상의 사회적 활동을 해야 할 지금의 20대와 30대는 전혀 다른 방식으로 자신의 삶을 계획해야 할지 모른다. 기본적으로 변화와 혁신은 성공하기 위한 조건이 아니라 생존하기 위한 조건이 된다.

그 다음으로 중요한 질문은 다음과 같다: '제4차 산업혁명이 가져올 사회경제적 변화에 한국을 포함한 각국의 정부는 어떻게 대처하고 준비를 해야 할 것인가?' 제4차 산업혁명이 가져오는 사회경제적 변화의 핵심은 '불공정과 불평등의 확산'이 될지 모른다. 산업혁명은, 조금의 시간적 차이는 있을지 모르나, 예외 없이 사회 각 부문의 생산성 증가를 가져온다. 문제는 그 증가된 생산성, 혹은 제4차 산업혁명의 긍정적 효과가 한 사회의 구성원에게 골고루 배분되지 않고, 특정 계층에 집중될 가능성이 매우 높다는 것이다. 본문에서는 이를 프레카리아트 계층의 출현으로 설명하고 있다.

쉽게 말하자. 당신이 새로운 기술로 저렴한 상품을 만들었다고 하자. 하지만 그 상품을 팔기 위한 방법으로 오프라인에 상점을 만드는 것은 좋은 해결책이 아니다. 그러면 어떻게 할까? 우습지만 아마존에 판매를 의뢰할 수밖에 없다. 아마존. 이 유통의 강자 때문에 미국 소도시의 기존상권은 하나씩 붕괴되고 있다. 어떻게 진행될지 예측이 어렵다.

다시 우리의 문제로 돌아가자. 10 대 90의 불평등을 논의하던 시대에서 1 대 99 혹은 0.01 대 99.99를 논하는 시대가 올지 모른다.

어떻게 해야 할까?

IV.

그러니 이 책은 제4차 산업혁명에 대해 지속적인 관심을 가지고 계속해서 공부해 나가기를 원하는 사람들을 위한 것이다. 그 변화의 속도가 빠르기 때문에 이 책에서 제시하는 최신의 정보도 조금 시간이 지나면 최신이 아니게 될 수 있다. 예를 들자. M2M(machine to machine)이라는 용어는 지금은 IoT(Internet of Things)라는 용어에 밀려 사용하지도 않는다. 하지만 IoT의 시작도 M2M인 것은 맞다. 그러니 독자들이 이 책을 통해 매우 빠른 속도로 진행되고 있는 제4차 산업혁명에 조금이라도 더 관심을 가지게 된다면 저자로서는 더 바랄 나위가 없다.

이 책을 집필하는 사이에 미국의 CES를 참관할 기회가 있었다. 이 CES의 참관 경험은 이 책의 곳곳에, 때로는 경이로, 때로는 후회로, 때로는 서글픔으로 녹아 있다. 산업혁명이라지만, 거기에도 국적이 있고, 거기에도 불평등이 있고, 거기에도 차별을 볼 수 있었기 때문이다. 그런 인식, 혹은 통찰력이 이 책의 곳곳에 배어 있다.

V.

이 책을 마무리하는 지금 두 가지 생각이 떠오른다.

하나는 한 시대가 가고 있다는 것이다. 평균의 힘에 의지해 그럭저럭 살 수 있는 시대가 사라지고, 상상하지 못할 정도로 경쟁이 치열해져, 다른 사람, 다른 사회, 다른 국가가 가지지 못한 특성을 가져야만 살아남는 시대가 온다는 것이다.

또 다른 하나는 이 책을 쓰는 나는 어떻게 변해야 할 것인가 하는 것이다. 몸을 일으켜 세우고, 마음을 저 위로 향하고, 다시 새벽을 깨울 각오를 한다.

감사의 말을 전해야 할 사람들이 있다.

우선 무엇보다 그동안 디지털경제라는 내 강의를 계속해서 들어준 학생들에게 고마움을 전하고 싶다. 그들의 지속적인 호기심과 의문은 내가 더 공부할 수 있는 계기가 되어 주었다. 그리고 이 책을 이렇게 읽기 좋게, 보기 좋게 만들어 준 법문사 편집부 김제원 이사님과 직원들께 정말 감사하다는 말을 전하고 싶다. 아, 이 책의 출판을 부탁하고 이끌어준 영업부 권혁기 과장님에게도 감사의 말을 전하지 않을 수 없다.

2020년, 향후 10년을 시작할 새해가 밝았다.

이 변화의 10년, 이 예측 못할 10년을, 소용돌이치는 강을 건너듯, 사랑하는 가족과 함께, 힘 있게 건너고 싶다.

2020년 2월
금정산을 바라보는 연구실에서
김 기 홍

차 례

제1부 제4차 산업혁명의 시작

제2부　제4차 산업혁명의 주요 내용: 각 부문별 의의와 현황을 중심으로

제3부　제4차 산업혁명에 따른 사회·경제적 변화

제4부   결론: 어떻게 준비할 것인가?

제4차 산업혁명의 분석 차례

제1부

제4차 산업혁명의 시작

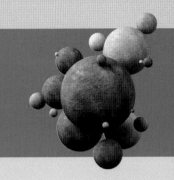

제 1 장

제4차 산업혁명?

제 1 절 산업혁명이란 무엇인가?

산업혁명이란 무엇인가? 이에 대한 보편 타당한 정의는 존재하지 않는다. 그것은 산업혁명이 무엇인가를 정의한 뒤, 이 정의에 맞는 사회경제적 현상을 분석한 것이 아니라, 매우 큰 변화를 가져온 사회경제적 현상을 사후에 산업혁명이라는 개념으로 정리했기 때문이다. 그래서 다양한 정의가 존재할 수 있다.[1] 여기서

---

1 아래 표에서 보는 바와 같이 두산백과와 위키피디아에서의 산업혁명 정의 역시, 영국에서 일어난
   산업혁명을 중심으로 산업혁명을 파악하고 있다.

   📖 》표 **산업혁명의 정의**

두산 백과	영국에서 일어난 산업혁명은 유럽 제국(諸國), 미국·러시아 등으로 확대되었으며, 20세기 후반에 이르러서는 동남아시아와 아프리카 및 라틴아메리카로 확산되었다. 이 광의의 산업혁명은 흔히 공업화라고 부르는 것으로서, 이를 간단히 정의하기는 곤란하지만 물질적 재화의 생산에 무생물적 자원을 광범하게 이용하는 조직적 경제과정이라고 할 수 있다. 산업혁명은 A.토인비가 말한 바와 같이 격변적이고 격렬한 현상이 아니라 그 이전부터 시작하여 온 점진적이고 연속적인 기술혁신의 과정이라고 보는 것이 지배적이다.
위키 피디아	산업혁명(産業革命, 영어: Industrial Revolution)은 18세기 중반부터 19세기 초반까지, 약 1760년에서 1820년 사이에 영국에서 시작된 기술의 혁신과 새로운 제조 공정(manufacturing process)으로의 전환, 이로 인해 일어난 사회, 경제 등의 큰 변화를 일컫는다. 산업혁명이란 용어는 1844년 프리드리히 엥겔스가 《The Condition of the Working Class in England》에서 처음 사용하였고, 이후 아놀드 토인비가 1884년 《Lectures on the Industrial Revolution of the Eighteenth Century in England》에서 이를 보다 구체화 하였다.

   자료: 네이버 지식백과의 두산백과, 위키피디아에서 수정 인용.
   　　https://terms.naver.com/entry.nhn?docId=1108641&cid=40942&categoryId=31818
   　　https://ko.wikipedia.org/wiki/%EC%82%B0%EC%97%85%ED%98%81%EB%AA%85

의 분석, 역시 영국에서 발생했던 첫 번째 경제·사회적 변화를 정리해가는 과정에서 산업혁명을 이해해 가기로 한다.

산업 혁명은 1760년대에서 1830년대에 이르는 기간에 영국을 중심으로 일어나 전통적인 농업 사회를, 질적으로 전혀 다른 산업 사회로 전환시켰던 경제구조의 변화과정을 일컫는다. 면방직, 철강 및 증기기관 등 3개 분야의 기술 혁신을 바탕으로 시작된 산업혁명은 생산기술상의 대변혁을 가져왔을 뿐만 아니라 경제체제와 사회체제 및 문화 전반에 걸쳐 큰 영향을 주었다.

산업 혁명 과정에서 나타난 중요한 경제 및 사회 현상은 대개 다음과 같이 정리될 수 있다.

- 농업생산성의 급격한 향상과 농토 이용방법의 변혁
- 인구이동과 집중에 따른 공업도시와 상업도시 등 도시화의 진전
- 과학기술혁신의 생산과정에의 응용 및 확산
- 기계도입에 따른 공장제의 보급과 공업생산력의 급속한 증대
- 도로·철도·운하 등 교통수단의 발달과 상업의 발전
- 자본가 계급과 노동자 계급의 형성 및 갈등, 무역을 통한 산업혁명의 국제적 파급

하지만, 산업혁명의 가장 직접적인 결과는 생산력의 비약적 향상이다. 산업혁명을 주도한 영국은 면직물의 생산에 있어서 비약적인 생산력 향상을 기록하였다. 영국은 당시 미국과 인도로부터 원면이 저렴하게 공급되고 있었고, 면직물에 대한 국내외의 수요도 급증하고 있었다. 이런 경제적 상황을 배경으로, 방적기, 방직기 등 증기기관의 발명에 따른 면직물 생산의 기계화로 면제품의 생산능력이 크게 증대되었다. 이에 따라 영국 면제품의 수출은 1760~1780년에 3~4배, 1780~1790년에 10배, 1800~1815년에 3배가 증가하였고, 19세기 중엽에 이르러서는 영국 면제품 생산이 세계 총생산의 절반을 차지하기에 이르렀다. 또, 면공업 생산 방식의 기계화와 1830년대 이후 철도 시대의 시작으로 철에 대한 수요가 크게 늘었다. 이에 따라 철의 생산도 확대되었는데, 1852년 영국의 철강 생산량은 세계 생산량의 절반을 차지하기에 이르렀다.[2]

이런 생산력의 증가와 함께 사회적인 변화 또한 매우 두드러진다. 제3절의 산

---

2 산업혁명 과정에서의 변화와 생산성 향상에 대한 자세한 내용은 졸저(2016) 제3장 제3절을 참조.

구분	변화의 내용
1. 기술진보와 이에 따른 생산성의 변화	– 획기적이고 구체적인 기술진보가 있었는가? – 이에 따라 실질적인 생산성 증가가 있었는가?
2. 사회적 패러다임의 변화	
• 사회의 일반적 변화	– 사회 구조와 구성에 뚜렷한 변화가 발생했는가?
• 기업과 산업의 변화	– 기업의 생산, 유통, 경영 방식에 변화가 있었는가? – 기업과 산업의 구조에 변화가 있었는가? 　(발전하는 산업과 쇠퇴하는 산업) – 기업의 경쟁력 구성에 변화가 있었는가?
• 일상적 삶에서의 변화	– 직업과 삶을 누리는 기본방식에 변화가 있었는가?

자료: 저자 작성.

업사회와 디지털사회의 비교에서 분명히 설명되고 있지만 사회적인 변화는 그 이전 시기와는 비교할 수 없을 정도로 강력한 것이었다. 부르조아(bourgeoise)라는 신흥자본가 계층이 출현하고, 증기기관을 비롯한 새로운 동력원이 개발되어 운송수단의 급격한 확충과 발전이 진행되었으며, 공장에서의 생산이라는 이전과는 전혀 다른 생산방식이 자리 잡게 되었다.

산업혁명이 가져온 이런 변화들을 이해하기 쉽게 재정리하면 〈표 1-1〉과 같이 요약할 수 있다.

즉, 저자가 제시하는 것은 새로운 사회 경제적 현상을 산업혁명이라는 틀로 파악하기 위해서는 두 가지의 기준이 필요하다는 것이다. 첫째는 기술진보와 그에 따른 생산성의 증가다. 특정의 시기 혹은 기간을 경계로 획기적인 기술진보가 있었는지, 그 기술진보에 따라 실질적인 생산성 증가가 있었는지 판단할 필요가 있다. 두 번째는 사회적 패러다임의 변화다. 사회적 패러다임의 변화는 사회의 일반적인 변화, 기업과 산업의 변화, 개인의 일상적 삶에서의 변화, 이 세 가지로 구분할 수 있다. 사회의 일반적인 변화란 이런 산업혁명으로 인해 사회 구조와 구성에 뚜렷한 변화가 발생했는지, 기업과 산업의 변화와 관련해서는 생산, 유통, 경영방식에 뚜렷한 변화가 발생했는지, 그리고 기업과 산업의 구조에 변화가 있었는지를 검토하는 것이다. 이와 관련 기업의 경쟁력 구성에 변화가 있었는지도 함께 검토할 필요가 있다. 개인의 일상적 삶과 관련해서는 직업과 삶을 누리는 기본방식에 변화가 있었는지, 확인할 필요가 있다. 이런 기준이 모든 산업혁명을 이해하고 구분하는 명백한 준거틀은 아니다. 하지만 개략적인 의미에서라도 이런 두 가지 형태의 기준을 충족하면 그것은 새로운 산업혁명으로 보아도 좋

그림 1-1 산업혁명에 따른 경제와 사회의 변화

자료: 네이버 CCL 상업적 이용가능 이미지 검색,
https://blog.naver.com/jcs203/221047475423

자료: 구글 재사용이미지 검색, https://pxhere.com/
ko/photo/1142536

지 않을까 생각한다.

이와 관련 영국에서 발행되는 경제 주간지 The economist(2001)는 IT가 이전의 기술진보와 진정으로 다른지 (하나의 산업혁명인지) 그렇지 않으면 과거와 유사한 또 하나의 기술진보인지를 평가하기 위해서는 다음 세 가지 측면에 대한 검토가 이루어져야 한다고 주장하고 있다. 그 세 가지 측면은 다음과 같다.

- IT가 우리의 일상생활을 어느 정도로 변화시키고 있는가?
- IT가 기업의 생산공정을 어느 정도로 재구성하고 이에 따라 기업을 어느 정도 효율적으로 바꾸게 되는가?
- IT가 경제전체의 생산성에 대해서는 어느 정도의 영향을 미치는가?

이런 세 가지 측면을 재분류하면 첫 번째는 사회적 패러다임 변화에서의 개인의 일상적 삶의 변화로 이해할 수 있고, 두 번째는 사회적 패러다임 변화에서의 기업과 산업의 변화로 이해할 수 있다. 당연히 세 번째는 기술진보와 이에 따른 생산성의 변화로 이해할 수 있다. 분명하지는 않을지라도 앞으로 이런 기준으로 산업혁명을 파악할 것이다.

이상과 같은 개략적인 기준을 적용할 때 인류의 경제사에서 대략 다음과 같은 네 번의 산업혁명이 발생한 것으로 이해할 수 있다.

이런 네 번의 산업혁명에 대해 그 기준, 주요 기술, 시기, 주도국가 등에 대해 명백한 설명은 존재하지 않는다. 단지, 개략적으로 네 번의 산업혁명을 이해하고 있을 뿐이다. [그림 1-2], [그림 1-3]에서 보는 바와 같이 무엇을 강조하느냐에 따라 산업혁명에 대한 이해가 조금씩 달라지고 있다. [그림 1-2]는 산업혁명의 원동력 혹은 새로운 기술을 중점적으로 설명하고 있지만, [그림 1-3]은 산업혁명에 대한 다양한 설명을 시도하고 있다.

이 책에서는 이런 다양한 논의들을 바탕으로 다음 〈표 1-2〉와 같이 임의적으로 네 번의 산업혁명을 정리하기로 한다.

이 표가 제시하는 두드러진 특징은 다음 몇 가지로 정리할 수 있다.

첫째, 네 번의 산업혁명을 크게 산업사회와 디지털사회로 구분하고 있다는 것이다. 그래서 제1차 산업혁명 이전의 사회는 산업사회의 전(前)단계에 해당되고, 제1, 2차 산업혁명은 18세기 이후 현재까지 우리가 산업사회라고 부르는 사회적 기반을 만들어 왔다. 이런 산업사회가 사라진 것은 아니지만 디지털경제의 시작

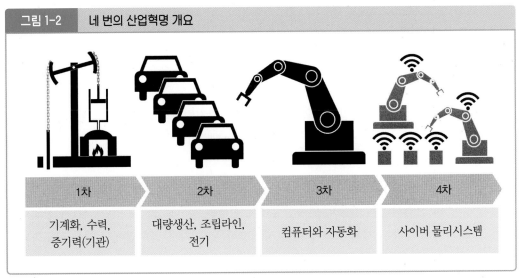

그림 1-2　네 번의 산업혁명 개요

1차	2차	3차	4차
기계화, 수력, 증기력(기관)	대량생산, 조립라인, 전기	컴퓨터와 자동화	사이버 물리시스템

자료: https://en.wikipedia.org/wiki/Industry_4.0#/media/File:Industry_4.0.png

그림 1-3   네 번의 산업혁명 요약

	1차 산업혁명	2차 산업혁명	3차 산업혁명	4차 산업혁명
시기	18세기 말	19세기~20세기 초	20세기 후반	2015년~
핵심변화	기계화	대량생산, 자동화	디지털화	기술융합
생산방식	수력, 증기기관	전기에너지	컴퓨터, 인터넷	AI, CPS, IoT 등
주도국가	영국	미국, 독일, 일본	미국	미국, 독일, 일본

사이버물리시스템(CPS) 공정, 운송 등 실제 물리적 시스템을 컴퓨터와 네트워크를 통해 자율적이고 지능적으로 실시간 제어하는 시스템

자료: 경제연구소(2017), "중소기업 CEO를 위한 내 손안의 4차 산업혁명," pp. 1-18, p. 4에서 한국표준협회의 자료를 재인용.

≫표 1-2   경제적으로 본 네 번의 산업혁명

구분		시기	주요 발명	주요 특성	시작한 나라
산업 사회	제1차 산업혁명	18세기 말	증기기관, 기차	기계화	영국
	제2차 산업혁명	19세기~20세기 초	전기, 자동차	대량생산, 자동화	미국, 독일, 일본
디지털 사회	제3차 산업혁명	20세기 후반	인터넷, 스마트폰	디지털화, 디지털경제의 시작 정보혁명 디지털경제2.0[3]의 시작: 모바일 혁명	미국
	제4차 산업혁명	2015~6년 이후?	인공지능, 사물인터넷	융합의 시대	?

자료: 저자가 임의작성.

에 따른 제3차 산업혁명으로 산업사회는 디지털사회로 이전하게 된다. 산업사회와 디지털사회는 매우 큰 차이를 가지는데, 이것은 다음 절에서 자세히 살펴볼 것이다.

둘째, 산업사회의 형성이라는 공통점을 가지기 때문에 제1차 산업혁명과 제2차 산업혁명은 일종의 연속선상에서 진행된 것으로 볼 수 있다. 제1차 산업혁명에서 개발된 기계와 그에 따른 생산방식은 제2차 산업혁명에서 매우 고도화되었기 때문이다. 디지털사회의 개화와 발전이라는 점에서 제3차 산업혁명과 제4차

---

3 여기서 제시되는 디지털경제 2.0의 개념은 다음 절에서 자세히 설명될 것이다.

산업혁명 역시 디지털경제의 연속선상에서 진행된 것으로 볼 수 있다. IT와 인터넷이라는 디지털경제의 기본 인프라를 바탕으로 인공지능과 사물인터넷이 중추로 기능하는 제4차 산업혁명이 꽃 필 수 있었기 때문이다.

셋째, 그래서 이 표에서 제시된 제4차 산업혁명이 바로 이 책의 주된 관심사가된다. 하지만, 거듭 강조하지만 이 제4차 산업혁명은 제3차 산업혁명의 연장선상에서 시작된 것이다. 그래서 제4차 산업혁명에 대한 본격적인 분석에 나서기 전에 디지털경제 발전 과정을 살펴보고, 그것이 어떤 점에서 제4차 산업혁명과 연관이 있는지 분석할 것이다.

그러므로 본격적인 분석에 나서기 전에 우리가 해야 할 일은 두 가지다. 그 하나는 산업사회와 디지털사회가 어떤 특징을 가지고 있는가를 파악하는 것이고(제3절), 또 다른 하나는 디지털경제의 발전과정을 분석하면서 이 책의 분석대상인 제4차 산업혁명에 대한 개략적인 윤곽을 이해하는 것이다(제2장).

제 3 절 디지털사회와 산업사회의 비교[4]

여기서는 디지털경제가 시작되기 전과 뒤를 각각 산업사회, 디지털사회라 부르고 이 양자의 사회를 간략히 비교할 것이다. 이 두 사회를 시기적으로 가르는 구분은 디지털경제의 시작이 될 것이다. 하지만, 여기서는 이 두 사회를 비교하면서도 디지털사회는 제4차 산업혁명 이전까지를 대상으로 할 것이다. 제4차 산업혁명에서의 변화는 제2, 3, 4부에서 충분히 논의될 것이기 때문이다.

1. 개 요

산업사회와 디지털사회는 여러 가지 면에서 비교될 수 있다. 〈표 1-3〉은 다양한 기준에 의해 두 사회를 비교한 것이다.

이 표에서 보는 바와 같이 주요한 비교 기준은 변화의 양상, 생산요소, 개인, 기업, 산업, 정부로 각각 나눌 수 있다. 변화의 양상에는 다시 변화의 동인, 변화의 속도, 변화의 주도층, 변화에 대한 저항 등이 포함된다. 생산요소의 변화에는

---

4 이 절의 내용은 필자(2016) 제3장을 요약하고 개작한 것이다.

구분		산업사회	디지털사회
1. 변화의 양상	변화 동인	기계 엔진(동력)	디지털기술(정보처리), 인터넷
	변화 속도	점진적	급진적
	변화 주도	산업자본(신흥 자본가)	지식과 정보(지식근로자)
	변화 대상	경제에서 정치, 사회, 문화 등으로 확산 특정 지역에서 세계로 확산	정치, 경제, 사회, 문화 등에 거의 동시에 영향 전세계가 동시에 진행
	변화에 대한 저항	기계파괴운동(Luddite movement)	정보격차(digital divide) 정보기기의 격차(device divide)
2. 생산요소	핵심 생산요소	노동, 자본	기술, 정보, 지식
3. 개인	고용	평생직장 임금을 위한 노동 단순 노동, 특화된 노동	평생직업(평생교육) 소유를 위한 노동(스톡옵션) multi-tasking
	근무형태	고정된 근무시간	재택근무, 파트타임, 자유시간근로제 등 유연
4. 기업	기업조직	수직적, 피라미드 조직 기능적이고 특화됨	수평적 조직, 인스턴트조직 네트워크화
	경영방식	명령, 통제 하향식 의사소통	자기 관리 광범위하게 분산
	생산방식	규모의 경제 대량생산으로 비용절감	다품종소량생산, 재고 감축 네트워크화로 비용절감
	판매방식	대규모 시장과의 근접성	전자상거래를 통한 one-to-one marketing
5. 산업	산업구조	제조업 중심 생산자 중심	서비스업 중심 소비자 중심
	산업조직	대기업 중심	중소벤처기업의 역할 증대
6. 정부	정부역할	계획수립(시장개입) 규제	비전제시(환경조성) 조정

자료: 다양한 문헌을 참고하여 저자가 임의작성.

핵심 생산요소가 어떻게 변하는지 보여준다. 이 표에 의하면 산업사회에서는 노동, 자본이 핵심적인 생산요소였지만, 디지털사회에서는 여기에 정보 기술, 정보, 지식이 더해진다. 개인 항목에는 고용, 근무형태가 어떻게 변하는지 보여주고 있다. 기업에는 기업조직, 경영방식, 생산방식, 판매방식의 변화를 보여주고 있다. 산업에는 산업구조와 산업조직을 각각 설명하고 있다. 마지막으로는 정부의 역할이 어떻게 변하는지 설명하고 있다.

이 표에서의 간략한 이해와는 별도로 생산요소의 이동이 가져오는 효과, 변화의 속도에 대한 영향, 기업과 산업에서의 변화, 변화에 대한 저항 등에 대해서는 별도로 설명하고자 한다. 그것은 이런 요인들이 산업사회에서 디지털사회로 전환할 경우의 총체적인 변화를 가장 잘 드러내기 때문이다.

2. 생산요소의 중요성 이동이라는 측면

산업사회의 도래는 생산요소의 중요성에 있어서도 변화를 초래하였다. 토지의 중요성이 완전히 사라진 것은 아니었지만, 그보다는 자본의 중요성이 더 강조되게 되었다. 따라서 이런 자본을 가지고 있는 계층이 경제의 중심세력으로 등장하게 되었고, 그렇지 못한 계층과의 사이에 긴장과 갈등이 초래되기도 하였다. 그래서 이런 자본을 기반으로 한 신흥자본가가 사회의 주도세력이 되었다.

디지털사회의 경우(특히 디지털경제 1.0의 시기) 자본보다는 정보와 지식이 보다 중요한 생산요소로 등장하게 되었다. 자본이 전혀 무의미하게 되었다는 것이 아니라, 정보와 지식의 효율적 이용이 수반되지 않고서는 자본 그 자체로서는 생산의 효율성을 기할 수 없게 되었다는 것을 의미한다. 그런 의미에서 산업사회의 신흥자본가에 대비하여, 디지털사회의 경우에는 지식근로자가 새로운 세력으로 등장하게 되었다.

3. 변화의 속도라는 측면

산업사회와 디지털사회는 변화의 속도라는 측면에서 다소 차이를 보이고 있다. 산업사회로의 변화는 100여 년에 거쳐 점진적으로 진행되어 사람들의 삶의 패러다임을 서서히 바꾸어 나갔지만, 디지털사회로의 변화는 매우 빠른 속도로 진행되고 있다.

예컨대, 포춘(Fortune)지는 지난 1999년 5월중 기사에서 새로운 e-기업의 최고경영자인 e-CEO가 갖추어야 할 최고의 덕목으로 속도(speed)를 들어 빠른 경영여건 변화에 기민하게 대응하는 기업만이 인터넷 시대에 살아남을 수 있음을 암시하였다. 이처럼, 디지털사회로의 변화를 최일선에서 경험하고 있는 기업들의 경우 디지털경제로의 진화에 '빠르게' 적응하는 것이 기업의 생존을 위한 필수덕목으로 간주되고 있다. 하지만, 이러한 속도는 비단 기업 경영자에게만 요구되고 있는 것이 아니라, 일반 소비자 혹은 시민의 경우에도 똑같이 요구되고 있다. 예컨대, 산업사회의 경우에는 평생직장이라는 개념이 중요한 인생의 관심사가 되었지만, 디지털사회의 경우에는 이것이 평생직업이라는 개념으로 대체되고 있다. 따라서 한 가지 기술과 직업에 목숨을 걸기보다는, 다양한 기술을 습득해야 하고 평생직업을 유지하기 위해 다양한 교육을 받지 않으면 안되게 되었다.

4. 기업과 산업에서의 변화라는 측면

기업조직과 생산방식, 경영전략 면에서도 산업사회와 디지털사회는 다소의 차이를 보이고 있다.

먼저 가장 두드러진 차이를 보이는 것이 생산방식의 측면에서다. 산업사회에서 기업은 원자재의 조달, 상품생산, 분배 등 생산 활동이 하나의 회사 내에서 이루어지는 일괄 생산방식을 채택하였다. 또 대기업위주의 대량생산체계를 갖추고, 비용절감을 통한 이윤 극대화를 최우선 경영전략으로 삼았다. 반면 디지털경제의 기업들은 핵심역량을 가진 사업부문만을 직접 운영하고, 다른 부문은 아웃소싱(out-sourcing)하는 형태를 선호하고 있다. 또, 대량생산체계 대신, 다품종소량 생산방식을 선호하고 비용절감의 측면보다는 제품혁신을 통한 시장선점을 우선적인 경영전략으로 생각하고 있다.

디지털경제가 발전하면서 생산방식에 더 큰 변화가 발생한다. 디지털경제 초기 형태가 드러난 프로슈머(prosumer: production과 consumer를 혼합한 말)가 더 진화하여 기업의 생산과정에 직접적으로 참여하는 현상이 발생하게 된다. 소비자는 단순히 기업이 생산한 제품을 소비하는 계층이 아니라 제품의 기획단계에서부터 자신의 견해와 선호를 제시하고, 기업은 그 소비정보를 생산과정에 반영하게 된다.

그 다음은 경영방식에서의 차이이다. 산업사회의 기업들은 수직적, 피라미드적인 조직을 갖추고 있으며, 의사결정 역시 위에서 아래로 이루어지는 하향식 의사소통구조를 갖추고 있다. 따라서 자연히 중앙집권적인 형태가 많을 수밖에 없다. 하지만, 디지털사회에서의 기업들은 수평적인 조직을 갖추고 있으며, 의사결정 역시 아래에서 위로 이루어지는 하의상달식의 의사소통구조를 갖추고 있다. 이러한 의사결정구조와 조직구조의 차이는 이들 기업의 경영환경과 밀접한 구조를 가지고 있다. 산업사회의 경우 일사불란하게 움직이는 것이 기업목표 달성에 유리했던 반면, 디지털사회의 경우 시장과 소비자의 변화에 효율적으로 대처하기 위해서는 수평적, 분권적 구조가 더 효율적일 수밖에 없기 때문이다.

판매방식의 경우에도 다소의 차이를 발견할 수 있다. 산업사회의 기업들은 대규모 시장과의 근접성을 중시한 반면, 디지털사회의 기업들은 인터넷 전자상거래를 통한 일대일 마케팅과 같이 개별적 근접성을 중시하고 있다. 따라서 산업구조 역시 산업사회의 경우에는 제조업과 생산자 중심으로 짜여지지만, 디지털사회의 경우에는 서비스업과 소비자를 중심으로 짜여질 수밖에 없다. 그리고 디지털사회에서는 과거 산업사회에 비하여 중소벤처기업의 역할이 더 크게 된다.

디지털경제가 발전하면서 산업의 변화는 더 큰 폭으로 변하게 된다. 디지털경제의 초기에도 어느 정도 드러나기는 했지만, 산업의 융합이 더 심화되고 디지털경제가 심화되어 제4차 산업혁명의 시대에는 아예 산업자체의 구분이 아무런 의미가 없는 시대가 도래하게 된다(자세한 것은 제3부와 제4부를 참조).

5. 변화에 대한 저항과 부정적 효과라는 측면

산업혁명으로 인한 산업사회로의 전환에는 사람들의 삶의 질을 향상시킨 측면도 있는 반면 그렇지 못한 측면도 있다. 가장 대표적인 것이 기계파괴운동이다. 즉, 산업사회에서는 대량생산기계의 도입으로 인하여 일자리를 잃게 된 실업자들이 기계를 파괴하는(러다이트(Luddite)운동) 움직임이 일어나기도 하였다. 그리고 자본의 중요성이 커짐에 따라 자본을 소유하고 있는 자본가와 그 자본가에 의하여 고용되는 노동자들이 격렬히 대립하기도 하였다. 그 외 산업사회가 점차 심화되어감에 따라 인간의 '소외'라는 문제가 제기되기도 하였다.

디지털사회로의 전환 역시 이러한 이중적인 측면을 가진다. IT와 인터넷의 확산과 보급에 따라 기업과 산업의 생산성이 증대하고 이에 따라 소비자의 생활의 질이 향상된다는 측면도 있지만, 이와 함께 인터넷을 통한 각종 범죄가 늘어나는 등 부작용도 적지 않다. 예컨대, 해커의 증대, 개인정보의 불법유통, 스팸메일의 대량유통이 이러한 넷(Net)상 신흥범죄의 대표적인 예이다. 하지만, 가장 심각한 문제는 IT와 인터넷에 대한 접근과 활용의 차이에서 생겨나는 정보격차의 문제이다. 즉, IT와 인터넷에 쉽게 접근할 수 있는 계층과 그렇지 못한 계층 사이에 심각한 격차가 존재하고 있으며, 이 격차는 또 다른 경제적 불평등의 근원이 되어 사회적 통합을 저해하는 요인으로 작용하게 된다는 것이다.

이런 불평등은 디지털경제 발전의 초기에 발생하는 것이라 할 수 있다. 하지만, 디지털경제가 발전하면서 이런 정보격차의 문제와 함께, 디지털기기 격차(device divide)의 문제도 함께 발생한다. 디지털기기 격차란 IT와 인터넷에 접속하기는 하지만, 어떤 기기를 사용하느냐에 따라 접속하는 정도와 속도, 그리고 강도에 차이가 나는 현상을 의미한다. 쉽게 말해, 데스크탑 컴퓨터로 인터넷에 접속하는 것과, 스마트폰으로 인터넷에 접속하는 것은 그 접속의 범위와 속도에 있어 차이가 난다는 것이다. 당연한 말이지만, 스마트폰으로 접속하는 것이 더 신속하게 인터넷에 접속할 수 있는 길이다. 엄청난 속도로 변하는 세상에서 조금 더 빨리 신속하게 인터넷과 IT에 접속함으로써 디지털경제의 혜택을 누리는 정도도 차이가 발생하게 된다.

제 2 장

디지털경제의 발전과
제4차 산업혁명

이 장에서는 디지털경제가 어떤 과정을 통해서, 어떤 기술발전을 통해서 도래했는지를 밝히고, 그것이 제4차 산업혁명과 어떤 관계가 있는지 설명할 것이다.

제 1 절 디지털경제의 발전[1]

1. 디지털경제론의 시기 구분

디지털경제의 가장 기본적인 축, 혹은 인프라는 IT와 인터넷이다. 그래서 디지털경제의 역사를 IT와 관련된 반도체와 컴퓨터, 인터넷의 확산과 관련지어 설명한다. 그런 의미에서 디지털경제는 반도체와 컴퓨터를 기준으로 하면 70년, 인터넷을 기준으로 하면 40년, 일반인들의 인식을 기준으로 하면 20년 정도 되는 역사를 가지고 있다. 하지만 현재와 가까워질수록 디지털경제의 발전 속도가 빨라지기 때문에 지금의 디지털경제를 1950~60년대의 디지털경제와 동질적인 것으로 간주하기는 매우 어렵다. 그래서 디지털경제에 대한 이해를 돕기 위해 어떤 형태로든 그 시기를 구분할 필요성이 있다.

무엇을 기준으로 하더라도 지금까지 진행된 디지털경제의 역사에서, 시기구분과 관련 가장 중요한 사건은 2007년의 아이폰 출시라고 할 수 있다. 2007년 1월 9일 미국 샌프란시스코에서 열린 맥월드 2007에서 애플의 창업자 스티브 잡스는

---

1 이 절의 내용은 필자(2016) 제3장의 주요 내용을 수정 개작한 것이다.

기존의 스마트폰과는 다른 아이폰을 출시했다. 애플의 아이폰은 다음과 같은 의미에서 그 이전과 이후를 구분하는 역할을 한다.

첫째, 스마트폰[2] 이전에는 인터넷을 하기 위해서는 정해진 장소에 가야만 했다. 하지만, 스마트폰은 통신기술과 결합하여 스마트폰이 있기만 하면 언제 어디서나 인터넷과 접속할 수 있게 되었다. 그런 의미에서 스마트폰의 보급은 스마트폰만 가지면 인터넷에 바로 접속할 수 있다는 점에서 매우 혁명적이다.

둘째, 노키아나 LG 그리고 삼성이 초기에 생각한 것처럼 애플의 아이폰은 기존의 피쳐폰을 조금 개선하거나 확장한 것이 아니라, 기존의 피쳐폰과는 전혀 다른 새로운 제품이다. 그것은 기존의 통신기능에 인터넷 접속 그리고 휴대용 컴퓨터를 결합한 형태로 만들어졌다. 그런 점에서 스마트폰은 디지털경제의 역사에서 제품의 융합과 관련 가장 혁명적인 변화를 몰고 온 제품이다. 다시 말해 2007년 이전에는 그 가능성은 생각하고 있었지만 누구도 이런 융합제품을 만들어낼 생각을 하지 못했고, 만들어내지 못했던 것이다.

스마트폰 출시 이후 디지털경제에서 발생하는 이런 변화를 모바일 혁명으로 부르고자 한다(이미 모바일 혁명이라는 말은 널리 사용되고 있다). 그래서 2007년 이후의 시기를, 그 이전의 디지털경제와 구별한다는 의미에서 디지털경제 2.0으로 부르기로 한다. 그러면 디지털경제 1.0의 시대는 무엇을 말하는가? 그것은 반도체와 PC의 발명으로부터 시작되는 디지털경제기의 여명을 말한다. 다시 말해, 디지털경제가 시작된 뒤 2007년 아이폰이 보급되기 전까지의 시기를 일컫는 것이다.

2020년의 시대, 디지털경제 2.0은 어디까지 왔을까? 달리 말하면 디지털경제 2.0의 시대는 언제까지 계속될까? 2007년 이전과 이후를 구분하는 기준을 다시 적용하자면, 스마트폰을 통해 인터넷과 컴퓨터의 기능에 접속하는 시기가 성숙되면, 이제 스마트폰을 가지고 있지 않더라도 자연히 인터넷과 컴퓨터의 기능에 접속하는 시기가 오게 된다. 모바일혁명기의 인터넷과 IT접속을 퍼베이시브(pervasive)라고 한다면, 이런 시기의 인터넷과 IT접속을 유비쿼터스(ubiquitous)라고 부를 수 있다. 즉 언제, 어디서나, 원하기만 하면 인터넷과 IT에 접속할 수 있다는 것이다.[3]

---

2 여기서 스마트폰 대신 아이폰이라는 단어를 사용해도 무방하다. 하지만, 굳이 스마트폰이라는 용어를 사용한 것은 본문에서 밝힌 바와 같이 아이폰이 스마트폰의 대명사라는 인식에 근거한 것이다.

3 이 시기에는 스마트폰과 같은 기기보다는, 외출할 때 옷을 입는 것처럼 컴퓨터가 우리 몸과 일체화되어 옷과 같은 컴퓨터 혹은 wearable computer와 같은 개념이 발전하게 될 것이다. 모니터는 안경에 부착되고, 컴퓨터의 본체는 시계와 같은 형태로 부착되거나 아니면 시계와 일체화되고,

이런 시기를 디지털경제의 제3시기 혹은 디지털경제 3.0이라고 할 수 있다. 현재 스마트폰에 의한 모바일 혁명이 그 정점에 달했고 이에 따라 이미 세계 경제는 이미 디지털경제 3.0의 시기로 넘어간 것으로 보여진다.

2. 세 단계 디지털경제의 특징

이처럼 우리는 디지털경제를 IT와 인터넷의 접근성[4]을 기준으로 1.0, 2.0, 3.0의 세 시기로 구별했지만 모든 디지털경제 시기는 그 이전(이것을 산업사회라고 할 수 있다)과는 확연히 구별되는 특징을 가진다. 그것은 다음과 같이 정리할 수 있다.

첫째, 지식과 정보의 중요성이 강조된다. 디지털경제의 모든 시기는 그 이전과 비교하여 지식과 정보가 새로운 생산요소, 새로운 경쟁력의 원천으로 작용하게 된다. 특히 이런 중요성이 부각되는 시기가 디지털경제 1.0의 시기이다. 그 이전의 시기와는 확연히 구별되기 때문이다. 하지만, 디지털경제가 2.0 혹은 3.0으로 진화하면서 지식과 정보를 강조하는 정도는 줄어들게 된다. 그것은 지식과 정보가 중요하지 않아서가 아니라, 지식과 정보는 당연히 중요한 상태에서, 다른 요소의 중요성이 부각되기 때문이다. 그 다른 요소에 포함되는 것으로는 소프트웨어, 디자인, 창의성, 컨텐츠, 네트워크 등의 개념을 들 수 있다.

둘째, 디지털재화의 등장이다. 디지털재화는 정보재화라고도 말할 수 있다. 디지털재화는 비경합성, 무한 확장가능성, 이산성, 비공간성, 재조합성 등의 특성을 가지는데, 이들 특성은 디지털경제가 1.0에서 2.0 그리고 3.0으로 심화될수록 더 중요하게 된다. 이런 특성에 가장 잘 부합되는 것이 소프트웨어와 컨텐츠이다.[5] 그래서 이들 소프트웨어와 컨텐츠는 디지털경제 1.0의 시기에도 중요하지

컴퓨와의 인터페이스는 음성을 위주로 하고 자판은 부차적인 형태로 변모할 것이다. 당연한 이야기지만, 음성으로 바로 인터넷과 연결이 가능하게 되고, 움직이면서 인터넷과 IT에 접속하는 시대가 열리는 것이다.

4 분명 이 책의 기준대로 하면 디지털경제를 세 시기로 구분한 주요한 기준은 IT와 인터넷의 접근성이라고 할 수 있다. 그것은 디지털경제 2.0을 모바일혁명의 시기로 부르는 점에서 확연히 드러난다. 즉 디지털경제 2.0의 시기는 디지털경제 1.0의 시기와는 달리 '이동하면서도' IT와 인터넷에의 접속이 가능하게 되었다. 하지만, 디지털경제 2.0과 디지털경제 3.0을 구분하는 기준이 반드시 IT와 인터넷의 접근성이 아닐 수도 있다. 본문 중에서는 유비쿼터스 컴퓨팅의 개념을 빌려 디지털경제 3.0을 구분했지만 아이폰의 등장이 디지털경제 2.0의 시대를 연 것처럼, 전혀 생각하지 못했던 제품 혹은 개념이 디지털경제 3.0의 시대를 열 수도 있다.

5 이런 특성 때문에 강조되는 것이 지적재산권이다. 디지털재화와 관련된 지적재산권 보호가 필요하다는 데 대해서는 누구도 이의를 제기하지 않지만, 어떤 지적재산권을 어떻게 어느 정도 보호해야 하는지에 대해서는 계속해서 논쟁이 벌어지고 있다.

않은 것은 아니지만, 디지털경제 2.0, 그리고 3.0의 시기에 접어들면서 그 중요성이 더 커지게 된다.

셋째, 온라인 시장의 등장이다. 디지털경제 이전에는 실물에 기반을 둔 소위 오프라인 시장만 존재했는데 디지털경제의 시작과 더불어 인터넷에 기반을 둔 온라인 시장이 등장하게 된다. 이들 온라인 시장은 디지털경제의 발전과 더불어 지속적으로 진화하게 된다. 디지털경제 1.0의 시기에는 전자상거래, 2.0의 시기에는 이런 전자상거래가 모바일로 진화하게 되고, 3.0의 시기에는 이 모든 것이 통합되면서 가상공간의 중요성이 강조되는 단계로 변하게 된다. 디지털경제 1.0에서 2.0으로 진화되는 과정은 전자상거래가 모바일화되는 것으로 이해할 수 있다면, 2.0에서 3.0으로 진화하는 것은 단순한 모바일을 넘어서 온라인에 기반을 둔 '가상 공간'의 활용이라는 측면이 더 부각된다.

세 단계의 디지털경제에서 이런 공통점이 부각되지만 이 세 단계의 디지털경제는 다음과 같은 점에서 차이가 나기도 한다.

<디지털경제 1.0의 주요 특징>
- IT가 매우 중요하게 됨: IT의 경제발전 효과, 생산성 증대, 물가 안정
- 지식과 정보의 중요성이 강조되기 시작함: 새로운 생산요소
- 지식노동자의 개념 등장: 노동과 근로를 바라보는 새로운 시각

디지털경제 1.0의 시대에 진행되었던 지적재산권 논쟁은 크게 두 가지로 나눌 수 있다. 첫째, 기존의 지적재산권 보호제도를 디지털재화와 관련된 보호에 그대로 적용해도 괜찮은지의 문제, 둘째, 사전적 인센티브와 사후적 효율성의 긴장관계에 대한 갈등 해결 문제이다. 디지털경제 1.0의 시대에는 기존의 지적재산권 보호제도를 그대로 원용하거나 다소의 수정만 가하는 형태로 적용해도 큰 문제가 발생하지 않았다. 오히려 논쟁의 핵심은 과다한 지적재산권 보호로 인한 자연독점의 발생, 사후적인 사회의 효율성을 어떻게 확보하느냐가 쟁점으로 부각되었다. 하지만 디지털경제 2.0의 시대에는 디지털재화와 관련한 지적재산권을 어디까지 인정해야 할 것인지가 중요한 문제로 부각되었다.

이에 대한 대표적인 사례가 삼성과 애플의 특허분쟁에서 제기된 소위 trade dress 문제였다. 소위 말하는 초지적재산권 문제가 그것이다. 이것이 디지털경제 2.0과 3.0의 큰 대세로 자리잡을지 아직 불확실한 면이 없지 않다. 그것은 오직 미국에서만 이것이 광범위하게 보호되기 때문이다. 유럽과 다른 나라에서는 trade dress와 같은 초지적재산권이 아직 광범위하게 보호되지 않고 있기 때문이다. 하지만, 한 가지 분명한 것은 디지털경제 1.0의 시대와는 달리 개인의 아이디어, 독창적 생각과 느낌에 대한 배타적 권리를 인정하려는 추세는 더 강화될 가능성이 높다. 아이폰이라는 전화기를 보고 받은 첫 번째 인상, 혹은 느낌이 아이폰이라는 제품을 설명할 고유의 특성으로 인정된다면, 이와 비슷한 사례는 앞으로 더 늘어날 가능성이 매우 높다. 특히 디지털경제 2.0이 심화되어 디지털경제 3.0의 시대로 접어들면 개인의 아주 개별적인 감정과 느낌마저 그것이 적절한 경로를 통하여 보호되기만 한다면 이는 새로운 지적재산권의 일종으로 간주될 수 있다. 아주 위험하지만, 이것이 하나의 현실이 될 수 있다.

- 디지털재화 개념의 등장: 지식과 정보의 중요성과 연계
- 디자인의 중요성에 눈뜨기 시작: 독창성(창조성)을 강조하는 것으로 연결
- 오프라인에서 온라인을 바라보기 시작함: 전자상거래의 개념 등장 그리고 활성화

<디지털경제 2.0의 주요 특징>
- 모바일의 개념이 강조됨
- IT 하드웨어와 함께 소프트웨어의 중요성을 강조하기 시작함
- 컨텐츠와 디자인을 필수요소로 인식: 감성과 소통의 중요성 인식하기 시작
- 전자상거래가 모바일의 개념으로 진화: 전자상거래, 게임, 포털 등 주요 서비스가 모바일로 진화
- SNS의 중요성이 인식되기 시작함
- 오프라인과 온라인의 협업의 개념이 대두됨: 온라인과 오프라인이 서로 교류하기 시작함

<디지털경제 3.0의 주요 특징>
- 모바일에서 더 진화하여 유비쿼터스의 시대로 발전
- 온라인과 오프라인의 경계가 사라지기 시작함
- 가상공간이 매우 중요하게 됨: 장자의 호접몽이 가지는 의미의 재발견
- M2M(Machine to Machine)의 시대를 지나 IoT(Internet of Things)의 시대로: 로봇의 시대, 인간과 물건의 인터페이스
- 개성과 개인화의 시대: 정보, 지식, 디자인, 창조성 그 위에 감성과 스토리의 중요성이 강조됨

제 2 절　디지털경제의 발전과 제4차 산업혁명

지금까지 디지털경제의 발전 과정을 세 시기로 구분하여 검토하고, 그 각 시기의 특정을 간략히 살펴보았다. 그러면 이런 디지털경제의 발전과 제4차 산업혁명과는 어떤 관계를 가질까?

이런 문제를 논의하기 위해 다음과 같은 두 가지 질문을 던진다. 첫째, 디지털

경제가 계속해서 발전하면 향후 전 세계적으로 어떤 변화가 일어날까? 둘째, 이런 논의를 바탕으로 디지털경제 발전과 제4차 산업혁명을 어떻게 관련지을까?

1. 디지털경제의 발전과 미래의 변화[6]

디지털경제가 시작되면서 새로운 디지털사회가 시작되고 이것은 과거의 산업사회와 큰 차이를 가져옴을 보았다. 그러면 이런 디지털경제가 더 발전하면 미래에는 어떤 현상이 일어날까? 미래에 일어나는 변화는 아래 [그림 2-1]과 같이 정리할 수 있을 것이다. 조금 더 자세히 설명하기로 한다.

첫째, 혁신의 양상에 변화가 일어난다. 디지털경제의 전 과정에 걸쳐 혁신은 경제를 발전시킨 원동력이었지만 초기의 혁신과 미래의 혁신은 그 형태에서 중요한 변화가 발생한다. 초기의 혁신이 점진적인(incremental) 성격의 것이었다면, 미래의 혁신은 파괴적이고 교란적인(disruptive) 성격의 것이다. 과거 기업의 생태

그림 2-1	디지털경제의 발전과 미래의 변화	

현재	미래
점진적 혁신	파괴적 혁신
연구개발과 특허	데이터, 디자인, S/W 그리고 비즈니스모델
노동력과 자산의 규모	네트워크와 소비자집단의 크기
물리적 인프라	디지털 인프라
서구사회중심 혁신	아시아의 부상
표준화	고객맞춤화
유한한 선택과 효과적인 반독점도구	무한한 선택, 그러나 집중은 경쟁을 제한함
서비스와 제품은 출시전에 완벽함	시제품, 베타버전의 성행
실험실과 창고에서의 혁신	혁신의 민주화
초기의 창업기업에 대한 펀딩 집중	성장하는 자본의 규모를 증대시키는데 초점을 둠

자료: European Political Strategy Centre(2018), *10 Trends shaping innovation in the digital age*, European Union.

6 여기서의 논의는 European Political Strategy Centre(2018)를 바탕으로 한 것임.

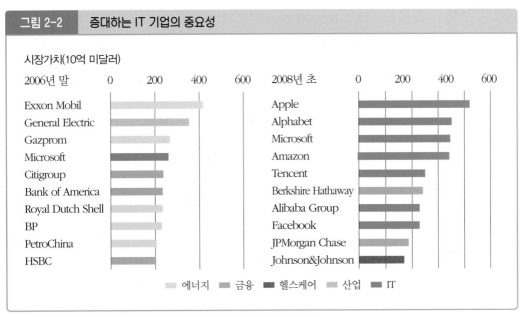

그림 2-2　증대하는 IT 기업의 중요성

시장가치(10억 미달러)

2006년 말		2008년 초
Exxon Mobil		Apple
General Electric		Alphabet
Gazprom		Microsoft
Microsoft		Amazon
Citigroup		Tencent
Bank of America		Berkshire Hathaway
Royal Dutch Shell		Alibaba Group
BP		Facebook
PetroChina		JPMorgan Chase
HSBC		Johnson&Johnson

■ 에너지　■ 금융　■ 헬스케어　■ 산업　■ IT

자료: European Political Strategy Centre(2018), p.2에서 인용.

계 변화 역시 점진적인 것이었다면, 현재와 미래의 기업의 변화는 보다 더 과격하고 급진적인 것이 될 것이다. [그림 2-2]에서 보는 바와 같이 2006년과 비교할 때 2018년의 세계 주요 기업들은 IT 기업이 압도적인 비중을 차지하고 있다.

둘째, 과거의 기업들이 연구개발과 특허에 의존하는 형태로 혁신을 해 왔다면 디지털경제가 발전할수록 데이터, 디자인, 소프트웨어에 의존하는 혁신이 더 강화될 것이다. 세계는 유형재(tangible goods)보다 무형재(intangible goods)에 대한 투자를 늘리고 있으며, 혁신의 가장 중요한 동력으로서 [그림 2-3]과 같이 데이터의 중요성이 더 커지고 있다.

셋째, 디지털경제의 발전이 심화됨에 따라 미래에서 규모의 경제가 가지는 효과는 더욱 더 커지게 된다. 하지만, 과거에는 노동자 수와 자산 규모와 같은 유형재가 가지는 규모의 효과에 주목해 왔다면, 미래에는 네트워크, 그리고 특정 제품에 고착(locked-in)된 소비자의 크기와 관련된 규모의 경제가 더 중요해질 것이다.

넷째, 따라서 물질적인 인프라보다는 디지털 인프라가 더 중요하게 될 것이다. 이 디지털 인프라는 인터넷과 밀접한 관련을 가진다. 이것은 제4차 산업혁명의 인프라와도 밀접한 관련을 가지는데, 이 책에서는 인터넷에 기반을 둔 사물인터넷과 인공지능을 제4차 산업혁명의 대표적인 인프라로 간주할 것이다.

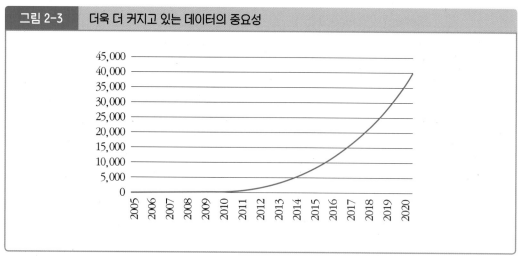

그림 2-3　더욱 더 커지고 있는 데이터의 중요성

자료: European Political Strategy Centre(2018), p.4에서 인용.

다섯째, 디지털경제의 발전에 따라 세계 경제의 지형이 바뀌게 될 것이다. 제3차 산업혁명까지는 유럽과 미국을 중심으로 산업혁명이 진행되어 왔다면, 디지털경제의 발전에 따라 새로운 플레이어가 등장하게 될 것이다. 그것은 중국이다. [그림 2-4]에서 보는 바와 같이 중국의 연구개발 투자는 EU와 미국을 넘어서고

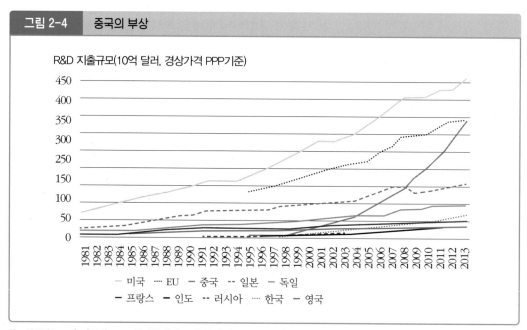

그림 2-4　중국의 부상

주: 중국은 EU와 미국의 R&D 투자증가 속도를 합친 속도로 R&D에 투자하고 있다.
자료: European Political Strategy Centre(2018), p.10에서 인용.

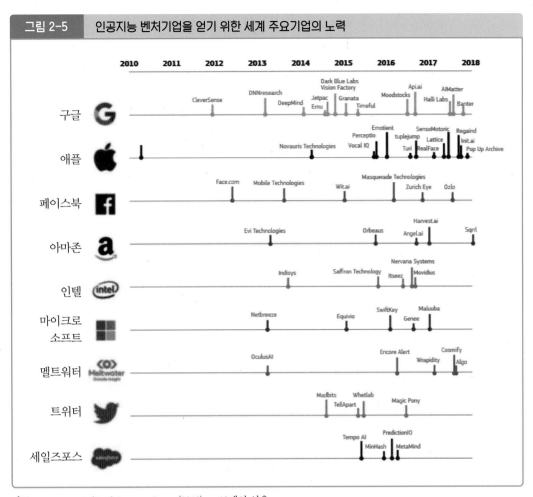

자료: European Political Strategy Centre(2018), p.13에서 인용.

있다. 이에 따라 중국의 특허출현도 매우 빠른 속도로 증가하고 있다. 제4부에서 간략히 언급할 것이지만 중국은 인공지능도 매우 빠른 속도로 발전시키고 있다. 이렇게 본다면 미국과 중국의 패권전쟁이 일어나지 않을 이유가 없다.

　여섯째, 제2차 산업혁명은 포디즘(fordism)에 따라 대량생산의 시대를 열었다. 디지털경제의 시작에 따른 제3차 산업혁명은 소비자맞춤 생산(customization)의 시대를 열었다. 디지털경제의 발전에 따라 소비자 개인의 정보를 얻기가 더 용이해졌기 때문이다. 디지털경제가 더 발전되면 이런 대량생산과 소비자맞춤 생산이 결합 대량으로 생산하면서도 소비자의 개별 취향에 맞춘 생산(mass-customization)이 가능해지게 된다. 이런 생산이 가능하게 된 것은 5G의 보급에 따른 사물인터넷의 활성화, 로봇의 도입에 의한 자동화, 그리고 3D프린팅의 보급을 들 수 있다. 자세한 것은 제2부에서 논의할 것이다.

일곱째, 첫 번째 특징에서 지적한 바와 같이 혁신이 파괴적이고 교란적인 (disruptive) 성격으로 바뀌면 기업과 산업의 경쟁 또한 무한 경쟁으로 바뀌게 된 다. 소비자는 과거와 같이 제한된 선택의 장에 직면하는 것이 아니라, 무수한 기 업이 제공하는 무수한 선택, 혹은 제한된 기업이 제공하는 무수한 선택의 기회 에 직면하게 된다. 과거와 같이 과점이라는 형태가 아니라 독점이 자연스러운 산 업구조가 될 가능성도 있다. 특히 플랫폼 기업의 경우에는 더욱 그러하다. 또, 떠 오르는 산업에서 경쟁자를 이기기 위해 새로운 벤처기업을 획득하기 위한 노력 은 더 치열해질 것이다. [그림 2-5]는 인공지능에서 독점적 우위를 차지하기 위 해 세계의 주요기업들이 어떤 노력을 하고 있는지를 보여준다.[7]

2. 디지털경제의 발전, 디지털경제 3.0, 그리고 제4차 산업혁명

그러면 이런 디지털경제의 발전은 제4차 산업혁명과 어떤 관련을 가질까? 혹 은 양자는 어떤 관점에서 이해되어야 하나?

결론부터 말하면, 저자가 일련의 저작[8]을 통해 주장한 디지털경제 3.0과 제4차 산업혁명은 매우 유사하다. 바꾸어 말해 몇 가지의 사소한 차이를 제외하고서는 양자는 거의 같은 현상을 가리키고 있다. 즉, 디지털경제 1.0과 디지털경제 2.0의 시기는 앞서 살펴본 제3차 산업혁명의 시기로 볼 수 있고, 디지털경제의 연속선 상에서 나타난 디지털경제 3.0은 제3차 산업혁명기 이후의 시기, 즉 제4차 산업 혁명으로 볼 수 있다([그림 2-6] 참조).

이런 이유로 이 책에서는 디지털경제 3.0과 제4차 산업혁명을 같은 의미로 사 용하기도 할 것이다. 특히, 디지털경제의 연속성을 강조할 경우에는 제4차 산업 혁명보다는 디지털경제 3.0의 용어를 사용할 것이다.

본격적인 제4차 산업혁명의 분석에 나서기 전 디지털경제 3.0의 특징을 다시 한번 살필 필요가 있다. 다음 〈표 2-1〉에서 보는 바와 같이 디지털경제 3.0의 가

---

7 이런 일곱 가지 특성 외에 다음과 같은 특성이 더 있다. 간략히 요약하기로 한다. 여덟 번째, 디지 털경제의 초기에는 서비스이건 상품이건 완성된 형태로 출시가 되었지만 디지털경제가 발전할수 록 베타 버전 혹은 요약 버전 형태로 출시되고 소비자의 반응을 보면서 완벽한 형태로 변하게 된 다. 아홉 번째, 혁신이 특정 계층, 특정 기업, 특정 지역에 국한되는 것이 아니라 그 범위와 연령, 지역이 다양화된다. 혁신의 민주화라고 할 수 있다. 마지막 특성은 EU에 국한된 것으로 벤처기업 의 규모와 관련된 것이다. 자세한 것은 European Political Strategy Centre(2018)을 참조.
8 필자(2016)의 디지털경제 3.0은 여러 번 개정되었다.

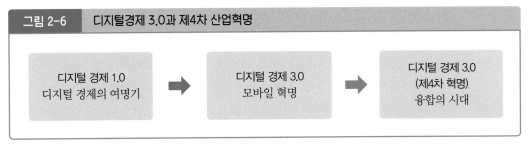

| 그림 2-6 | 디지털경제 3.0과 제4차 산업혁명 |

| 디지털 경제 1.0
디지털 경제의 여명기 | ➡ | 디지털 경제 3.0
모바일 혁명 | ➡ | 디지털 경제 3.0
(제4차 혁명)
융합의 시대 |

자료: 저자 작성.

장 큰 특징은 융합이다. 이에 대해 사람과 사람, 사물과 사물이 연결되는 네트워크가 매우 중요하고, 산업의 경계가 소멸되고, 현실과 가상공간이 통합되게 된다. 이런 특성들은 다음 장에서 간략히 살피겠지만 제4차 산업혁명의 특징과 매우 유사하다.

하지만 이 책에서는 이런 특징을 나타내는 경제적 현상에 대해 디지털경제 3.0이란 용어보다는 제4차 산업혁명이란 용어를 주로 사용하기로 한다. 사실 이 제4차 산업혁명이라는 명칭은 클라우스 슈왑(Klaus Schwab)이 2016년 세계경제포럼(WEF: World Economic Forum)에서 처음 사용한 것으로 이 용어에 대해서는 서로 다른 견해가 존재한다.

가장 긍정적인 견해는 이런 용어를 사용함으로써 사회와 경제가 어떻게 바뀌게 될지 그 변혁의 모멘텀을 제시했다고 평가하는 것이다. 일종의 긍정적 평가다. 경제주체의 행동 변화를 이끌어내기 위해서는 새로운 산업혁명의 시대가 왔

| 표 2-1 | 세 시기의 디지털경제의 특징 |

구분	디지털경제 1.0	디지털경제 2.0	디지털경제 3.0
공통 환경	IT와 인터넷	IT와 인터넷	IT와 인터넷, 관련기술 융합
인터넷 연결	데스크탑에서 연결(PC)	모바일 기기로 연결 (Smart Phone)	Ubiquitous Computing
온라인시장	전자상거래	모바일상거래	현실과 가상공간의 통합
네트워크	포털을 통한 연결	SNS와의 연결	사람과 사람, 사물과 사물의 연결
대표 기업	IBM, MS, Intel	Apple, eBay, Google, Amazon	uncertainty
산업의 변화	제품과 기술의 융합시작	융합현상과 광범위화	산업경계의 소멸
경쟁력 원천	혁신과 창조	디자인과 컨텐츠	스토리, 감성, 개별성

자료: 저자 작성.

다고 주장하는 것 만큼 효과적인 것이 없다는 것이다. 하지만, 이 용어를 사용하는 것에 대한 비판적인 견해도 없는 것은 아니다. 앞서 산업혁명의 개념을 살펴면서도 언급했지만 산업혁명이라는 용어를 사용하기 위해서는 우선 경제적인 관점에서 대규모의 생산성 증가를 목격해야 하는데, 아직 그런 생산성 증가가 이루어지지 않고 있다는 것이다. 그래서 제4차 산업혁명이라는 용어는 이 용어를 사용할만한 실체가 없다고 주장한다. 일종의 부정적 평가다.

이 양자의 중간에 위치한 견해는 다음과 같다. 아직 새로운 산업혁명이라고 부를만한 경제적 생산성의 변화와 사회적 패러다임의 획기적 변화는 없지만, 디지털경제의 발전이 일종의 성숙 단계에 접어들었다는 점에서 부분적으로는 제4차 산업혁명이라고 부르는 것을 이해할만 하다는 것이다. 저자가 이런 견해를 취하고 있다.

하지만, 2016년 이후 제4차 산업혁명이라는 용어가 널리 사용되어왔고, 멀지 않은 시기에 경제적 변화와 사회적 패러다임의 변화가 올 가능성이 매우 높다는 점에서 이 책에서도 제4차 산업혁명이라는 용어를 사용하기로 한다.

그림 2-7	제4차 산업혁명의 도래

자료: HMG 저널, news.hmgjournal.com

제4차 산업혁명의 도래

이제 제4차 산업혁명의 본격적인 분석에 앞서 제4차 산업혁명이 어떤 형태로 다가올지 개략적으로나마 이해할 필요가 있다. 아래의 '제4차 산업혁명의 분석 1' 은 바로 이런 목적을 위해 마련된 것이다.

제4차 산업혁명의 분석 1   다가오는 새로운 산업혁명[9]

"홍길동 씨는 비행기 엔진에 대한 아이디어를 정리하면서 현대와 우버가 합작해서 만든 무인전 기자동차에 몸을 싣는다. 나지막하게 '부산 석대지역 벤처2단지 405호'하고 목적지를 말한다. 대개 집에서 일을 처리하지만, 오늘은 3D프린팅을 이용해 GE가 피드백해온 비행기 엔진을 프린트해야 한다. 그 뒤, 직접 생산을 해야 할지 아니면 GE에 특허를 주고 생산을 허락할지 결정해야 한다. 조 금 피곤하기에 '커피 한잔'하고 말한다. 자동차에 설치된 커피 머신은 홍길동 씨의 기호를 알고 '과 테말라 원두, 강 로스팅, 에스프레소' 한 잔을 내어놓는다."

생산방식의 변화

18세기 이전 세상의 모든 것은 사람의 손을 빌려 만들어졌다. 그러나 18세기 이후, 증기기관이 발명된 뒤 세상의 상품들은 기계에 의해서 만들어지게 되었다. 손(hand)에서 기계(machine)로. 그 게 제1차 산업혁명을 규정짓는 말이다. 이런 생산방식은 20세기 초에 다시 한 번 큰 변화를 겪게 된다. 기계를 더 효율적으로 사용할 수 있는 조립라인(assembly line)의 도입이 그것이다. 소수의 품 목을 더 많이 더 저렴하게 만드는 대량생산(mass-production), 이게 지금 우리가 살고 있는 이 시대 의 특성이자, 제2차 산업혁명의 특성이기도 하다.

이런 생산방식에 언제부턴가 조금씩 변화의 바람이 불기 시작했다. 생산과정에 IT와 인터넷이 중요한 역할을 하게 되는 생산의 디지털화(digitization of production)가 이루어지기 시작한 것이다. 생산의 디지털화 초기 단계에서는 생산시설에 IT를 도입하고, 생산의 전 과정(원자재를 공급하고 상 품을 만든 뒤 소비자에게 파는 과정)을 인터넷으로 연결함으로써 생산비용과 재고가 줄어드는 효과를 가져왔다.

하지만, 최근 들어 생산의 디지털화는 생산의 자동화(automation), 3D 프린팅의 확대와 결합하여 인류가 한 번도 경험하지 못한 생산방식을 만들어내고 있다. 가령, 현재와 같은 대량생산방식 하 에서는 개인이 아무리 새로운 아이디어가 있더라도 기업을 통하지 않고서는 시장에 상품으로 내어 놓을 수 없다. 하지만, 3D 프린팅의 방법을 빌린다면, 기업을 통하지 않고서도 신제품 혹은 아이 디어 제품을 만들 수 있고, 다른 소비자나 기업과의 피드백을 거친다면, 시장에서 통할 수 있는 새

---

9 부산일보(2015년 1월)에 게재된 필자의 칼럼을 2020년 이후의 상황에 맞게 수정 보완.

로운 제품을 만들 수 있다. 서두에 언급한 홍길동 씨가 구상하고 있는 새로운 엔진이 대표적인 사례가 될 것이다. 이런 형태의 제조업을 개인 제조업(personal manufacturing)이라 하는데, 이것이 가능하기 위해서는 3D프린팅과 함께 인터넷을 통해 의견교환을 할 수 있는 인터넷 커뮤니티의 존재가 필수적이다. 이 인터넷 커뮤니티를 강조한다는 점에서 이런 생산방식을 사회적 생산방식(social manufacturing)으로 부르기도 한다.

설마 그럴 리가 하고 생각할지 모른다. 하지만 생산방식의 변화는 지금도 우리가 의식하지 못하는 사이에 진행되고 있다. 그래서 앞으로 20년 후 이런 생산방식은 현재의 대량생산방식을 대신할 새로운 생산방식으로 자리 잡게 된다. 그렇게 되면, 기업대신 개인이 다양하게 상품을 만들수 있으며, 커다란 공장 대신, 각 지역마다 특화된 형태로 소규모의 공장들이 다양한 소비자의 욕구를 만족시킬 수 있게 될 것이다. 여기서 잠깐. 만약, 그렇게 된다면 그 파급효과는 어느 정도가 될까?

새로운 상품과 산업의 출현

2020년 현재, 가장 세계적인 IT기업, 혹은 인터넷기업을 생각한다면 페이스북, 애플, 아마존, 알리바바와 함께 구글(Google)을 빼놓을 수 없다. 구글은 검색엔진(search engine) 아닌가? 맞다, 하지만, 검색엔진 이상이다. 구글은 스마트폰의 OS인 안드로이드를 제공하고, 구글 글래스라는 새로운 웨어러블(wearable) 기기를 개발하기도 하지만, 미래의 변화와 관련 가장 주목을 받고 있는 (로봇과 함께) 무인자동차를 개발하고 있다. 인터넷 기업이 왜 무인자동차냐고 할지 모르지만, 인터넷 검색을 가능하게 한 혹은 인터넷을 기반으로 한 모든 기술이 무인자동차에 필요한 기술과 겹쳐진다. 구글이 만든 지도, GPS와 구글 earth를 결합한 위치인식시스템, IT에 기반한 각종 센서와 그것을 연결하는 시스템은 인터넷 기술의 발전을 토대로 만들어진 것이다.

그리고, 무인자동차는 그 에너지원에서 가장 친환경적인 전기자동차와 밀접한 관계를 가지지 않을 수 없다. 자동차업계의 애플이라 불리는 테슬라, 가장 높은 경쟁력을 자랑하는 BMW 등이 이 무인자동차와 전기자동차를 결합한 새로운 자동차를 만들려고 한다. 앞으로 20년 뒤, 우리가 말하는 자동차의 '대세(大勢)'는 무인전기자동차로 흐르지 않을 수 없다.

IT와 인터넷에 기반을 둔 새로운 상품은 여기에 그치지 않는다. 애플 워치, 삼성 갤럭시 기어와 같은 시계와 유사한 IT기기부터, 소니와 구글이 시제품을 만든 안경 형태의 새로운 IT기기까지 그 새로운 상품은 우리의 상상력을 뛰어넘는다. 하지만, 가장 중요한 것은 이런 새로운 상품들이 현재 우리가 알고 있는 기존의 산업개념을 무너뜨리게 될 것이라는 점이다. 애플의 음성인식시스템 시리(SIRI)가 발전되어 포함되게 될 로봇(로봇은 음성인식시스템을 반드시 필요로 한다), 그로봇을 만드는 기업은 어떤 산업에 속하는가? 무인전기자동차를 만드는 산업은 자동차산업인가 IT산업인가? 이런 사례는 하나 둘이 아니고, 로봇과 자동차와 같은 제조업에 국한되지도 않는다. 새로운 상품과 새로운 산업의 출현. 우리의 상상력을 뛰어넘는 이런 상품과 산업이, 앞서 말한 새로운 생산방식을 전제로 다가오게 된다면 그 파급효과는 어느 정도가 될까?

소비방식의 변화

프로슈머(prosumer). 생산자와 소비자의 구별이 없어진다는 이 개념은 1980년 앨빈 토플러에 의해 처음으로 제기되었다. 당시에는 조금 낯설었지만, 인터넷이 보편적으로 보급되면서 너무 당연한 개념으로 자리 잡게 되었다. 가령, 참여와 공유를 모토로 한 웹 2.0의 시기(2000~2010)에 인터넷 이용자는 컨텐츠의 생산자이며 소비자이고 동시에 유통자가 된다. 그래서 트위터의 말을 실어 나르는 행위(리트윗이라 한다), 혹은 악플 역시 이런 프로슈머의 행위에 속하게 된다. 하지만, 인터넷이 더 보급되게 되면 이 프로슈머는 개인정보의 결합을 기반으로 1인 생산, 1인 소비, 1인 유통이라는 형태로 변하게 된다. 홍길동 씨가 커피를 주문할 때 자신이 즐기는 '강하게 로스팅한 과테말라 원두를 갈아 만든 에스프레소'가 나오는 것이 대표적인 사례가 될 것이다.

이런 개별생산, 개별소비, 개별유통은 IT와 인터넷을 통해 만들어진 개인정보가 빅데이터의 형태로 축적되어야 가능하게 된다. 달리 말하면, 이런 형태의 소비방식 변화가 이루어지기 위해서는 개인정보를 포함한 인터넷 상의 모든 행위 정보를 광범위하게 모을 수 있고, 그것을 클라우딩 컴퓨팅이라는 형태로 큰 비용 없이 저장할 수 있으며, 이 정보들을 효과적으로 분석할 수 있는 기술이 발전되어야 한다. 이런 기술발전이 가능하다고 보는가, 그렇지 않다고 보는가? 향후 20년 뒤, 새로운 상품이 새로운 산업을 기반으로 새로운 방식으로 만들어지는데, 그 과정에서 우리의 정보가 효율적으로 활용된다면 미래의 우리 생활은 어떻게 바뀌게 될까?

새로운 산업혁명의 도래

생산방식의 변화, 새로운 상품과 산업의 출현, 소비방식의 변화. 무엇을 말하는 것일까? 아무리 조심스럽게 말을 한다 해도 그것은 새로운 산업혁명이라고 말할 수밖에 없다. 산업혁명은 하루 밤에 이루어지지 않는다. 하지만, 세상의 변화를 조금이라도 느낀다면, 그리고 그 변화의 기저에는 IT와 인터넷이 자리 잡고 있음을 알게 된다면, 그 변화를 만들어낼 혹은 그 변화를 퍼져나가게 할 새로운 경제적 동인에 주목하지 않을 수 없다.

제 3 장

제4차 산업혁명의 의의와 주요 특징

제 1 절 제4차 산업혁명의 의의

1. 기본적인 동인(Motivator)

제4차 산업혁명을 가능하게 한 기본 동인(Motivator)은 무엇일까? 저자는 디지털경제 3.0의 연장선상에서 제4차 산업혁명을 파악했기에 이 질문에 대해서는 IT와 인프라, 그리고 이를 바탕으로 발전한 인공지능과 사물인터넷이라고 말할 것이다. 하지만 이 질문에 대해서는 다양한 견해가 있을 수 있다.

제4차 산업혁명이라는 용어를 처음으로 사용한 클라우스 슈밥(Klaus Schwab)은 제4차 산업혁명의 동인으로 다음과 같은 세 가지를 언급한다.[1]

- 물질적인 동인(physical motivator): 무인운송수단, 3D 프린팅, 첨단 로봇공학
- 디지털 동인(digital motivator): 사물인터넷, 디지털 혁명, 블록체인, 공유경제
- 생물학적 동인(biological motivator): 바이오 프린팅, 생물공학

슈밥이 언급한 이런 동인을 자세히 검토하면 필자가 강조한 동인들은 그의 디지털 동인과 흡사함을 알 수 있다. 슈밥이 물질적인 동인이라고 말한 것도 결국 IT산업의 발전을 전제로 한 것이라는 점에서 그리 큰 차이가 없다. 다만, 그는 생물학적 동인을 크게 강조하고 있지만, 필자는 디지털경제 3.0의 시대에는 모든

---

[1] Schwab (2016)을 참조.

산업이 융합한다는 점을 강조하면서 이런 점을 이미 지적한 바 있다. 다시 말해 이 시기에는 모든 기술(IT, BT, NT, ET, CT)이 융합되고 그에 따라 산업의 경계가 사라지는 융합이 발생함을 확인할 수 있다는 것이다. 그렇다면 슈왑의 언급은 필자가 제시한 동인들을 조금 더 구체적이고 세부적으로 언급한 것으로 이해할 수 있다.

제4차 산업혁명의 분석 2　IBM의 양자 컴퓨팅 기술

　본문에서 제4차 산업혁명의 기본적인 동인에 대해 설명했다. 하지만, 제4차 산업혁명을 꾸준히 진전시키는 보이지 않는 동인은 없을까? 저자는 그 동인들 중 가장 중요한 것 하나로 양자 컴퓨팅을 들고 싶다. 사실 지금 우리가 경험하는 디지털경제의 발전과 제4차 산업혁명은 무어의 법칙에 근거한 반도체의 지속적인 기술발전에, 부분적으로라도, 의존하고 있다. 반도체의 발전에 따라 컴퓨터의 성능이 지속적으로 업그레이드되지 않고, 데이터 처리 속도가 개선되지 않았다면 지금과 같은 혁신 기술 시대를 보지 못했을 수도 있다.

　하지만, 앞으로는 어떨까? 모두들 말하고 있는 바와 같이 무어의 법칙에 근거한 반도체의 발전은 거의 한계를 맞이하고 있다. 그렇다면 컴퓨터의 처리속도와 처리용량에도 제한이 가해질 수밖에 없다. 해결방안은 없을까? IBM이 제시하는 양자 컴퓨팅 기술이 이에 대한 하나의 답이 될 수 있다. 양자 컴퓨팅이 무엇을 의미하는지 복잡한 기술적 사실은 구체적으로 언급할 필요가 없다. 중요한 것은 이런 양자 컴퓨팅이 본격적으로 실현되면 컴퓨터의 활용속도와 범위는 더 증대할 수밖에 없다. 본문에서 앞으로 언급하겠지만 제4차 산업혁명 시대 경쟁력의 원천은 데이터이다. 데이

IBM이 CES 2020에 전시한 양자 컴퓨팅 프로토 타입

자료: 저자 촬영.

터의 양도 중요하지만 그 데이터를 얼마나 빠르고 정확하게 분석하느냐가 경쟁력을 결정하는 관건이다. 예를 들어 보자. 자율주행차는 자기가 움직이는 모든 방향의 데이터를 모아 그것을 정확하게 빨리 처리하여, 새로운 결정을 내려야 한다. 그래서 5G도 필요하지만(데이터가 빨리 플랫폼에 모여야 한다), 그 데이터를 처리하고 새로운 결정을 내리는 연산기능도 그에 못지않게 중요하다.

제4차 산업혁명의 새로운 동인으로 양자 컴퓨팅 기술을 언급하는 것은 바로 이런 이유에서다.

2. 기본적인 성격

현재 진행되고 있는 제4차 산업혁명은 기본적으로 어떤 성격을 가질 것인가? 그것은 대체로 다음과 같이 정리할 수 있다.

첫째, 초연결사회이다. 모든 사물, 인간, 공간이 연결되고 커뮤니케이션이 가능해지는 사회이다. 사물인터넷의 발전과 5G와 같은 통신기술이 발전함에 따라 단순한 연결사회를 넘어 초연결사회로 발전한다.

둘째, ICBM의 사회이다. 여기서 말하는 ICBM은 무기체계와 관련된 대륙간 탄도미사일을 말하는 것이 아니라, IoT, Cloud, Big Data, Mobile의 첫 글자를 딴 것이다. 즉, 사물인터넷이 기본적 인프라가 되어, 인간 생활의 전 영역에 보급되고 영향을 끼치게 된다는 것이다. 사물인터넷이 영향을 끼치는 영역은 인간생활, 가정, 소매환경, 사무실, 공장, 작업장, 운송수단, 도시 등 광범위한 영역을 아우르게 된다. 다음, 빅데이터와 클라우드가 모든 경제활동의 기본이 되고, 스마트폰과 스마트폰을 잇는 IT기기[2]가 이동성의 기본이 된다.

셋째, 인공지능이 사물인터넷의 효율성을 증진시키는 사회이다. 인공지능과 사물인터넷은 제4차 산업혁명 시대의 기본 인프라적인 성격을 가진다.

넷째, 가상공간과 현실이 결합되는 사회이다. 현실에 온라인이라는 가상공간이 보조적인 역할을 수행하다, 점차적으로 양자의 구분이 현실적으로 불가능한 시기로 옮겨가게 된다. 이것이 어떤 결과를 가져오는지는 제3부에서 자세히 설명할 것이다.

다섯째, 그 결과 사회, 교육, 문화 등 모든 부문에 매우 빠른 속도로 패러다임이 변화하는 사회이다. 앞서 〈표 1-1〉에서 설명한 바와 같이 이런 패러다임의 변화가 있어야 산업혁명이라고 할 수 있다.

---

2 제2부에서 자세히 논의하겠지만 스마트폰을 잇는 IT기기는 자율주행차가 될 가능성이 높다.

3. 제4차 산업혁명의 구체화되는 영역 혹은 형태

제4차 산업혁명이 구체화되는 영역 혹은 형태는 어떠할까? 그것은 〈표 3-1〉

》표 3-1 제4차 산업혁명이 구체화되는 영역

구분		설명
기본 인프라	인공지능	− 좁은 의미의 인공지능, 넓은 의미의 인공지능 − 인간의 노동력에 대한 인식의 변화: 생산함수의 변화: $Y=F(K, L, I)$, $Y=F(K, I)$, I: information(정보)
	사물인터넷	− 사람, 사물, 공간의 연결 − 5G의 보급으로 인한 초연결사회의 실현
기본 제품	로봇	− 사물인터넷, 인공지능, 인터페이스(시리), 빅데이터 − 산업용 로봇에서 서비스 로봇으로 − 인간을 돌보는 로봇에서 인간과 차별없는 로봇으로 − BT와 IT의 결합으로 인공장기의 실현, − 인간이란 무엇인가의 문제가 대두
	자율주행차	− 사물인터넷, 커넥티드 카, 전기자동차와의 연결, 인포시스템, 빅데이터 − 자동차산업과 IT산업의 경계가 모호 − 전기차 배터리, 수소자동차 − 컨텐츠를 중심으로 한 인포시스템이 승자
기본 경험	가상공간, 증강현실	− 새로운 기술의 발전에 의한 현실 인식의 오류 − 호접몽의 세계
기타	스마트 팩토리	− 사물인터넷, 온라인 시스템 − 스마트팩토리와 3D프린팅에 의한 제조업의 혁명 − 3D 프린팅으로 인한 생산주도권의 이동(기업에서 개인) − 스마트 팩토리와 3D프린팅으로 인한 Reshoring: 제조업 공장의 본국으로의 귀환: 독일 아디다스, 애플 폭스콘과의 부분적 결별
	스마트 시티	− 낡은 도시의 재생 − 새로운 도시의 설계
	핀테크	− 각종 페이: 삼성페이, 애플페이, 알리페이 − cashless society − 온라인 전용은행 − 암호화폐: 비트코인과 같은 전자화폐 − 기술로서의 block chain
	3D 프린팅	− 3D프린팅과 바이오 나노 산업의 결합 − 새로운 미래 성장산업으로 대두: 장기교체, 수명연장 − 제약산업, 의료산업과의 연결
기본 경쟁력	빅데이터 클라우딩 컴퓨팅	− 제4차 산업혁명의 기본적인 경쟁력 요인

자료: 저자 작성.

로 간략히 정리할 수 있을 것이다. 이 표는 사실상 제2부를 간략히 요약한 것이라 할 수 있다.

4. 기본적인 구조

지금과 같은 논의를 바탕으로 할 때 제4차 산업혁명의 기본구조는 다음과 같이 정리할 수 있다.

- 기본 인프라: 인공지능, 사물인터넷
- 기본 제품(대표 제품): 자율주행차, 로봇
- 기본 경험: 가상공간, 증강현실
- 경쟁력 결정요인: 빅데이터

이런 제4차 산업혁명의 작동원리, 혹은 제4차 산업혁명의 기본적인 경쟁력을 결정하는 요인은 무엇일까?

그것은 [그림 3–1]에서 제시된 바와 같은 데이터이다. 이 문제는 제2부에서 다시 자세히 논의될 것이지만, 우선 사물인터넷과 인공지능의 발전을 위해서 데이터가 아주 긴요하다는 것을 강조하고 싶다.

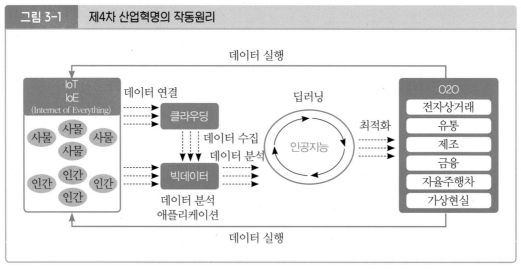

그림 3-1 제4차 산업혁명의 작동원리

자료: 삼성전자 뉴스룸, https://news.samsung.com/kr/

제 2 절	제4차 산업혁명의 주요 특징[3]

디지털경제 3.0에서 조금 더 나아간 의미에서 제4차 산업혁명시대의 특징은 〈표 3-2〉와 같이 정리할 수 있다. 이 표에서 보는 바와 같이, 주요 특징은 '변화의 내용'과 '변화의 방향'으로 구분할 수 있다. 변화의 내용은 자율(Autonomy), 모든 부문의 혁신(Beyond-Innovation), 융합(Convergence), 깊이(Depth)로 나눌 수 있

>> 표 3-2   제4차 산업혁명시대의 특징

구분	주요특징	주요 내용	중앙정부에 대한 시사점	지역정부에 대한 시사점
변화의 내용	Autonomy (자율)	• 규제는 기본적으로 불필요 • 필요할 경우 최소한의 규제	• 규제완화 필요 • 지역정책에 대해서도 재원, 정책, 시행에 대한 규제완화 필요	• 규제완화 필요 • 지역정부의 자율성 제고를 위한 특단의 대책 필요
	Beyond-Innovation (모든 부문의 혁신)	• 상품과 서비스에서의 혁신을 넘어 제조공정과 사업모델(business model)까지의 혁신이 긴요	• 좁은 의미의 혁신개념을 지양 • 산업과 정책 전반에 있어서의 혁신	• 지역의 자율성을 바탕으로 지역의 경쟁력 제고를 지향
	Convergence (융합)	• IT를 중심으로 모든 기술이 융합 • 산업의 구분이 없어짐	• IT육성은 기본 • BT, ET, 소재산업에 대한 관심 필요	• 중앙정부와 기본적으로 같은 관점 • 지역의 특성을 고려한 융합전략 구상
	Depth (깊이)	• 이전의 산업혁명과는 다르게 변화의 깊이가 예상을 초월	• 중앙정부가 모든 변화를 관할하지 못함	• 지역정부가 스스로 변화의 폭과 깊이를 주도해야 함
변화의 방향	Speed (속도)	• 매우 빠른 기술개발속도 • 평균이상으로 빠른 시장의 성숙속도 • 직업의 빠른 변화속도	• 속도에 대한 인식의 전환 • 산업정책의 전환 • 교육제도에 대한 관심	• 중앙정부와 기본적으로 같음 • 교육부문에 대한 깊은 관심이 필요
	Private (민간우선)	• 기업의 역할이 매우 중요 • 기업이 중심이 된 기술개발 • bottom-up방식의 전개	• 정부역할 재검토 • 미래설계와 비전 제시를 위한 정부의 역할 설정	• 지역여건을 고려할 때 지역정부는 중앙정부보다는 더 깊게 개입할 필요
	Local (지역우선)	• 제4차 산업혁명의 폭, 깊이, 속도는 지역이 먼저 자발적으로 수용해야 함	• 중앙정부는 지역정부에 대해 반드시 자율권 부여	• 지역정부는 자율적으로 혁신에 의한 경쟁 수용해야 함

자료: 저자 작성.

---

3 여기서 제시되는 제4차 산업혁명의 주요 특징들은 제4부에서 제시되는 우리의 대응과 밀접한 관계를 가진다. 예컨대, 정부의 역할을 제시하기 위해서는 제4차 산업혁명의 가장 주요한 특징이 자율, 민간우위, 지역우위 라는 것을 이해해야 한다.

으며, 변화의 방향은 속도(Speed)와 민간우선(private), 지역우선(Local)으로 요약할 수 있다. 이제 그 특징을 하나씩 살펴보기로 한다.

1. 변화의 내용

변화의 내용은 아래의 설명과 〈표 3-2〉에서 보는 바와 같이 A(Autonomy), B(Beyond-Innovation), C(Convergence), D(Depth)로 정리할 수 있다. 즉, 제4차 산업혁명과 관련된 변화는 경제주체의 자율성 확립과 밀접한 관련을 가지며, 그 결과 모든 부문에서 혁신이 이루어지고, 모든 부문의 경계가 없어지는 융합현상이 발생한다. 그리고 이런 모든 변화는 과거와 달리 변화의 깊이 또한 매우 크다.

1) 자율(Autonomy)

제4차 산업혁명과 관련된 시장, 산업은 과거와는 매우 다른 영역에서 발생하고 있으며, 이 시장과 산업을 조기육성 혹은 발전시키기 위해서는 현재의 규제를 대폭적으로 해제할 필요가 있다.

예컨대, 공유경제의 발전을 위해서는 숙박업, 도로교통법, 자동차법의 불필요한 규제를 없앨 필요가 있으며, 온라인은행과 핀테크의 발전을 위해서는 기존의 금산분리, 즉 금융자본과 산업자본의 관계까지 재설정할 필요가 있다. 나아가 이런 자율을 더 확대시키기 위해서는 현재 형성된 중앙정부와 지방정부의 관계를 근본적으로 바꾸어야 할 필요가 있다. 예컨대, 이런 정책시행을 위해서는 지역정부의 예산, 정책수립, 시행에 있어서의 높은 자율성을 부여해야 한다는 것이다. 즉, 규제없는 자율이 필요하다.

2) 모든 부문의 혁신(Beyond-Innovation)

과거의 산업혁명 시대에는 제품 혹은 그 제품을 만드는 공정에 대한 혁신이 있었다면, 제4차 산업혁명 시대에는 제품의 혁신, 제품공정의 혁신, 비즈니스 모델의 혁신 등 기업과 산업의 공급망 모든 영역에서 혁신이 진행된다. 이런 추세를 확산하기 위해서는 혁신에 대한 좁은 개념을 탈피하고 산업과 경제, 나아가 사회전반에 걸친 혁신이 필요하다는 인식이 필요하다. 이러한 인식은 필연적으로 정부의 산업정책 전반에 대한 재검토로 이어진다. 또, 이런 모든 부문의 혁신은 중앙정부와 지역정부의 관계에 대해서도 이루어져야 하는데, 앞에서 언급한 자율은 이런 모든 부문의 혁신이 이루어지기 위한 전제조건이 된다.

3) 융합(Convergence)

제4차 산업혁명은 IT와 인터넷을 기반으로 한 디지털경제에서 출발한다. 하지만, 제4차 산업혁명은 IT와 인터넷을 기반으로 하면서도 BT(Bio-Technology), ET(Energy Technology, Environment Technology), NT(Nano-Technology)와 융합하는 현상을 보이고 있으며, 새로운 소재산업의 발전을 배경으로 이 융합은 더 심화되고 있다. 그래서 산업과 산업과의 경계는 더 희미해지고 있으며, 직업과 직업의 경계 또한 사라지고 있으며, 경쟁력의 원천에 대한 개념 역시 변하고 있다.

이런 상황에서 중앙정부는 융합을 저해하거나 방해하는 모든 요인들을 제거할 필요가 있으며, 융합관련 산업 중에서 특히 고성장의 가능성이 있거나 한국의 산업구조상 필요한 산업에 대해서는 특별한 관심을 둘 필요성이 있다. 전자와 관련된 것이 BT 이며 후자와 관련된 것으로는 소재산업을 들 수 있다.

나아가 융합의 시대에는 관련 산업을 담당하는 정부부서가 부서이기주의에 따라 분산되는 것은 결코 바람직하지 않다. 이에 따라 제4차 산업혁명과 관련된 기술, 기업, 산업, 지역의 문제를 전담할 부서를 신설하거나 하나로 모을 필요가 있다.[4]

4) 깊이(Depth)

위에서 언급한 모든 부문의 혁신(Beyond-Innovation)이 제4차 산업혁명이 가져올 변화의 폭을 언급한 것이라면 이제 그 폭뿐만 아니라 변화의 깊이 또한 매우 크다는 것을 인식해야 한다. 깊이가 의미하는 것은 각 부문에 끼치는 변화가 매우 근본적이라는 것을 의미한다.

그래서 중앙정부가 각 부문의 변화를 전부 기획하고 조정하고 총괄한다는 것은 사실상 불가능하게 된다. 예를 들어 과거의 경우 중앙정부가 기술개발의 계획을 세우고 자원을 배분하고 시장을 조성하는 것이 가능했으나, 제4차 산업혁명의 시기에는 이런 형태가 사실상 불가능해진다는 것이다. 그러므로 기술개발의 축을 다원화하고, 지역정부에 대폭적인 권한을 이양함으로써 중앙정부와 지역정부의 경쟁의 촉진하는 형태로 변해가야 한다.

이런 깊이를 감당하기 위해서는 위에서 언급한 대로 중앙정부는 지역정부에 과감히 권한을 이양해야 하고, 제4차 산업혁명 시대의 효율적 경제발전을 위해서는 중앙정부와 지역정부, 혹은 지역정부 간의 자율적 경쟁이 매우 긴요하게 된다.

---

4 이에 대한 자세한 설명은 제4부에서 진행할 것이다.

2. 변화의 방향

1) 속도(Speed)

제4차 산업혁명이 진행되는 방향과 관련 가장 중요한 것은 그 속도이다. 그 속도는 기술의 발전에 있어서도 드러나지만, 시장의 성숙이 되는 과정, 기존 직업이 사라지는 과정, 경쟁력 원천이 바뀌는 과정에서도 드러난다.

가장 먼저 언급해야 할 것은 **기술의 발전 속도**이다. 사물인터넷과 같은 새로운 용어가 일반에 회자되기 시작한 것은 불과 3~4년에 불과하고, 초기에는 사물인터넷보다는 M2M(Machine-to-Machine)이라는 용어가 더 널리 사용되었다. 하지만 이제 사물인터넷을 제외하고서는 제4차 산업혁명을 이야기하기 어려울 정도이다. 인공지능과 자율주행차의 발전에 대해서도 유사한 속도를 느낄 수 있다.

둘째, **시장의 성숙 속도**이다. 자율주행차의 경우 2025년을 전후해서 시장이 성숙될 조짐을 보인다는 견해가 지배적이었으나 빠르면 2020년~2022년 사이에 자율주행차(전기자동차를 기반으로 한) 시장이 본격적으로 개화될 가능성도 보이고 있다. 또, 이세돌을 이긴 인공지능 알파고와 관련, 먼저 그 기술의 발전속도가 경이적이라는 것에 놀라움을 표시했으나, 이제 인공지능과 관련된 시장이 너무 빨리 열리는 것을 느낄 수 있다.

셋째, **기존 직업을 대체하는 속도**이다. 인공지능에 의한 직업과 노동시장의 재편가능성은 오래 전 부터 거론되어 왔으나, 알파고의 대두 이후 인공지능이 기존의 직업을 대체할 가능성과 속도는 더욱 빨라지고 있다. 초기에는 인간의 육체노동을 대신하는 형태로 기존의 직업이 사라질 것으로 전망했으나, 최근에는 전문직 예컨대, 의사, 변호사, 교사, 공인회계사 등의 영역에서도 생각보다 더 빨리 인공지능이 기존 의 직업을 대체할 가능성이 높아지고 있다.

넷째, **경쟁력 원천이 변화하는 속도**이다. 과거 디자인, 컨텐츠를 강조하며 상상력과 창의력을 강조하는 교육이 지배적이었으나, 이제 스토리, 체험, 감성, 열정, 통찰력, 비전 등 새로운 경쟁력의 원천이 아주 빠른 속도로 기존의 경쟁력 원천을 넘어서고 있다.

마지막으로 지적하고 싶은 이런 변화의 속도를 염두에 두고 중앙정부와 지방정부가 이에 대한 대책을 마련하고 실행하는 것을 서둘러야 한다는 것이다. 변화의 속도에 관한 한 현재의 1년은 과거의 10년과 거의 맞먹는다고 할 수 있다.

2) 민간우선(Private): 공공에서 민간으로

앞서 제4차 산업혁명 변화의 내용으로 A, B, C, D를 언급하였다. 이런 변화는 어느 부문에서 구체화될까? 그 변화는 정부보다는 민간 부문을 중심으로 이루어지게 된다. 이런 관점에서 정부의 기능과 역할에 대한 반성과 검토가 시급히 이루어질 필요가 있다. 특히, 정부가 수립하는 산업정책의 기능과 방향에 대해서는 신중한 검토를 필요로 한다. 과거와 같은 산업정책은 더 이상 효율적이지 않기 때문이다. 과거와 같은 직접 지원이 아니라, 미래의 비전에 적합한 기술이나 시장이 형성되도록 유도하는 역할에 치중해야 한다.

조금 구체적으로 말하면, 기술개발, 제품화, 시장의 형성, 제품의 판매 등 모든 산업의 공급 망에서 기업이 보다 더 중추적 역할을 할 수밖에 없으며, 정부는 그런 기업의 활동을 간접적으로 돕거나, 기업이 직접 나서서 하지 못하는 사실들을 지원하는데 전념할 필요가 있다. 특히, 다음과 같은 부문에 집중할 필요가 있다.

- 기초 연구개발 부문
- 제도적 규제완화 관련 사항
- 소재산업의 개발
- 인터넷 네트워크 등 정보 인프라 구축 관련 사항
- 지역의 자율성과 혁신을 위한 권한과 재원의 대폭적 이양

3) 지역우선(Local): 중앙에서 지방으로

앞서 제4차 산업혁명 변화의 내용의 하나로 그 변화의 깊이가 과거와 비교할 수 없음을 설명하였다. 그래서 전 항에서 정부의 산업정책은 과거의 직접적 개입에서 간접적 유도로 바뀔 필요가 있음을 언급하였다. 이 역시 산업혁명의 또 다른 변화인 자율과 혁신의 다양성을 배경으로 한다. 여기서 한 가지 더 추가해야 할 사항이 있다. 제4차 산업혁명기의 경제, 사회, 문화적 변화의 폭과 깊이에 능동적으로 대처하기 위해서는 중앙집권적 지시와 수용의 형태보다는, 지방분권적 자율과 경쟁이라는 패러다임의 변화가 요청된다는 것이다. 즉, 정부는 직접에서 간접으로, 중앙집중에서 분산과 분권으로 나갈 필요가 있다는 것이다.

그러므로 지역에 대한 인식을 근본적으로 재검토하여 권한과 예산의 자율적 수행이라는 명제 하에 지역 운영에 대한 패러다임이 근본적으로 바뀌어야 한다. 그 결과 제4차 산업혁명에 효과적으로 대응할 수 있게 되고, 대한민국의 자생적이고 균형적인 발전 역시 기약할 수 있게 될 것이다.

제 4 장

제4차 산업혁명과 관련된
몇 가지 쟁점

제1절　생산성 향상은 이루어졌는가?

제4차 산업혁명의 용어에 대한 설명을 하면서 아직 경제적 차원에서 생산성 향상이 이루어졌다는 증거를 찾기 어려움을 이야기했다. 그럼에도 불구하고 현재의 변화는 새로운 산업혁명이라고 부를 수도 있음을 언급했다.

그것은 과거 제3차 산업혁명의 시기에도 사회 전체의 생산성 향상 증거를 발견하기 위해서는 상당히 오랜 시간이 걸렸기 때문이다. 그것이 소위 말하는 '생산성 역설(productivity paradox)'이다. 이것은 노벨경제학상 수상자인 Robert Solow가 1987년에 행한 다음과 같은 유명한 말에 기인한다: You can see the computer age everywhere but in the productivity statistics. 즉, 솔로우에 따르면 컴퓨터로 대표되는 IT투자가 매우 활발하게 이루어졌지만 그 결과로서 생산성 향상이 이루어졌는지는 매우 불확실하다는 것이다. 그렇지만 시간이 경과함에 따라 현재 이러한 문제는 거의 해결된 것으로 간주되고 있다. 자세한 것은 다음의 '제4차 산업혁명의 분석 3'을 참조하면 되지만, 그 중요한 이유는 충분한 생산성 통계가 확보되지 못했고, 생산성 증가 효과가 드러나려면 상당한 시간이 누적되어야 하고, 과거 이에 대한 연구들이 상대적으로 작은 표본을 상대로 이루어졌기 때문이다.

그러므로 제4차 산업혁명에 따른 생산성 향상 효과를 검증하기 위해서는 다소 긴 시간을 기다릴 필요가 있다.

저명한 경제학자인 솔로우(R. Solow)는 "1980, 90년대까지 컴퓨터는 많이 보급되었지만 급속한 컴퓨터기술이 생산성통계에는 거의 영향을 미치지 못하는 것 같다." 라는 것을 관찰하였다. 1970, 1980년대에 많은 연구들은 노동생산성에 초점을 맞추었는데, ICT투자의 생산성에 대한 영향이 0 또는 음(-)이라는 것을 보였다. 이론적으로는 ICT투자 증가는 생산적 자본저량의 증가로 노동생산성이 증가해야 함에도, 연구결과는 이를 뒷받침하지 못했다. 그 이후의 연구들은 노동생산성에 대해 ICT가 긍정적인 영향을 미치는 증거를 발견하였고 일부연구는 ICT자본이 다른 유형의 자본보다 노동생산성에 더 큰 영향을 미친다는 증거를 발견하였는데, 이는 IT투자의 파급효과(spillovers)를 암시하는 연구였다. 따라서 지난 10년간의 연구들은 생산성의 역설의 여러 가지 원인규명에 초점이 맞춰져 있다. 그 원인을 세 가지 제시한다.

첫째, ICT 편익의 일부가 생산성통계에 반영되지 않았다(Triplett, 1999). ICT투자가 많은 서비스 분야 생산성통계가 주요원인이었다. 예를 들면, ATMs(automated teller machines)으로 인한 금융서비스의 편리성은 많은 국가에서 생산성통계에 반영되지 못했다. 보험, 사업(business)서비스, 건강서비스에도 유사한 면을 보였다. 현재는 ICT의 생산성에 대한 영향의 검증이 일부분야, 일부국가에서 개선되었으나 여전히 중요한 문제로 남아있다.

둘째, ICT사용의 편익이 나타나려면 상당한 시간이 필요하다는 것이다. 신기술의 확산이 가끔씩 느리고 기업이 신기술에 적응하는 데 긴 시간이 필요할 수 있다는 것이다. ICT가 네트워크를 통해서 MFP(Multi-Factor Productivity: 총요소 생산성)을 높인다는 것을 고려하면, 네트워크를 구축하는 데에는 시간이 걸린다는 것이다. 그러나 1970, 1980년대 연구에 비해 최근의 실증적 연구는 ICT의 경제성과에 더 큰 영향을 발견하고 있다.

셋째, 기업수준에서 ICT의 성과를 발견하려는 초기의 많은 연구들은 상대적으로 작은 샘플에 근거하거나 개인자료를 통한 연구였다. ICT의 초기 영향이 작다면 초기의 연구는 ICT의 성과를 발견하기가 어려웠을 것이다. 또한 여러 가지 연구들이 암시하는 것은 ICT영향이 산업분야별로 차이가 있었다는 것이다. 그러나 최근의 연구는 큰 샘플이나 여러 산업을 포괄하는 데이터를 이용해서 연구하고 있으며 초기연구보다는 ICT의 영향을 찾기가 쉬울 것 같다. 또한 최근에는 ICT투자측정, ICT기술확산에 많은 진전이 있었으며, 이는 유용한 데이터가 많아졌고 과거 데이터보다 통계적으로 유의한 데이터가 많아졌음을 암시한다(OECD에서는 IT 대신에 ICT라는 표현을 주로 사용한다).

제 2 절   제러미 리프킨의 제3차 산업혁명[2]

디지털경제를 하나의 산업혁명으로 이해한다면 이와 비슷한 개념을 한 번 검

---

1 OECD(2003), p. 57의 논의를 요약한 필자(2016), p. 85를 재인용.
2 이 절의 논의는 필자(2016), 제3장 제4절의 논의를 확대 개편한 것이다.

구분		제1차 산업혁명	제2차 산업혁명	제3차 산업혁명
산업혁명 구분 기준	에너지의 관점	석탄, 증기기관	석유, 내연기관	재생가능 에너지, 수소저장기술
	네트워크	인쇄술	전자통신 기술 (전신, 전화, TV, 라디오)	인터넷
산업혁명에 의한 영향	대표적인 산업	철도	석유, 화학, 자동차	사회적 기업
	주거형태	도심과 공동주택 초고층빌딩, 다층공장	교외 주택단지, 공업단지	주거지와 미니발전소의 결합
	경제구조	수직적	중앙집권적	협업, 분산, 공유

자료: 중앙일보, 2012년 5월 9일 기사 일부를 바탕으로 수정.

토할 필요가 있다. 제러미 리프킨의 3차 산업혁명이 그것이다.[3]

그가 제시하는 산업혁명의 개념 혹은 분석기준은 이 책에서 제시하는 기준과 다르다. 그는 산업혁명을 에너지와 네트워크라는 두 개의 개념으로 구분한다. 그에 따르면 1차 산업혁명은 '석탄과 증기기관'이라는 에너지와 '인쇄술'이라는 네트워크에 의해 구분된다. 2차 산업혁명은 각각 '석유와 내연기관', 그리고 '전신 전화 등 전자통신기술'으로 구분되고, 3차 산업혁명은 각각 '재생가능에너지와 수소저장기술', '인터넷'에 의해 구분된다(〈표 4-1〉 참조).

이렇게 산업혁명기를 구분하면 각 시기의 대표산업도 달라지게 된다. 그에 따르면 1차 산업혁명의 대표산업은 철도이고, 2차 산업혁명의 대표산업은 석유, 화학, 자동차가 되면, 3차 산업혁명의 대표산업은 엉뚱하게도 사회적 기업이 된다. 재생에너지라는 새로운 에너지 흐름이 사회적 기업이라는 현상을 불러일으킨다는 것이다. 따라서, 경제구조도 각 산업혁명기별로 변하게 된다. 1차 산업혁명기의 경제구조는 수직적 규모의 경제라면, 2차 산업혁명기는 중앙집권적 경제구조가 되고, 3차 산업혁명기는 협업경제, 분산자본주의의 시대가 된다.

이런 그의 분석이 과연 현재와 미래의 경제적 변화를 어느 정도 정확히 예측할 지는 알 수 없다. 한 가지 분명한 것은 그가 3차 산업혁명기의 경제구조가 협업경제, 분산자본주의 라고 이야기한 것은 현재의 디지털경제의 흐름, 제4차 산업혁명기의 흐름과도 부분적으로 일치한다. 우버, 에어비앤비 등 공유경제를 대표하는 기업들이 두각을 드러내기 때문이다.

하지만, 디지털경제의 발전이라는 관점에서 우리가 주목하는 것은 그가 에너

3　이에 대한 자세한 것은 Rifkin(2012, 2014)을 참조.

지와 함께 네트워크를 산업혁명의 시기를 분석하는 기준으로 들고 있다는 점이다. 즉 그는 제3차 산업혁명의 기반으로 인터넷을 지목하고 있는데, 이 책에서 설명하는 디지털경제 3.0 이후의 산업혁명과 제러미 리프킨이 주장하는 제3차 산업혁명이 유사한 성격을 가지거나, 최소한 시기적으로 일치할 수 있는 사회 경제적 현상인 것으로 이해할 수 있다.

제러미 리프킨
자료: 다음 CCL에서 검색.
ieeesablog.co.kr/325

쉽게 말하면 디지털경제 3.0 이후에 일어나는 사회 경제적 현상을 제러미 리프킨은 프리즘과 각도를 달리하여 설명한 것이다. 다시 말해, 필자가 디지털경제 3.0, 클라우스 슈왑이 제4차 산업혁명이라고 설명한 것을, 그는 제3차 산업혁명이라고 주장하고 있는 것이다. 에너지 원천의 변화라는 프리즘을 모든 사회경제를 분석하는 가장 중요한 잣대로 간주하고 있기에 그의 주장은 한편으로 자연스럽다.

달리 말하면 2020년 현재 세계에서 진행되고 있는 새로운 기술발전, 사회경제적 변화는 그 양상을 표현하는 용어가 다를 뿐 거의 비슷한 현상을 설명하고 있는 것으로 이해할 수 있다.

제 2 부

제4차 산업혁명의 주요 내용:
각 부문별 의의와 현황을 중심으로

제1장

인공지능(AI: Artificial Intelligence)

제1절　인공지능의 의의[1]

1. 인공지능이란 무엇인가?

　인공지능에 대한 다양한 정의가 존재하지만 일반적으로 다음과 같이 정의될 수 있다: '인공지능은 컴퓨터 과학 분야에서 인간처럼 작업을 수행하고 반응하는 인공의 기계적인 지능을 의미한다. 인공지능을 갖춘 컴퓨터는 음성인식, 학습, 계획, 문제해결 등의 기능을 수행하기 위해 설계되었다.[2]

　인공지능과 관련된 정의에서 가장 주목을 끄는 것은 '인간처럼 작업을 수행하고 반응'하는 부분이다. 지금도 컴퓨터는 인간을 도우고 작업을 수행하지만 '인간처럼' 행동하지는 않는다. 인공지능과 관련된 가장 중요한 문제는 바로 이 '인간처럼'이라는 부분에 대한 것이다. 다음과 같은 질문이 예상된다. 인공지능이 발전하면 완전히 인간처럼 행동할 것인가? 혹은 부분적으로 인간처럼 행동할 것인가? 언제 이런 상태에 도달할 것인가? 그럴 경우 인간과 인공지능은 어떤 관계에

1　인공지능을 포함한 제2부에서의 모든 논의는 몇 가지 예외적인 경우를 제외하고, 한국의 대응방안을 제시하지 않았다. 그것은 대응방안이 중요하지 않다는 말이 아니라 각 부문의 발전속도 혹은 변화속도가 너무 빠르기 때문에 제각기 대응방안을 제시하는 것이 적절하지 않다고 생각했기 때문이다. 대신 제4부에서 한국의 기본적인 대응방향을 자세히 설명할 것이다.

2　이 정의는 https://www.techopedia.com/definition/190/artificial-intelligence-ai 에서 인용한 것이다. 원문은 다음과 같다. Artificial intelligence (AI) is an area of computer science that emphasizes the creation of intelligent machines that work and react like humans. Some of the activities in computers with artificial intelligence are designed for include: speech recognition, learning, planning, problem solving.

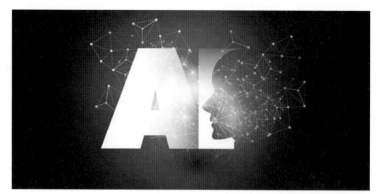

자료: HMG 저널, news.hmgjournal.com.

놓일 것인가? 인공지능은 인간에게 어떤 영향을 미칠 것인가?

2. 인공지능의 종류

이런 인공지능은 크게 두 종류로 나눌 수 있다. 좁은 의미의 인공지능(ANI: Artificial Narrow Intelligence)과 넓은 의미의 인공지능(AGI: Artificial General Intelligence)이 그것이다. ANI는 인공지능이 적용되는 영역이 특별한 영역 혹은 기능에 특화된 것을 의미한다. 예를 들어 바둑, 체스, 수학문제 풀기 등에 특화된 인공지능이다. 뒤에서 설명하겠지만 이세돌을 이긴 인공지능은 바로 이 좁은 의미의 인공지능이다. AGI는 사람이 인식하는 것과 같은 모든 영역에 적용할 수 있는 인공지능을 의미한다. 뒤에서 자세히 설명되겠지만 인공지능과 관련된 논의에서 정말 중요한 것은 바로 이 AGI와 관련된 것이다.

인공지능을 이와는 달리 '약한 인공지능'과 '강한 인공지능'으로 분류하는 학자도 있다. 약한 인공지능이란 사람과 비슷한 수준으로 세상을 보며 정보를 인식하는 지능을 의미하며, 이런 약한 인공지능에 독립성, 정신, 자유의지 등이 추가되면 강한 인공지능이라고 한다.[3] 우리의 분류에 따르면 약한 인공지능은 ANI, 강한 인공지능은 AGI와 비견된다고 할 수 있다.

3. 인공지능의 중요성

제4차 산업혁명의 시기에 이런 인공지능은 왜 중요할까? 다양하게 설명될 수

---

3 김대식(2019), p. 213.

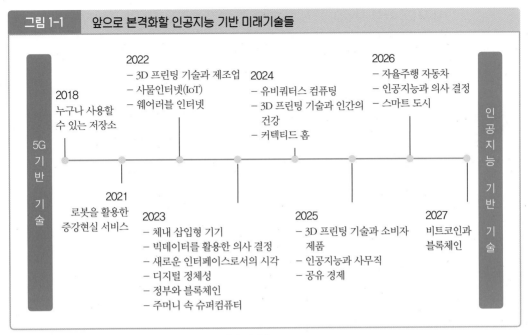

그림 1-1 앞으로 본격화할 인공지능 기반 미래기술들

5G 기반 기술

2018
누구나 사용할
수 있는 저장소

2021
로봇을 활용한
증강현실 서비스

2022
– 3D 프린팅 기술과 제조업
– 사물인터넷(IoT)
– 웨어러블 인터넷

2023
– 체내 삽입형 기기
– 빅데이터를 활용한 의사 결정
– 새로운 인터페이스로서의 시각
– 디지털 정체성
– 정부와 블록체인
– 주머니 속 슈퍼컴퓨터

2024
– 유비쿼터스 컴퓨팅
– 3D 프린팅 기술과 인간의
  건강
– 커넥티드 홈

2025
– 3D 프린팅 기술과 소비자
  제품
– 인공지능과 사무직
– 공유 경제

2026
– 자율주행 자동차
– 인공지능과 의사 결정
– 스마트 도시

2027
비트코인과
블록체인

인공지능 기반 기술

자료: 세계경제포럼(2015)의 자료. 삼성전자 뉴스룸에서 재인용.

있겠지만 그 중요성은 다음과 같이 정리할 수 있다.

첫째, 인공지능은 사물인터넷과 함께 제4차 산업혁명의 기본 인프라적인 역할을 한다. 이것은 디지털경제 혁명의 시기(제3차 산업혁명이라고 할 수도 있다)에 인터넷이 기본적인 인프라 역할을 하는 것과 비견될 수 있다. 인터넷과 연결되지 않은 세상을 상상할 수 없는 것처럼, 인공지능이 사용되지 않는 제4차 산업혁명은 생각하기 어렵다. [그림 1–1]에서 보는 바와 같이 인공지능은 사물인터넷, 3D 프린팅, 블록체인, 자율주행차, 스마트 시티 등 다양한 기술에 활용될 것이다.

둘째, 인공지능은 그 자체로도 중요하지만 제4차 산업혁명의 다른 제품 혹은 현실들과 결합할 때 더 큰 효과를 발휘한다. 이 중 가장 중요한 것이 인공지능과 로봇의 결합이다. 현재는 이 양자의 결합이 초보적인 단계에 그치고 있지만, 발전된 AGI와 로봇이 결합할 경우 그 사회 경제적 파급효과는 상상을 불허할 수 있다(자세한 것은 제4장을 참조). 가령, 터미네이터 영화에 나오는 그 로봇이 현실에 존재한다고 가정할 경우 어떤 일이 발생할 것인가?

셋째, 인공지능은 인간의 미래에 매우 건설적인 역할을 할 수도 있지만 AGI의 발전 방향 혹은 속도에 따라서는 인간의 미래에 매우 부정적인 영향을 미칠 수도 있다. ANI에 대해서는 인간이 적절하게 통제하는 것이 가능할지 모르지만, AGI에 대해서도 과연 인간의 통제가 가능할지 아직 우리는 확신을 가지지 못하고 있다. 잠시 뒤 설명되겠지만 이 AGI의 미래에 대해서는 의견이 일치하지 않고 있다.

초기 인공지능의 발전 과정

1. 초기의 인공지능 발전 과정

1956년 다트머스 대학교에서 컴퓨터를 통한 계산 기능을 연구하면서 인공지능이라는 용어가 처음 사용되었다. 이때의 인공지능은 인간보다 계산을 더 탁월하게 하는 능력 정도로 간주되었다. 이때부터 개발된 인공지능은 수학과 체스 게임에 특화된 것이었다. 즉, 좁은 의미의 인공지능의 개발에 몰두한 것이었다. 인간보다 수학과 체스게임에 능하기는 했지만 아직 인간을 따라잡기에는 부족하였다.

하지만, 1997년 IBM의 'Deep Blue'는 당시 세계 체스 챔피언인 카스파로프와 체스게임에서 승리하였다. 인공지능의 형태로서 특정 게임에서 인간을 이긴 것은 이때가 처음이었다. 그 뒤 2011년, IBM Watson은 ABC TV의 퀴즈 쇼인

그림 1-2	Watson의 선전

자료: https://www.flickr.com/photos/pahudson/5414428698/in/photostream/

JEOPARDY에서 74회 연속 우승을 함으로써 좁고 특별한 분야에서는 인간을 따라 잡을 가능성을 보여주었다([그림 1-2] 참조).

하지만 알파고가 2016년 이세돌과의 바둑 대결에서 승리함으로써 인공지능이라는 용어는 세상에 분명히 알려지게 되었다. 세상은 이를 하나의 충격으로 받아들였다. 바둑은 단순한 질문에 대한 응답, 수학계산, 제한된 수읽기와는 달리 매우 복잡한 수읽기와 통찰력을 필요로 하는 것으로 간주되어 인공지능이 인간을 따라 잡기란 매우 어렵다고 생각되었기 때문이었다. 그 뒤 알파고 제로의 후속버전인 알파고 마스터는 당시 바둑 세계 1위인 중국의 커제와의 경기에서도 승리하여 인공지능의 활용이 그리 큰 미래가 아니라는 사실을 확인시켜 주었다.

2. 인공지능의 발전 속도와 원동력

여기서 우리를 놀라게 하는 것은 이 알파고의 발전 속도다. [그림 1-3]에서 보는 바와 같이 알파고 제로는 아무 것도 학습하지 않은 상태에서 스스로 학습을 시작하지만, 20시간 만에 지도학습을 한 알파고를 뛰어넘고, 30시간 만에 이세돌과 바둑 대결을 한 알파고 리를 뛰어넘는다. 그래서 약 40시간 뒤에는 알파고 제로는 다른 어떤 버전의 알파고보다 더 월등한 기력을 가지게 된다. 실로 놀랄만한 향상 속도가 아닐 수 없다.

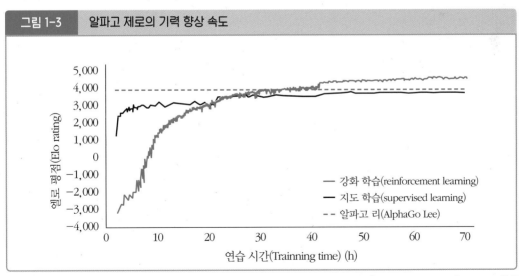

그림 1-3 알파고 제로의 기력 향상 속도

자료: David Silver et al. (2017), "Mastering the game of Go without human knowledge," Nature, 550, p. 356, Fig. 3a, 삼성전자 뉴스룸 재인용.

이 인공지능의 발전을 가능하게 한 원동력은 무엇일까? 그것은 머신러닝 (Machine learning)과 딥러닝(Deep learning)의 발전이다. 머신러닝은 일종의 기계학습이다. 머신러닝은 회귀분석, 분류분석 등을 통하여 컴퓨터가 데이터를 분석하고 스스로 학습하는 과정을 거친 뒤, 새로운 정보가 들어오면 그 정보가 어떤 정보인지 스스로 인지할 수 있는 기술을 말한다. 딥러닝은 머신러닝에 속해 있는 학습방법이며 가장 큰 특징은 여러 경우에 대한 학습을 하지 않더라도 (정확히 말하면 학습을 시키지 않더라도) 다양한 상황을 스스로 판단하여 데이터를 처리할 수 있는 기술을 말한다.[4] 다시 말해 머신러닝은 초기에 일정의 학습이 필요한 반면, 딥러닝은 그런 학습과정도 필요하지 않게 된다는 것이다. 인공지능이 이런 머신러닝과 딥러닝의 과정을 통해 발전했다면 이 과정에서 가장 중요한 것은 무엇일까? 두말할 필요 없이 데이터, 그것도 빅데이터이다. 즉, 머신러닝의 경우에 초기 학습의 과정에서 많은 데이터를 통해 학습을 할수록 뒤에 들어오는 새로운 정보를 더 효과적으로 인지할 수 있으며, 딥러닝의 경우에도 다양한 상황을 스스로 판단하기 위해서 더 많은 데이터를 필요로 하게 된다. 그러므로 인공지능을 발전시키기 위한 기본적인 조건은 빅데이터를 손쉽게 활용할 수 있는 제도적 여건이라 할 수 있다(자세한 것은 제9장에서 설명).

제3절 | 미래의 인공지능 발전

1. 인공지능의 활용

현재 인공지능이 가장 널리 활용되고 있는 분야는 인공지능 기반 가상비서 서비스라고 할 수 있다. 애플의 시리, 구글의 구글 어시스턴트(헤이 구글), 삼성 빅스비, MS의 코타나, 아마존의 알렉사 등이 대표적인 예이다.

[그림 1-4]는 인공지능을 기반으로 한 애플의 시리가 그 사용자와 한 대화를 모아 놓은 것이다. 그림에서 보는 바와 같이 시리와의 대화는 예 아니오 같은 기계적인 대화가 아니라, 보기에 따라서는 감성과 소통의 기미가 엿보이는 대화라는 것을 알 수 있다. 이런 상호작용이 더 발전할 경우 가상 비서는 필요한 경우 인간의 반려 역할을 할 수도 있다. 향후 인공지능이 로봇에 장착될 경우 인간과

---

4 네이버 지식백과 머신러닝 편 참조.

그림 1-4	인공지능 기반의 시리

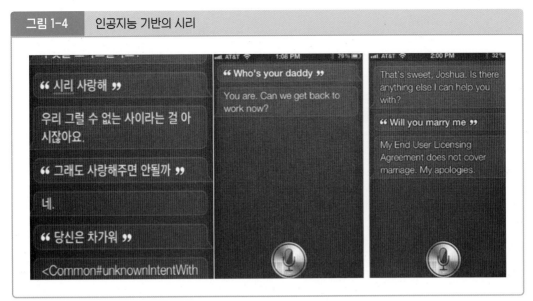

자료: 네이버 CCL 검색, IT 투모로우, http://hwjung.tistory.com/705, 맥브라이언, http://monday1.tistory.com/128

그림 1-5	자동화된 물류창고

자료: https://www.flickr.com/photos/jblmpao/16656062622/in/photolist-rnNLf6-mQF8u

로봇은 이런 방식으로 소통할 수 있음을 보여주고 있다.

　인공지능은 사물인터넷의 활용에도 널리 사용되고 있으며(제2장 참조), 자율주행차의 운행에도 직접 개입하고 있다(제3장 참조). 이뿐 아니라 물류창고의 효율적 운영과 무인 소매점의 운영을 위한 기본 인프라로 작용하고 있다([그림 1-5, 6] 참조).

그림 1-6 아마존 go

자료: 김현재·김윤구(2016, Dec. 16), "아마존, 계산대 없는 식료품점 '아마존 고' 론칭," 연합뉴스.

제4차 산업혁명의 분석 4 아마존의 힘[5]

　본문에서 아마존이 인공지능을 이용하여 물류창고를 효율적으로 운영하는 것을 언급하였다. 여기서 한 가지 질문을 던진다. 아마존이라는 전자상거래 업체가 자신의 사업을 효율적으로 운영하기 위해 물류부문에 인공지능을 이용하는 것이 정말 큰일인가? 혹은 그렇게 함으로써 아마존은 자신의 사업에 더 큰 경쟁력을 부여할 수 있는가?

　결론부터 말하면 '그렇다'이다. 미국의 도시를 다니다 보면 대형 쇼핑 몰 혹은 쇼핑 구역을 만나게 된다. 잡다한 물건을 파는 슈퍼에서부터, 각종의 음식점까지 그 지역 주민의 실생활에 밀접한 모든 물건을 그 쇼핑 몰에서 구할 수 있다. 그 쇼핑몰의 가운데에 대개 큰 백화점이 자리 잡고 있다. 하지만, 이미 보도된 바와 같이 그 백화점들이 점점 문을 닫고 있다. 짐작하는 바와 같이 아마존 때문이다. 미국의 소비자들은 저렴한 가격으로, 편리하게 물건을 구입할 수 있는 아마존을 거부할 이유를 찾지 못한다. 그 넓은 땅 때문에 배달에 많은 시간이 걸리는데 왜 오랜 배송시간이 필요한 아마존을 이용하느냐는 질문이 나올 수 있다. 아마존의 초기에는 이런 질문이 타당성을 가졌다. 하지만 대도시 구역에 대규모의 물류창고가 건설되면서 이런 질문은 기우에 그치게 되었다. 아마존 프라임 서비스를 이용하면 어떤 물건을 주문하건 바로 그 다음날 받아볼 수 있게 되었기 때문이다. 아마존 프라임 서비스란 1년에 100달러 내외의 비용을 지불하면 오랜 시간이 필요한 일반배송 대신, 바로 그 다음 날 주문한 물건을 받아보는 서비스를 말한다. 그 아마존 프라임 서비스를 지탱하는 기둥의 하나가 바로 인공지능을 이용한 물류창고의 효율적 운영이다. 그러니 거대한 물류창고를 효율적으로 운영하는 인공지능은 아마존의 비장의 무기가 될 수 있다.

　그런데 문제가 없는 것은 아니다. 조금 전 언급한 바와 같이 바로 이런 아마존 때문에 메시

---

5 저자의 분석임.

(Macy's)와 같은 백화점이 문을 닫고, 토이저러스(Toys "R" Us)와 같은 장난감 전문점도 문을 닫았다. 메시나 토이저러스가 문을 닫으니 큰 쇼핑몰의 한 가운데가 그대로 빈자리로 남게 된다. 그 큰 상업지역을 새로이 임차할 사업체가 없기 때문이다. 어떤 일이 벌어질까? 아마존은 날로 번창하지만, 지역사회의 쇼핑몰은 상대적으로 위축되게 된다. 상권이 점점 죽어간다는 것이다. 최근 방문한 미국의 중소도시에서 이런 현상을 자주 목격하게 된다. 어떻게 결론이 날까?

아마존의 힘은 그토록 대단하다. 이런 아마존의 힘은 최근 개최된 CES 2020에서 다른 형태로 목격할 수 있다. CES 2020에서 헬스케어에 관한 신제품을 소개하는 부스를 다니다, 마음에 드는 제품을 발견하면 이 신제품을 판매하는 상점이 어디에 있느냐는 질문을 던지게 된다. 돌아오는 대답이 무엇인지 아는가? 아마존에 있다고 한다. 한두 번 경험한 게 아니다. 신제품의 구입에 관한 질문을 던질 때마다 돌아오는 답은 같았다. 아마존을 통해 구입하란다. 그러니 아마존은 단순한 전자상거래 업체가 아니다. 일종의 플랫폼이다. 모든 물건이 거쳐 가는, 혹은 아마존을 거치지 않고서는 물건을 사거나 팔 수 없는, 없어서는 안 될 '상품의 정류장'이 된 셈이다.

주: 이 사진은 람보르기니 자동차이다. 사진의 위쪽에서 보는 바와 같이 람보르기니는 자동차를 콘트롤하기 위해 아마존의 알렉사를 처음으로 탑재한 자동차라고 소개하고 있다.

자료: 저자 촬영.

이것만이 아니다. 아마존은 단순한 상품 중개 플랫폼이 아니다. 제4차 산업혁명의 모든 부분에 직간접적으로 관여하고 있다. CES 2020에 아마존은 새로운 제품을 전시하고 있지는 않다. 하지만 아마존은 자신들이 관여하고 있는 협력업체들을 거론함으로써 자신의 영향력을 과시하고 있다. 앞의 그림에서 보는 바와 같이 아마존은 기아, BMW 등 수많은 자동차 업체와 자율주행차에 대한 협업을 하고 있을 뿐 아니라, 엑손 모빌과 같은 석유업체, 파나소닉과 같은 전자업체와도 협업을 진행하고 있다. 다 아는 바와 같이 아마존은 컨텐츠 분야, 전자산업 분야, 자율주행차 분야에서도 무시할 수 없는 강자다. 도대체 어디까지 그 영역을 확장하려는 것인가?

2. 인공지능의 미래에 대한 견해

앞서 본 바와 같이 ANI의 발전 속도는 매우 놀랍다. 하지만 우리의 관심을 끄는 것은 AGI의 발전에 대한 것이다. 인간처럼 행동하고 사고하는 인공지능, 혹은 그런 인공지능을 장착한 로봇. 그런 것이 가능할까?

레이 커즈와일은 '특이점이 온다'는 그의 책에서 인공지능이 인간의 지능과 같아지는 시기는 2029년, 인간의 지능을 뛰어넘는 시기는 2045년이라고 주장한다. 이런 전망의 정확성은 차치하더라도, 인공지능이 결국에는 우리 인간을 뛰어넘

그림 1-7	인공지능 발전에 대한 견해

 VS

Ray Kurzweil	Stephen Hawking	Elon Musk	Bill Gates
적절한 가이드라인을 가진 기술을 개발할 경우 인류문명에 긍정적 효과	적절히 관리하지 않을 경우 인류에 큰 위험	인공지능이 인간의 노동을 완전히 대체할 위험이 있음	인공지능은 인류에 위협이 될 수 있음. 기술독점 막기 위한 대책 필요

자료: 시사저널, The week, Observer, Time, 위키피디아에서 발췌인용.

게 되는 것은 분명한 것으로 보인다. 수학문제를 푸는 것, 퀴즈를 맞히는 것, 체스와 바둑 게임 등에서는 이미 인간을 뛰어넘었다. 문제는 인간의 정신, 의지력, 자아의지와 같은 능력을 가진 인공지능이 정말 탄생할 수 있을 것인가, 그리고 언제쯤 탄생하게 될 것인가? 하는 점이다. 지금 기술의 발전 속도를 볼 때 전자의 질문에 대해서는 '가능하다'라는 답변을 할 수 있지만, 후자에 대해서는 명확히 답하기 어렵다. 레이 커즈와일은 그 시기를 2045년이라고 추정할 뿐이다.

문제는 그런 인공지능의 출현과 발전이 우리 인간, 나아가 지금의 문명에 어떤 영향을 미치게 될 것인가 하는 점이다. [그림 1-7]에서 보는 바와 같이 이에 대한 견해는 하나로 모여지지 않는다. 레이 커즈와일이 다소 낙관적이라면, 스티븐 호킹, 빌 게이츠, 엘론 머스크는 다소 비관적이다.[6]

---

6 인공지능이 끼치는 사회경제적 변화에 대해서는 제3부에서 자세히 설명할 것이다. 그리고 인공지능과 관련한 한국의 대응방안에 대해서는 그 기본방향을 제4부에서 설명할 것이다.

제 2 장

사물인터넷(IoT: Internet of Things)

사물인터넷이란 무엇인가?[1]

1. 사물인터넷의 개념

1) M2M의 개념

M2M이란 사물(machine)과 사물 사이에서 이루어지는 통신 혹은 커뮤니케이션을 의미한다. 가까이 있는 사물뿐 아니라 적당한 거리(여기서 적당한 거리란 무선통신이 닿을 수 있는 범위를 의미)에 위치한 사물 사이에서도 커뮤니케이션이 이루어지게 된다. 당연한 이야기지만 이 경우 통신은 유선통신을 통해서도 이루어질 수 있고, 무선통신을 통해서도 이루어질 수 있다. 하지만, 사물과 사물 사이의 통신이라는 점에서 유선보다는 무선을 통해 이루어지는 통신이 M2M의 본래 의미에 가까우며 그런 점에서 M2M은 디지털경제 2.0의 시기에 시작되었다고 할 수 있다. 즉, 스마트폰을 통해 자동차를 제어한다든지, 자동차가 주차 빌딩과 스스로 교신하여 주차 공간 유무를 파악한다든지, 냉장고가 스스로 특정 물품이 떨어진 것을 파악하여 미리 정해놓은 슈퍼 혹은 가게로 주문하는 것들이 이런 M2M의 사례에 속하는 것이다.

하지만 디지털경제 3.0의 시대에선 M2M의 개념이 더 확장되었다. M2M의 본래 의미가 사물(혹은 기계)과 사물의 통신이었다면 디지털경제 3.0의 시대에서는 사물과 사물뿐 아니라 인간과 사물의 통신까지 포함하는 개념으로 확대되었다.

---

1 이 절의 내용은 졸저(2016)의 제16장 3절을 수정 보완한 것이다.

그림 2-1   M2M에서 IoT로

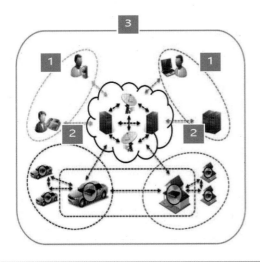

1. 사람과 사람이 컴퓨터나 스마트폰을 통해서 통신하거나 교류하는 단계(디지털경제 1.0의 단계)
2. 자동차와 자동차가 혹은 집과 집이 내장된 컴퓨터와 네트워크를 통해 교류하는 단계(디지털경제 2.0의 단계)
3. 사람이 유무선 네트워크를 통해 사물과 교류하는 단계(디지털경제 3.0의 단계)

자료: http://www.m2mguiden.se/vad-ar-m2m/

이것은 디지털경제 3.0의 시대가 완벽한 네트워크 사회라는 사실에 기반한 것이다. 이런 M2M의 개념은 [그림 2-1]을 통해 파악할 수 있다. 이 그림에서 보는 바와 같이 사람과 사람이 컴퓨터나 스마트폰을 통해서 통신하거나 교류하는 단계(디지털경제 1.0의 단계라 할 수 있다)에서, 자동차와 자동차가 혹은 집과 집이 내장된 컴퓨터와 네트워크를 통해 교류하는 단계(디지털경제 2.0의 단계)를 지나, 마지막으로는 사람이 유무선 네트워크를 통해 사물과 교류하는 단계(디지털경제 3.0의 단계)에 까지 이르게 된 것이다. 그래서 디지털경제 3.0의 시대에서는 통신수단이 포함되어있는 한 모든 사물과 사물 혹은 사람이 서로 교통하는 것이 가능하게 된 것이다.

2) M2M에서 사물인터넷으로

지금까지 본 바와 같이 M2M은 디지털경제 3.0의 시대에 들어오면서 아주 보편적인 현상이 되었다. 그것은 이 시기가 '진정한 네트워크의 시대'이기 때문이다. 이런 M2M이 보편화되면서 M2M대신 사물인터넷(IoT: Internet of Things)이라는 명칭이 사용되기 시작하였다. 혹은, 사물인터넷 대신 만물인터넷(IoE: Internet of Everything)이라고 부르기도 한다. [그림 2-2]는 이런 M2M, IoT, IoE의 관계를 개념적으로 정리한 것이다. 이 그림은 비교적 이 삼자를 엄밀히 구분하고 있지만, 사실상 IoT와 IoE는 동일한 개념으로 사용되고 있으며, M2M이 더 발전된 것

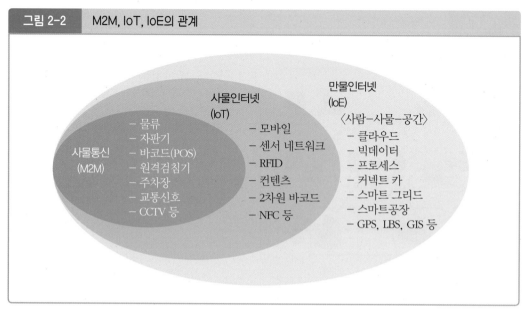

| 그림 2-2 | M2M, IoT, IoE의 관계 |

사물통신
(M2M)

- 물류
- 자판기
- 바코드(POS)
- 원격검침기
- 주차장
- 교통신호
- CCTV 등

사물인터넷
(IoT)

- 모바일
- 센서 네트워크
- RFID
- 컨텐츠
- 2차원 바코드
- NFC 등

만물인터넷
(IoE)

〈사람-사물-공간〉
- 클라우드
- 빅데이터
- 프로세스
- 커넥트 카
- 스마트 그리드
- 스마트공장
- GPS, LBS, GIS 등

자료: 주대영·김종기(2014), p. 8에서 인용.

자료: https://commons.wikimedia.org/wiki/File：
Internet_of_things_signed_by_the_author.jpg

을 IoT로 이해하기도 한다. 그러므로 그림을 이 삼자를 엄밀하게 구분하는 것으로 이해하기보다는, 진정한 네트워크 시대 모든 것이 무선통신망을 통하여 연결되는 현상을 의미하는 것으로 이해하는 것이 바람직하다. 하지만, 가장 대표적인 용어로서 IoT를 사용하는 것이 바람직하고 본고에서도 이를 따르기로 한다.

2. 사물인터넷의 기술적 구성요소

이런 사물인터넷을 조금 더 자세히 이해하기 위해서는 다음과 같은 사물인터넷의 구성요소를 살필 필요가 있다. [그림 2-3]에서 보는 바와 같이 사물인터넷은 크게 세 가지로 구성되어 있다. 첫 번째는 주변상황의 정보를 획득하고 그 정보를 실시간으로 전달하는 센서(sensor)이다. 사물인터넷으로 연결되는 모든 사물에는 기본적으로 정보를 획득하고 전달하고 다시 받아들이는 센서가 필요하

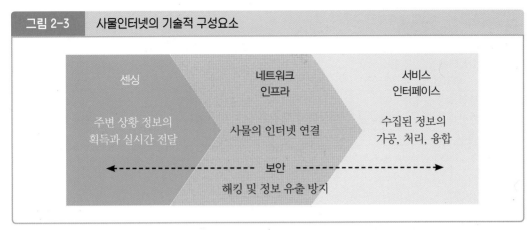

자료: 편석준·진현호·정영호·임정선(2014), "사물인터넷: 클라우드와 빅데이터를 뛰어넘는 거대한 연결," p. 65에서 인용.

다. 이 센서는 일종의 하드웨어이다. 그래서 사물인터넷이 활성화되기 위해서는 하드웨어적 성격을 가지는 센서가 비교적 저렴한 가격에 공급될 필요가 있다. 그 다음으로 필요한 것은 센서에서 전달된 정보들을 모으고, 전달하는 네트워크가 필요하다. 센서가 정보를 획득하더라도 그 정보를 한 군데로 모으는 네트워크가 없다면(정확히 말하면 네트워크 상의 플랫폼에 모인다) 그 정보는 아무런 가치가 없게 된다. 이 네트워크는 현재의 통신 네트워크를 적절한 형태로 보강하여 활용할 수 있다. 마지막으로 필요한 것은, 이 네트워크를 통해 모인 정보를 적절한 형태로 가공, 처리, 융합할 수 있는 서비스다. 네트워크를 통해 모인 정보가 분석되지 않고, 그 정보가 가지는 의미를 제대로 이해하지 못한다면 그 정보는 가치를 가질 수 없다. 이 경우, 네트워크에 모인 정보는 뒤에서 살펴볼 빅데이터의 성격을 가진다. 그런 의미에서 이런 정보를 활용할 수 있는 소프트웨어가 무엇보다 중요하게 된다.

이것을 자율주행차(이것도 사물인터넷의 일종으로 이해할 수 있다)의 경우와 연결시켜 생각해 보자. 자율주행차가 제대로 달리기 위해서는 자율주행차의 앞, 뒤 그리고 좌우에 수많은 센서가 장착되어야 한다. 앞차와 뒤차, 그리고 좌우의 옆으로 오는 차량들의 정보가 이 센서를 통해 파악된다. 이 센서를 통해 획득된 정보들은 네트워크를 통해 해당 자율주행차를 통제하는 네트워크로 이동하고 그 네트워크에서는 그 정보를 활용하여 자율주행차의 속도, 방향이동, 차선이동의 여부 등을 결정하고 그 결정을 이행하기 위해 자율주행차의 엔진과 각종 부품에 설치된 센서에 다시 새로운, 가공된 정보를 보내 자율주행차를 움직이게 하는 것이다.

구분	디바이스			서비스		
밸류체인	반도체칩 제조업	통신모듈 제조업	단말기 제조업	플랫폼 사업	통신 사업	서비스 사업
유형	• 무선 송수신 칩 • 센서 • MCU	• IoT모듈	• 다양한 IoT단말	• IoT 플랫폼 SW • IoT 종합 관리 솔루션	• 유무선 네트워크	• 전문 IoT 서비스

자료: 주대영·김종기(2014), p. 41에서 인용.

네트워크 인프라 역시 하나의 밸류체인으로 본다면 사물인터넷은 〈표 2–1〉에서 보는 바와 같이 디바이스와 서비스로 구분할 수 있다. 디바이스에는 위에서 살펴본 센서와 네트워크를 이루는 제품들이 포함되고, 서비스에는 네트워크가 제공하는 플랫폼과 정보를 이용하는 서비스 사업들이 포함된다.

이런 밸류체인 즉 가치사슬 구조를 염두에 두고 각각의 가치사슬에 해당되는 국내업체를 살펴보면 [그림 2–4]와 같이 정리할 수 있다. 이 그림을 보면 사물인터넷이 어떤 구조로, 어떤 가치사슬 하에서 운영되는지 이해할 수 있게 된다.

이 그림은 국내의 가치사슬별 주요업체를 정리한 것이다. 이 그림을 전 세계,

그림 2–4 국내 사물인터넷 가치사슬별 주요업체 현황

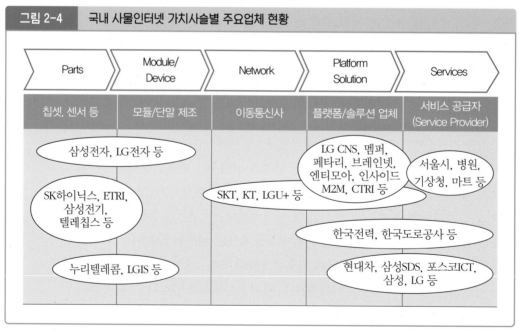

자료: 주대영·김종기(2014), p. 88에서 인용.

혹은 국제적인 시야로 확대하면 어떤 현상이 벌어질까? 한 가지 분명한 것은 한국 기업은 센서 등 하드웨어적인 부품의 공급에 비교우위를 가진다는 것이다. 이것은 삼성전자, SK 하이닉스로 대표되는 국내 반도체 산업의 우위를 나타내는 것이다. 하지만, 플랫폼이나 서비스로 갈수록 국내 산업의 경쟁력은 점차로 약화되는 현상을 보여준다. 하드웨어 우위, 소프트웨어 열위라는 국내의 고질적인 IT 산업 특성은 여기서도 여실히 드러난다.

제 2 절　사물인터넷의 중요성

　　사물인터넷이 중요한 것은 제1부에서 살펴본 바와 같이 이것이 제4차 산업혁명의 기본 인프라적인 성격을 가지기 때문이다. 다음 제3절에서 구체적으로 설명되겠지만 사물인터넷은 사람의 개인적인 생활, 홈 네트워크, 사무실, 공장, 운송,

| 그림 2-5 | 연결된 냉장고: 냉장고와 사물인터넷 |

자료: 삼성전자 뉴스룸, https://news.samsung.com/kr/

작업장, 스마트 시티, 스마트 팩토리 등 모든 영역의 기본 인프라로 작동하고 있다. 특히 제3장에서 설명될 자율주행차는 이 사물인터넷을 구체적으로 적용한 사례로 볼 수 있고, 제5장에서 설명될 스마트 팩토리, 스마트 시티 역시 사물인터넷을 기반으로 하지 않고서는 제대로 기능할 수 없다. 제4차 산업혁명의 기본 성격이 고도로 연결된 사회(highly-connected society)라고 말할 때는 바로 이 사물인터넷을 염두에 두고 하는 말이다.

여기서는 사물인터넷이 구체적으로 적용되는 인간생활과 관련된 몇 가지 사례를 제시함으로써 사물인터넷의 중요성을 강조하고자 한다.

[그림 2-5]는 냉장고가 사물인터넷을 기반으로 만들어지면 어떤 기능을 하는지 보여주고 있다. 우선 이 냉장고는 전면에 모니터를 설치하고 있다. 기본적으로 이 모니터는 우리가 일반적인 TV를 통해 할 수 있는 모든 작업을 하도록 허용한다.

하지만 이 냉장고의 특이한 기능은 냉장고가 주변의 마트와 연결되고, 사용자의 스마트폰과 연결되고, 냉장고 자체가 하나의 데이터 적립기능을 발휘한다는 것이다. 냉장고가 주변 마트와 연결될 경우, 냉장고에 보관될 특정 물품 예컨대 우유와 과일이 부족할 경우 냉장고가 스스로 알아서 주변 마트에 관련 상품을 주문한다. 당연히 그 대금은 미리 설정된 스마트폰에서 결제된다. 또 냉장고는 스스로 가족의 냉장고 사용과 관련된 데이터를 모은다. 가족 구성원은 각자가 특별

| 그림 2-6 | 사물인터넷과 헬스케어 |

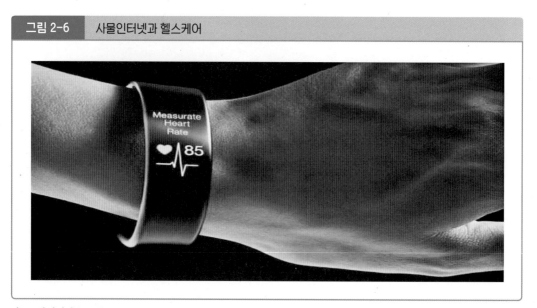

자료: 삼성전자 뉴스룸, https://news.samsung.com/kr/

한 용도로 냉장고를 이용하게 되고, 그런 과정을 거쳐 가족 구성원이 개별적으로 냉장고에서 어떤 물품을 주로 이용하게 되는지를 파악할 수 있다. 그럴 경우, 가족 구성원 중의 누군가가 냉장고 앞으로 갈 경우 냉장고는 스스로 파악하여 전면에 설치된 모니터에 해당 물품의 유무를 알려줄 수 있다. 당연한 말이지만, 이런 기능이 활성화되기 위해서는 인공지능과의 긴밀한 연계를 필요로 한다.

[그림 2-6]은 웨어러블 기기가 작용하는 방식을 보여주는 것이다. 작은 밴드 혹은 스마트 워치는 그것이 부착된 손목에서 사용자의 심박수를 측정하고, 그것을 스마트폰 본체 혹은 이런 정보를 종합적으로 모으는 포털로 송부하여 이 웨어러블 기기 착용자의 건강상태를 실시간으로 모니터한다. 이뿐 아니라, 착용자가 건강을 위해 하는 활동량과 활동시간을 측정하여 이것을 토대로 착용자의 건강상태를 체크한다. 사물과 사람, 공간을 연결하는 사물인터넷이 그 토대에 깔려있음은 두말할 나위없다.

[그림 2-7]은 사물인터넷을 이용하여 원격으로 자기 집의 모든 기능을 관리하는 것을 보여준다. 보이는 바와 같이 스마트폰을 이용하여 집안 온도를 조정하기도 하고, 전등을 켜거나 끄기도 하고, 도시가스의 안전 유무를 확인하기도 한다. 이미 보편화되고 있지만 집 안에 있는 반려동물의 이상 유무를 확인하기 위해서, 집 안에 CCTV를 설치하고 그 화면을 스마트폰으로 연동하면 바깥에서 실시간으로 반려동물의 이상유무를 확인할 수 있다.

| 그림 2-7 | 사물인터넷과 원격조정 |

자료: 삼성전자 뉴스룸, https://news.samsung.com/kr/

CES 2020에서 LG가 선보인 것은 가전제품, 혹은 전자제품의 연결성에 대한 것이다. LG는 그런 구호를 "Anywhere is home"이라는 문구로 정리했다. 해석을 하자면 어디를 가든, 무엇을 하든, 스마트폰이나 다른 IT기기를 이용해 집에 있는 것과 같은 편안함을 느낄 수 있다는 것이다. LG의 설명을 조금 더 더하자면 "혁신적인 AI 제품과 서비스는 당신이 어떻게 생활하고 당신이 무엇을 좋아하는지를 배우게 되고, 그 결과 집이라는 한계를 넘어 모든 공간과 경험을 연결하여 당신이 원하는 일을 하게 만든다"는 것이다.

이러한 기능을 가능하게 하는 기본은 무엇인가? AI와 사물인터넷이다. 사물인터넷은 시간과 공간을 연결하는 기능을 담당한다면, AI는 그 연결된 공간에 당신의 특성과 기호를 부각시키는 기능을 담당한다는 것이다. AI와 사물인터넷. 더 이상 강조할 필요 없는 제4차 산업혁명 시대의 기본 인프라이다.

LG의 Anywhere is home

자료: 저자 촬영.

제 3 절 사물인터넷의 경제적 효과

이런 사물인터넷이 경제적으로 왜 중요한지 다음 [그림 2-8]은 잘 보여주고 있다. 이 그림에서 보는 바와 같이 2015년 현재 전 세계 사물인터넷 시장은 47조, 센서가 부착돼 서로 연결된 기기의 수는 250억 개에 달하고 있다. 이런 시장규모

---

2 저자의 분석임.

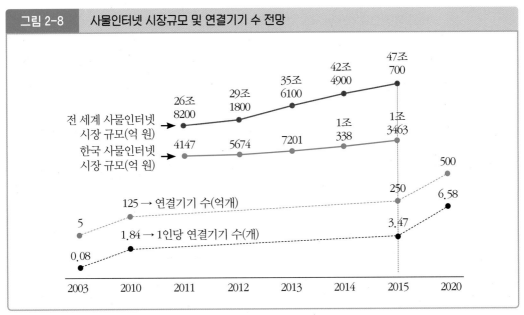

| 그림 2-8 | 사물인터넷 시장규모 및 연결기기 수 전망 |

자료: 한국방송통신전파진흥원과 CISCO의 자료를 통합해 만든 배수현(2015)에서 인용.

와 연결기기 수는 2010년과 비교하면 거의 두 배 가까이 증가한 것을 알 수 있다.

당연한 이야기지만, 이런 사물인터넷 시장규모와 연결기기는 앞으로 계속하여 증가할 것으로 보여진다. 현재 사물인터넷 시장은 초기단계이기 때문에 각 사물에 부착되는 센서의 가격이 저렴하게 될수록 그 보급은 더욱 기하급수적으로 늘어나게 될 것이다. [그림 2-9]는 2025년까지 사물인터넷으로 연결된 기기가 어느 정도 늘어나며, 사물인터넷 글로벌 시장 규모가 어디까지 확대될 것인지를 보여주고 있다.[3]

이런 사물인터넷의 경제적 효과는 어느 정도일까? 두 가지 관점에서 파악하고자 한다. 우선 거시경제의 관점에서 파악한 효과가 있고, 경제의 각 부문별 미시적 관점에서 파악한 효과가 있다.

Michael Mandel은 사물인터넷은 미국의 GDP를 2025년까지 2~5% 정도 상승시킬 수 있을 것이라고 추산하고 있다. 그에 따르면 사물인터넷은 이 기간동안 미국의 GDP를 매년 0.2~0.4% 정도 향상시키는 효과를 가져온다고 한다.[4]

---

3 사물인터넷의 연결기기 및 시장규모에 대한 전망은 예측하는 방법, 계산에 포함시키는 기기의 종류와 수에 따라 달라진다. 본문에 제시된 두 그림의 연결기기 수와 시장규모에 대한 전망 역시 서로 다르다. 그러므로 중요한 것은 정확한 예측 수가 아니라 시장규모와 연결기기의 수가 어느 정도 빠른 속도로 확대되느냐는 것이다.

4 Mandel, Michael(2013).

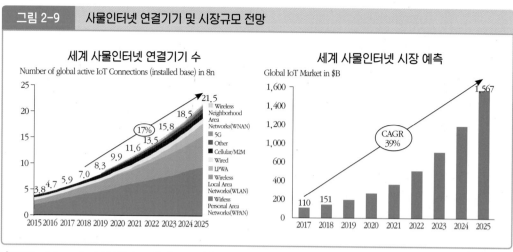

그림 2-9　사물인터넷 연결기기 및 시장규모 전망

세계 사물인터넷 연결기기 수
Number of global active IoT Connections (installed base) in 8n

세계 사물인터넷 시장 예측
Global IoT Market in $B

자료: Knud Lasse Lueth(2018, Aug. 8), "State of the IoT 2018: Number of IoT devices now at 7B–Market accelerating," IOT ANALYTICS, Retrieved From https://iot-analytics.com/state-of-the-iot-update-q1-q2-2018-number-of-iot-devices-now-7b/

Mckinsey의 추정에 따르면 사물인터넷은 전 세계적으로 2025년까지 세계의 GDP를 2.7조 달러에서 6.2조 달러 정도 증가시킬 것이라고 한다. Cisco 역시 사물인터넷을 효과적으로 활용하면 향후 10년 동안 사물인터넷을 활용한는 기업과 국가에 14.4조 달러의 혜택을 주게 될 것이라 한다.

Mckinsey는 사물인터넷의 효과를 부문별로 체계적으로 파악하고 있다.

〈표 2-2〉에서 보는 바와 같이 Mckinsey는 사물인터넷의 효과를 측정하기 위

》 표 2-2　사물인터넷의 효과 설명을 위한 기본 설정

부문	기본적인 설명	사례
인간생활(Human)	사람의 몸 안이나 바깥에 부착된 기기	– 사람의 건강이나 웰빙을 유지하고 모니터하기 위한 장비: 질병관리, 건강유지, 생산성 증대
가정(Home)	사람들이 사는 건물	– 가정 통제시스템 혹은 안전유지 시스템
소매 환경(Retail Environment)	소비자들이 상업 활동에 몰두하는 장소	– 상점, 은행, 식당 등 소비자가 물건을 사거나 고려하는 장소: 셀프 계산(self-check out), 상점 내 제안(in-store offer) 재고 관리
사무실(Offices)	지식노동자들이 일하는 장소	– 사무실 건물에서의 에너지와 안전관리: 생산성 개선 (이동중인 고용자를 포함)
공장(Factories)	표준화된 생산환경 (Standardized production environments)	– 병원과 농장을 포함하여 반복적인 작업이 이루어지는 장소; 효율성을 증대시키고 장비사용과 재고를 최적화

작업장(Worksites)	특정화된 생산환경 (Custom production environments)	– 광산, 기름과 가스, 건설: 효율성을 제고하고 유지관리를 사전에 계획하며, 작업장에서 일하는 사람들의 건강과 안전을 유지
운송수단(Vehicles)	움직이는 운송수단 내부의 시스템	– 자동차, 트럭, 선박, 비행기, 기차 등을 포함하는 운송수단: 각각의 조건에 최적화된 유지관리, 사용자 편의성을 담보한 디자인, 판매되기 전 상황에서의 다양한 분석 (pre-sales analytics)
도시(Cities)	도시 환경	– 도시 환경에서의 공공 인프라와 공공장소: 환경에 적응하는 교통통제, 환경통제, 자원관리
기타(Outside)	도시환경과 기타 외부의 중간에 존재하는 것	– 기차 트랙(railroad tracks), 도시를 제외한 지역에서의 자율주행차, 항공내비게이션; 실시간 도로관리(real-time routing), 연결된 내비게이션, 출하 추적(shipment tracking)

자료: Mckinsey & Company(2015 a), Exhibit E1의 내용을 요약 정리.

하여 사물인터넷이 응용될 수 있는 분야를 9개로 분류하고 있다. 사람, 집, 소매유통, 사무실, 공장, 위험한 작업장소, 자동차, 도시, 도시를 벗어난 환경. 이 분류에서 보는 바와 같이 사물인터넷이 사용되지 않는 장소 혹은 물건은 생각할 수 없다. 거의 모든 곳에서 모든 사물들이 센서와 인터넷을 통해 연결된다.

〈표 2-3〉에서 보는 바와 같이 사물인터넷의 효과는 개도국보다는 선진국에서

》》 표 2-3 사물인터넷의 경제적 효과: 선진국과 개도국의 비교

부문	선진국과 개도국의 효과[1]	효과가 차이가 나는 이유
인간생활(Human)	89 vs 11	– 헬스케어에 대한 선진국의 지출은 개도국의 두 배이기 때문에 선진국에서 더 큰 효과가 나타남
가정(Home)	77 vs 23	– 집의 숫자로 보면 개도국이 더 많지만, 하나의 집에 투자되는 액수로만 보면 선진국이 월등히 많기 때문에 이런 효과가 나타남
소매 환경(Retail Environment)	71 vs 29	– 선진국의 경우 사물인터넷을 채택하는 비율은 더 높고 투자되는 가치도 더 많음. 그러나 개도국의 경우 소매점(예를 들면)의 숫자는 더 많음
사무실(Offices)	75 vs 25	– 선진국의 경우 사무실에 투입되는 비용이 더 많고 사무실에서 일하는 사람들의 임금도 더 높기 때문에 선진국에서 효과가 더 크게 나타남
공장(Factories)	57 vs 43	– 공장의 숫자는 개도국이 더 많지만 공장 자동화에 대한 투자는 선진국이 더 많음
작업장(Worksites)	54 vs 46	– 작업장의 숫자는 개도국이 더 많지만, 개별 작업장에 대한 투자는 선진국이 더 많음

운송수단(Vehicles)	63 vs 37	– 선진국의 운송수단이 더 비쌈	
도시(Cities)	62 vs 38	– 도시의 숫자와, 그 도시에 거주하는 사람들은 개도국이 더 많지만 도시에 대한 자동화는 선진국이 더 높음	
기타(Outside)	56 vs 44	– 선진국의 경우 운송과 하역에 더 많은 비용을 지출함	
전체[2]	62 vs 38		

주: 1) 선진국과 개도국의 효과를 표시하는 열에서 앞의 숫자는 선진국에서 일어나는 사물인터넷의 효과, 뒤에 표시되는 숫자는 개도국에서 일어나는 사물인터넷의 효과를 나타낸 것임.

　　2) 전체의 표시는 사물인터넷의 효과를 한 번에 요약한 것으로 사물인터넷의 도입과 보급에 의해 발생하는 총 효과 중에서 선진국에서 발생하는 부분은 전체의 62, 개도국에서 발생하는 부분은 전체의 38이 됨을 의미함.

자료: Mckinsey & Company(2015 a), Exhibit E2의 내용을 요약 정리.

보다 더 두드러질 것으로 보여진다. 그것은, 당연한 이야기일 수 있으나, 선진국에서 사물인터넷이 더 널리, 더 빨리 보급되기 때문이다. 개도국과 선진국 중 사물인터넷의 효과가 가장 두드러지는 분야는 사람이다. 이것은 사물인터넷이 사

》》표 2-4　사물인터넷의 경제적 효과: 각 부문별 비교

부문	순위 (높은 효과)	순위 (낮은 효과)	낮은 효과와 높은 효과[1]	주요 적용 사례
인간생활(Human)	3	7	170 ~ 1590	– 질병을 통제하과 관리하는 것
가정(Home)	8	6	200~350	– 에너지의 효율적 관리, 안전과 보안, 사용편리에 바탕을 둔 디자인 등
소매 환경(Retail Environment)	4	4	410~1160	– 체크아웃의 자동화, 스마트 CRM, 재고관리의 효율성
사무실(Offices)	9	9	70~150	– 조직의 재디자인, 고용관리, 에너지 효율화, 빌딩 안전
공장(Factories)	1	1	1210~3700	– 공장 가동의 최적화, 사전적 공장유지, 재고의 최적화
작업장(Worksites)	5	8	160~930	– 공장 가동의 최적화, 장비 유지의 최적화, 사물인터넷에 바탕을 둔 R&D
운송수단(Vehicles)	7	5	210~740	– 보험료의 절감, 운송수단의 여건에 기반을 둔 유지관리
도시(Cities)	2	2	930~1660	– 공공 안전, 공공 건강, 교통 통제, 자원관리
기타(Outside)	6	3	560~850	– 물류, 자율자동차, 네비게이션
전체[2]			3.9 ~ 11.1	

주: 1) 이 효과는 2025에 발생되는 효과를 추정한 것이며 낮은 효과는 낮게 추정될 경우의 효과, 높은 효과는 높게 추정될 경우의 효과를 의미함. 단위는 10억 달러이며 2015년 기준으로 재조정한 것임.

　　2) 전체의 표시는 위 9개 부문의 효과를 단순히 합한 것으로서 효과가 낮게 추정될 경우 전체 효과는 39억 달러 정도이며, 높게 추정될 경우 전체 효과는 111억 달러에 이를 것으로 보여진다.

자료: Mckinsey & Company(2015 a), Exhibit E3의 내용을 요약 정리.

람에게 적용될 경우 health-care의 형태를 띠기 때문이다. 개도국은 아직 선진국에 비하여 health-care의 관심과 보급 정도가 미약하다는 것이다. 이 두 그룹의 국가에서 사물인터넷의 효과가 그리 차이가 나지 않는 분야는 '위험한 작업장소(worksites)'다. 개도국이라 할지라도 탄광과 건설과 같은 위험한 작업 장소에서는 생산의 효율을 위해 가급적 빨리 사물인터넷을 설치하기 때문이다.

〈표 2-4〉에서 보는 바와 같이 사물인터넷의 효과가 가장 두드러진 분야는 사람, 공장, 그리고 도시다. 사람의 경우 위에서 언급한 바와 같이 주로 건강과 질병 관리의 측면에서 사물인터넷이 사용된다는 측면에서 그 효과는 적지 않다. 하지만, 사물인터넷이 가장 큰 효과를 발휘하는 분야는 도시와 공장이다. 이 두 분야의 효과에 대해서는 제5장에서 좀 더 자세히 살피도록 한다.

제 3 장

자율주행차(Autonomous Vehicle)

자율주행차에 대한 이해

1. 자율주행차란 무엇인가?

자율주행차란 말 그대로 스스로 움직이는 차를 말한다. 이 자율주행차를 조금 더 공식적으로 정의하면 "자동차 스스로 주변 환경을 인식함으로써 위험을 판단하고, 자동차 스스로 주행 경로를 계획하여 운전자의 주행 조작을 최소화시키는 인간 친화형 자동차"로 정의할 수 있다.[1]

이 정의에서 보는 바와 같이 자율주행차는 첫째, 스스로 주변 환경을 인식할 수 있어야 한다. 스스로 주변 환경을 인식하기 위해서는 자동차가 진행하는 전후, 좌우, 위아래의 모든 사물과 신호를 인식할 수 있어야 한다. 또 자동차가 어느 위치에 있는지 스스로 파악할 수 있어야 한다. 그런 점에서 자율주행차가 발전하기 위해서는 주변 환경을 인식할 수 있는 센서와 스스로의 위치를 인식할 수 있는 위치 인식 기술이 필요하다. 여기에 필요한 기술로는 레이더, 라이더[2] 등을 들 수 있다. 또 자동차의 위치를 파악하기 위해서는 GPS와 같은 위치인식 시스템도 필요하다. 이런 시스템을 이용하여 자신의 자동차와 주변 자동차와의 상대 거리를 측정할 수 있다(자세한 것은 〈표 3-1〉 참조).

---

1 자율주행차에 대해서는 다양한 정의가 존재하나 여기서는 한국과학기술기획평가원(2016)의 정의를 인용하기로 한다.
2 레이더와 라이더는 비슷한 기능을 수행한다. 레이더는 극초단파를 이용하여 대상물까지의 거리를 측정하지만, 라이더는 레이저를 이용하여 거리를 측정한다.

주요기술	세부 내용
환경인식 센서	• 레이더, 카메라 등의 센서 • 정적장애물(가로등, 전봇대 등), 동적 장애물(차량, 보행자 등), 도로표식(차선, 정지선, 횡단보도 등), 신호 등을 인식
위치인식 및 맵핑	• GPS/INS/Encoder, 기타 맵핑을 위한 센서 사용 • 자동차의 절대/상대적 위치 추정
판단	• 목적지 이동, 장애물 회피 경로 계획 • 주행 상황별(차선유지/변경, 좌우회전, 추월, 유턴, 급정지, 주정차 등) 행동을 스스로 판단
제어	• 운전자가 지정한 경로대로 주행하기 위해 조향, 속도변경, 기어 등 액츄에이터 제어
HCI	• HV(Human Vehide Interface)를 통해 운전자에게 경고/정보 제공 운전자의 명령 입력 • V2X* 통신을 통해 인프라 및 주변차량과 주행정보 교환

*V2X(Vehicle To Everything): 통신을 통해 다른 차량의 진행방향, 전방의 교통현황 등 정보 제공.
자료: 이현숙(2017), 〈표 1〉 재인용.

둘째, 스스로 주행 경로를 계획할 수 있어야 한다. 주행 경로는 출발지에서 목적지까지 효율적으로 갈 수 있는 계획을 말한다. 이런 계획 수립이 가능하기 위해서는 기본적으로 위에서 말한 위치 인식 시스템이 필요하다. 하지만 이것만으로는 충분하지 않다. 가장 효과적으로 목적지에 도달하기 위해서는 다양한 경로를 파악하고 분석할 수 있어야 하며, 목적지에 도달하는 과정에서 발생할 수 있는 장애물을 인식하고 회피할 수 있는 충분한 정보가 있어야 한다.

셋째, 운전자의 주행 조작을 최소화시키고 궁극적으로는 전혀 조작할 필요가 없는 기술이 확보되어야 한다. 운전자의 주행 조작을 최소화시키기 위해서는 자동차가 목적지로 진행과는 과정에서 발생할 수 있는 모든 상황에 적절히 대처할 수 있어야 한다. 예컨대 속도의 변경, 차선의 유지와 변경, 좌우회전, 초월, 유턴, 급정거 등 대처가 필요한 상황이 발생할 때마다 스스로 자율적으로 대처할 수 있어야 한다. 그리고 필요한 경우에는 운전자가 자율주행차에 직접적으로 개입할 수 있는 장치가 마련될 필요가 있다. 주행 조작이 전혀 필요 없는 최고의 자율 주행 단계라 할지라도 자동차 혹은 자동차를 둘러싼 환경이 급변할 경우 운전자(자율주행차에 탄 사람은 정확히 말하면 운전자라기보다는 승객에 가까울지 모른다)의 개입이 필요할 수 있다. 그러므로 자동차와 운전자가 소통할 수 있는 방법 혹은 인터페이스가 필요하다.

이상과 같은 자율주행차의 정의를 생각할 때 자율주행차에 필요한 기술은 〈표 3-1〉과 같이 정리할 수 있다. 즉 자율주행차를 개발하기 위해 필요한 기술은 환경인식, 위치인식, 판단, 제어, 소통으로 나눌 수 있다.

2. 자율주행차의 발전단계

앞의 정의에서도 본 바와 같이 자율주행차는 운전자의 주행 조작을 최소화시키기 위한 방향으로 발전되어 왔다. 그리고 그 궁극적으로는 운전자가 목적지만

》표 3-2 자율주행차 자동화 단계에 따른 기술 단계 구분

구분	자동화 단계	정의	내용	운전주체
미국 도로 교통 안전청 (NHTSA)	Level 0	No Automation(비자동)	• 운전자가 항상 수동으로 조작 • 현재 생산되는 대다수의 자동차가 이 단계에 해당	운전자
	Level 1	Function Specific Automation (기능제한 자동화)	• 자동 브레이크와 같이 운전자를 돕는 특정한 자동제어기술이 적용	운전자
	Level 2	Combined Function Automation (복합가능 자동화)	• 두 가지 이상의 자동제어기술 적용 • 차선유지시스템이 결합된 크루즈 기능이 이에 해당 • 일부 상용화 진행중	운전자
	Level 3	Limited Self-Driving Automation (제한된 자동화)	• 고속도로와 같은 일정 조건 하에서 운전자 조작 없이 스스로 주행 가능 • 돌발 상황에서 운전자의 개입이 필요	시스템/ 운전자
	Level 4	Full Self-Driving Automation (완전 자동화)	• 운전자가 목적지와 주행경로만 입력하면 모든 기능을 스스로 제어해서 주행 • 운전자가 개입 불필요	시스템
미국 자동차 기술학회 (SAE)	Level 0	No Automation(비자동)	• 운전자가 전적으로 모든 조작을 제어, 인공지능 지원 전무	운전자
	Level 1	Driver Assistance(운전자 지원)	• 운전자 운전 상태에서 인공지능이 핸들의 조향이나 가·감속을 지원하는 수준	운전자
	Level 2	Partial Automation(부분 자동화)	• 운전자가 운전하는 상태에서 2가지 이상의 자동화 기능이 동시에 작동	운전자
	Level 3	Conditional Automation (조건부 자동화)	• 자동차 내 인공지능에 의한 제한적인 자율주행이 가능하나 특정 상황에 따라 운전자의 개입이 반드시 필요	시스템/ 운전자
	Level 4	High Automation(고도 자동화)	• 시내 주행을 포함한 도로 환경에서 주행 시 운전자 개입이나 모니터링이 필요하지 않은 상태	시스템/ 운전자
	Level 5	Full Automation(완전 자동화)	• 모든 환경 하에서 운전자의 개입이 불필요	시스템

자료: KISTEP(2017. 9), KOTRA 해외시장뉴스(2017. 6) 재구성; 이현숙(2017), 〈표 2〉 재인용.

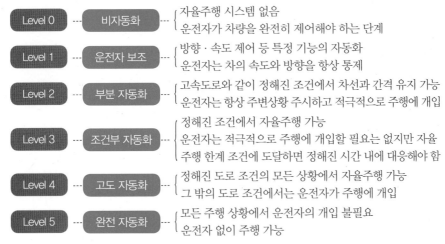

》표 3-3 단계별 자율주행차의 구분

Level 0	비자동화	자율주행 시스템 없음 운전자가 차량을 완전히 제어해야 하는 단계
Level 1	운전자 보조	방향·속도 제어 등 특정 기능의 자동화 운전자는 차의 속도와 방향을 항상 통제
Level 2	부분 자동화	고속도로와 같이 정해진 조건에서 차선과 간격 유지 가능 운전자는 항상 주변상황 주시하고 적극적으로 주행에 개입
Level 3	조건부 자동화	정해진 조건에서 자율주행 가능 운전자는 적극적으로 주행에 개입할 필요는 없지만 자율주행 한계 조건에 도달하면 정해진 시간 내에 대응해야 함
Level 4	고도 자동화	정해진 도로 조건의 모든 상황에서 자율주행 가능 그 밖의 도로 조건에서는 운전자가 주행에 개입
Level 5	완전 자동화	모든 주행 상황에서 운전자의 개입 불필요 운전자 없이 주행 가능

자료: 삼성전자 뉴스룸, https://news.samsung.com/kr/

입력하고 그 나머지는 모두 자동차에 맡기는 완전한 자율 주행을 목표로 하고 있다. 따라서 자율 주행의 정도에 따라 자율주행차의 단계는 다양하게 정리할 수 있다.

자율주행의 단계는 미국 도로 교통 안전청과 미국 자동차 기술학회의 분류가 널리 사용되고 있다. 〈표 3-2〉에서 보는 바와 같이 완전한 비자동에서 완전한 자동까지 다양한 정도의 자율주행차가 존재할 수 있다.

이런 복잡한 기술단계를 조금 쉽게 이해하면 〈표 3-3〉과 같이 정리할 수 있다. 즉 완전한 비자동화를 레벨 0로 놓으면, 운전자를 보조하는 단계의 자율주행 기술은 레벨 1, 고속도로와 같이 정해진 조건에서 작동하는 부분 자동화는 레벨 2로 이해할 수 있다. 그 다음 레벨 3, 4는 그 자동화의 정도가 점점 더 높아지는 상태를 의미하며 레벨 5는 완전한 자동화가 이루어지는 것을 말한다.

가장 중요한 질문을 하나 던져본다. 2020년 현재 자율주행차는 어느 정도에까지 와 있을까? 자율주행차를 개발하는 기업 혹은 국가에 따라 다양한 편차를 보여주지만 최소 레벨 4까지는 개발되었고, 조만간 레벨 5에 가까운 자동차가 실제 도로를 주행하는 모습을 볼 수 있게 될 것이다. 최소한 2025년까지는 이런 자율주행차를 도로에서 목격할 수 있게 될 것이다.

제4차 산업혁명의 시기에 자율주행차가 왜 중요할까? 개략적으로 다음과 같이 정리할 수 있다.

1. 제4차 산업혁명을 대표하는 제품이다

자율주행차는 제4차 산업혁명을 대표하는 제품이다. 우리는 제1부에서 제4차 산업혁명의 기술, 제품, 경험, 경쟁력 원천을 개략적으로 소개했다. 그 자리에서 언급한 바와 같이 자율주행차는 로봇과 함께 제4차 산업혁명을 대표하는 제품이다. 혹자는 현재 대부분의 사람들에게 보급된 스마트폰을 제4차 산업혁명을 대표하는 제품으로 생각할지 모른다. 하지만 스마트폰은 제4차 산업혁명을 예비하는 제3차 산업혁명의 대표적 제품으로 생각하는 것이 바람직하다. 즉 스마트폰은 디지털경제 혁명의 대표적 제품으로 생각해도 무방하다는 것이다. 하지만 자율주행차의 보급으로 스마트폰의 중요성이 사라지는 것은 아니다. 스마트폰은 자율주행차와 함께 사용되는 보완재의 성격을 강하게 띨 것이다. 자율주행차가 보편적으로 보급될 경우 스마트폰으로 할 수 있는 모든 일을 자율주행차 안에서 할 수 있게 될 것이다. 그런 점에서 자율주행차는 달리는 스마트폰 혹은 달리는 PC라고 할 수 있다.

2. 사물인터넷의 일환이다

자율주행차는 사물인터넷을 구체적으로 활용한 사례이다. 앞서 제2장에서 본 바와 같이 사물인터넷은 사람, 사물, 공간을 연결한다. 자율주행차에서 사물인터넷은 어떤 역할을 할까?

자율주행차의 정의에서 본 바와 같이 자율주행차에서 가장 중요한 기능 중의 하나는 스스로 주변 환경을 인식해야 한다는 것이다. 스스로 주변 환경을 인식한다는 것은 주변 환경에 대한 정보를 체계적으로 습득할 수 있다는 것을 의미하고, 체계적인 정보 습득을 위해서는 정보를 모을 수 있는 각종의 센서를 필요로 한다. 이 센서는 자동차라는 사물과 자동차가 주행 중에 만나는 각종 사물과 환경을 연결하여 자동차의 주행에 대한 정보를 모은다. 바로 사물인터넷의 가장 기초적인 역할이다. 그 다음, 자동차가 스스로 주행경로를 계획하기 위해서는 그렇게 모은 정보가 한 군데, 즉 플랫폼에 모여야 한다. 달리 말하면 센서를 통해 얻은 정보가 무선통신을 통해 한 군데에 집적될 필요가 있다는 것이다. 이런 정보의 수집과 이동은 바로 사물인터넷의 기초적 기능이다. 즉, 사물인터넷을 통해 사물, 사람, 공간이 적절히 소통한다는 것이다. 나아가 플랫폼에 모인 정보를 이용해 자동차의 효율적인 주행에 대한 판단을 내리는 것 역시 사물인터넷의 기능 중 하나이다. 플랫폼에서 사물인터넷을 통해 모인 정보를 기반으로 주행과 관련한 각종의 소프트웨어를 통해 자율주행과 관련된 판단, 즉 가속, 멈춤, 차선변경 등의 결정을 한다는 것이다. 그러므로 자율주행차에서 사물인터넷은 일종의 인프라적인 성격을 가진다.

3. 인공지능을 구체적으로 적용한 사례이다

플랫폼에 모인 정보를 이용해 자율주행에 필요한 판단을 신속하고 정확히 내리기 위해서는 그 정보를 빠른 속도로 분석하고, 거기에 기반한 결정이 효율적으로 내려질 필요가 있다. 인공지능이 이런 기능에 활용될 수 있음은 두말할 나위 없다. 브레이크를 밟거나, 핸들을 돌리거나, 액셀레이터를 밟는 판단에 인공지능이 기여할 수 있음은 당연하다. 또, 이런 운전경험을 통해 획득된 자료와 경험을 통해 인공지능은 스스로 학습을 해 나갈 수 있으며, 시간이 지날수록 인공지능의 판단은 더 개선되게 된다. 하지만, 여기서 언급되는 인공지능은 ANI(Artificial Narrow Intelligence), 즉 좁은 의미의 인공지능임을 염두에 두어야 한다.

4. 빅데이터를 활용하는 사례이다

자율주행차와 관련된 빅데이터는 크게 두 가지로 나눌 수 있다.
첫째, 자율주행에 필요한 빅데이터이다. 자율주행차의 정의에서 본 바와 같이 고도의 자율주행이 이루어지기 위해서는 자동차 외부의 모든 정보가 각종의 센서를 통해 효과적으로 수집되어야 하고, 그 정보가 플랫폼에서 다양한 소프트웨어를 통해 새로운 서비스(자율주행에 필요한 각종의 결정)로 변환되어야 한다. 이런 정보는 말 그대로 빅데이터이다. 다시 말해 자율주행을 실질적으로 가능하게 하는 것은 이런 빅데이터를 빨리 수집하고, 그것을 효율적인 새로운 서비스로 전환시키는 능력이다.

둘째, 자율주행차를 이용하는 탑승자의 개별적 경험(목적지, 이동하는 동안의 개인 선호 사항 등)과 관련된 개인정보가 모아지면 이것 역시 또 하나의 빅데이터를 형성하게 된다. 이런 빅데이터는 자율주행차가 상대적으로 더 많이 보급될 수 있는 지역에 대한 정보를 제공하고, 또 자율주행 중에 탑승자가 시간을 보내는 방법에 대한 정보도 제공한다. 후자의 경우, 탑승자 개인의 개별적 기호와 연결되어 향후 이 탑승자가 다시 자율주행차를 이용할 경우 관련된 서비스를 효과적으로 제공할 수 있다. 당연한 말이지만 그 서비스를 제공하는 업체는 매출을 증대시킬 수 있다. 가장 대표적인 것이 컨텐츠이다. 예컨대, 탑승자가 특정의 가수 혹은 음악을 좋아한다면 그런 음악을 자율주행차를 이용하는 시간에 제공함으로써 매출을 증대시킬 수 있다는 것이다.

5. 플랫폼의 중요성을 확인하는 사례이다

플랫폼의 중요성은 두 가지로 확인할 수 있다.

첫째, 위에서 언급된 빅데이터가 모이는 장소로서의 플랫폼이다. 거듭 말하지만 이 플랫폼에서 빅데이터를 이용해 새로운 서비스가 만들어진다. 당연한 말이지만 이 빅데이터가 플랫폼에 전송되는 속도가 빠를수록, 새로운 서비스가 만들어지는

그림 3-1　자율주행차의 컨셉

자료: HMG 저널, news.hmgjournal.com.

그림 3-2	자율주행차의 내부

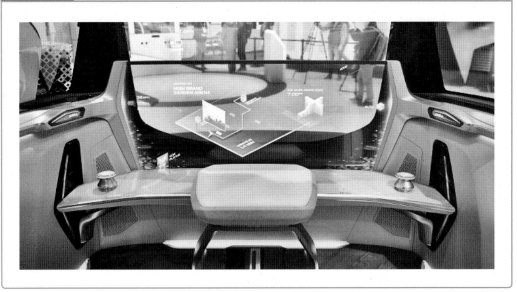

주: CES 2020에서 현대 모비스가 전시한 자율주행차 엠비전 에스의 실내
자료: HMG 저널, news.hmgjournal.com.

속도 역시 빨라지게 된다. 5G의 통신망이 필요한 이유가 여기서도 확인된다([그림 3-1] 참조).

둘째, 자율주행차를 이용하는 탑승자에게 새로운 서비스를 제공하는 장소로서의 플랫폼이다. 완전한 자율주행이 이루어질 경우 탑승자는 탑승 시간에 자신이 원하는 작업을 할 수 있다. PC를 사용하거나, 게임이나 컨텐츠와 같은 오락을 하건, 휴식을 취하는 것 역시 오직 탑승자의 선택이다. 이 경우 탑승자에게 이런 새로운 서비스를 제공하는 장소로서 플랫폼이 중요하게 된다. 정보 오락산업(info-tainment)의 가능성이 여기서 확인된다(그림 3-2] 참조).

제4차 산업혁명의 분석 6   자동차 cockpit의 중요성[3]

본문 중에 언급한 바와 같이 자율주행차는 새로운 서비스를 제공하는 플랫폼으로서의 역할을 하게 된다. 그 플랫폼이 구체적으로 설치되는 장소는 현재 자동차의 계기판이 차지하는 앞부분, 즉 cockpit이다. CES에서는 이런 자동차 cockpit과 관련된 많은 제품들이 출시되었다. 다음 사진은 자동차 대시보드 부분이 앞으로 어떻게 활용될 수 있는지를 보여준다. 기본적으로 자동차의 주행

---

3 저자의 분석임.

과 관련된 사항들이 대형 스크린에 표시된다. 하지만 뒷좌석에 앉은 승객은 스마트패드와 같은 IT 기기를 이용하여 자신이 원하는 서비스, 예컨대 컨텐츠를 소비할 수 있게 된다.

자동차 cockpit 1

주: CES 2019에 출시되었던 삼성전자의 자동차 cockpit.
자료: 삼성전자 뉴스룸.

CES 2020에서는 자동차 대시보드에 장착되는 것이 자동차 운행에 대한 정보를 넘어 컨텐츠와 같은 엔터테인먼트를 즐길 가능성을 제시한다. 다음 사진은 소니의 비전 에스라는 자율주행차의 앞부분에서 어떻게 엔터테인먼트를 즐길 수 있는지 그 가능성을 제시한다.

자동차 cockpit 2

주: CES 2020에 출품된 소니의 비전 에스 자율주행차 내부의 대시보드에서 보여
지는 컨텐츠 소비의 가능성.
자료: 저자 촬영.

이런 설명을 정리하면 다음과 같다. 완벽한 자율주행이 이루어지기 전까지는 자동차의 대시보드에는 기본적으로 차량의 운행정보가 표시되는 대형 스크린이 탑재된다. 하지만, 자율주행의 정도가 증가할수록 그 대시보드에서는 단순한 차량 운행정보 컨텐츠를 즐길 수 있게 된다. 조금 이른 예측이 될지 모르지만 자율주행차 최종의 승자는 이런 엔터테인먼트 산업이 될 수 있다.

6. 컨텐츠의 중요성을 확인하는 사례이다

위에서 본 바와 같이 탑승자가 목적지에 도달하기까지 할 수 있는 가장 바람직한 일은 컨텐츠의 소비일 수 있다.

여기서 한 가지 작은 추론을 한다. 자율주행차가 개발될 초기에는 당연히 자율주행과 관련된 기술, 빅데이터를 모으는 센서, 자동차의 주행과 관련된 정보를 나타내는 전장 장비들이 각광을 받게 된다. 우선 자율주행차라는 하드웨어가 만들어져야 자율주행이 가능하기 때문이다. 그래서 자율주행차가 세계적으로 충분히 보급될 때까지는 자율주행차와 관계된 하드웨어 업체가 주목을 받게 된다. 센서에는 각종의 반도체가 포함되기 때문에 한국의 삼성전자, SK하이닉스가 자율주행차 개발의 초기에 각광을 받을 가능성은 충분하다.

하지만 자율주행차가 충분히 보급되면 어떤 일이 일어날까? 지금 스마트폰은 대중적으로 보급되어 있다. 이 스마트폰을 사용하는 사람들은 그 가격을 전부 지불하고 있을까? 그렇다고 할 수도 있지만, 외형적으로는 그렇지 않다. 특정 통신사의 특정 요금대를 특정 기간 사용하는 조건으로 초기에 스마트폰을 무상으로 얻는다. 이런 현상이 자율주행차에도 발생하지 않을까? 그럴 가능성은 매우 높다. 앞으로 10년 혹은 15년 뒤, 자율주행차에 장착된 특정 회사의 정보 오락산업(info-tainment) 채널을 이용하는 조건으로, 혹은 자율주행차의 기본 인프라인 6G(5G를 넘어서서)와 관련된 특정 통신사의 서비스를 특정 기간 동안 이용하는 조건으로, 자율주행차를 특정 기간 동안 무상으로 사용할 수 있는 시대가 올지 모른다.

만약 그렇다면 자율주행차와 관련된 산업의 최종 승자는 자율주행차를 만드는 자동차 회사도 아니고, 자율주행차의 센서에 필요한 반도체를 만드는 회사도 아니고, 역시 컨텐츠를 제공하는 소프트한 회사일 가능성이 있다. 최소한 그 가능성을 배제할 수 없다. 지금 애플의 아이폰이 하드웨어를 팔아 막대한 수익을 올리지만, 그 하드웨어에 고착된(lock-in) 소비자에게 각종의 소프트한 컨텐츠와 서비스를 팔아 그에 버금가는 수익을 얻고 있다. 이런 사실은 자율주행차 산업의 미래 승자가 어떤 산업 혹은 기업이 될지 가늠하게 한다.

7. 기　타

그 외 자율주행차의 중요성과 관련해선 다음 두 가지를 더 들 수 있다.

자료: HMG 저널, news.hmgjournal.com.

첫째, 자율주행차는 융합의 중요성을 확인하는 사례이다. 지금까지의 설명에서 드러난 바와 같이 미래에 자동차 산업과 IT산업의 경계는 사실상 사라진다. 지금과 같이 복잡한 부품대신, IT 제품이 자율주행차의 가장 중요한 부분이 된다. 시간이 지날수록 모든 산업은 IT산업이 될 수밖에 없다.

둘째, 자율주행차는 자동차 엔진의 미래 변화를 확인하는 사례이다. 앞으로 나오는 자율주행차는 거의 대부분 전기자동차의 형태를 띤다. 내연기관의 시대는 사라지고 있다. 테슬라는 전기자동차만을 생산하지만 전 세계 소비자의 열광을 받고 있다. 그리고 시간이 지날수록 자동차는 전기자동차와 함께 수소엔진자동차로 변해갈 것이다. 환경의 중요성이 강조될수록 이런 경향은 더 심화될 것이다.

제4차 산업혁명의 분석 7　무엇이 스마트폰을 대체할 것인가?[4]

2007년 아이폰이 출시된 이래 아이폰을 포함한 스마트폰은 디지털경제 2.0을 특징짓는 대표적인 기기(gadget)가 되었다. 주지하는 바와 같이 스마트폰은 모바일혁명을 일으켰고, 그 모바일 혁명은 디지털경제 3.0 혹은 제4차 산업혁명으로 이어지고 있다. 하지만, 스마트폰 역시 언제까지나 영구히 디지털경제의 주된 기기로 남을 수 없다. 이미 지역에 따라서는 스마트폰 보급은 포화상태에

4　필자(2016)의 제15장 제2절에 실린 필자의 분석을 수정 보완한 것임.

상용화 임박한 자율자동차 시험운행

자료: 네이버 CCL 검색, http://blog.naver.com/piy815?Redirect=Log&logNo=220525926436

이르고 있고, 이 스마트폰 시장을 주도해 온 애플 역시(삼성도 마찬가지다) 주춤거리고 있는 상태다. 너무 성급한 예측인지는 모르나 애플이 그 혁신성과 실적에 있어서 정점을 찍었다는 비관적인 보도까지 나오고 있다.

스마트폰의 보급이 거의 정점에 달하고 있다면 문제는 스마트폰을 대신할 IT기기가 무엇이냐는 것이다. 거듭 묻는다. 무엇이 스마트폰을 이을 차세대 IT기기일까? '입는 컴퓨터(wearable computer)'가 될 수도 있고, '오감 컴퓨터'혹은 '새로운 디스플레이'를 탑재한 IT기기가 될 수도 있다. 하지만, 아무도 아이폰의 출시가 디지털경제의 영역을 바꾸리라 예측하지 못한 것처럼, 전혀 엉뚱한 상품이 스마트폰을 대신할 수도 있다.

필자는 엉뚱하게 자율주행차(auto driving car)가 스마트폰을 대신할 수 있다고 생각한다. 물론 스마트폰은 사라지지 않는다. 애플와치나 삼성 기어처럼 손목 위로 갈수도 있고, 입는 컴퓨터나 구글 글라스처럼 신체의 일부와 밀착될 수도 있지만, 어떤 형태로든 스마트폰은 살아남을 가능성이 높다. 그것은 스마트폰이 자율주행차의 구동키로 사용될 수 있기 때문이다. 자율주행차는 자동차가 아니다. 스마트폰이 주머니 속의 컴퓨터인 것처럼, 자율주행차는 달리는 컴퓨터. 컴퓨터라고 말하는 것은 이 자동차에 IT 부품이 많다는 것을 의미하는 것이 아니라, 목적지를 향해 가면서 평소에 사무실에서 컴퓨터나 스마트폰으로 하던 모든 일들을 할 수 있다는 것을 의미한다. 아니, 스마트폰의 작은 화면 때문에 제대로 즐기지 못했던 다양한 컨텐츠도 이 자동차에서는 마음껏 즐길 수 있다. 스마트폰을 통해서 하던 일이 주로 정보나 컨텐츠의 소비였다면, 이 자동차를 타고 가면서는 정보나 컨텐츠를 생산할 수도 있다. 혹자는, 바로 이런 이유로 자율주행차를 바퀴달린 아이패드의 개념으로 이해하기도 한다.

이 자율주행차가 사물인터넷의 시대적 대세와 만나게 되면 거의 무적이 된다. 연결된 자동차(connected car)가 되어 전 세계와 바로 실시간으로 연결된다. 공간과 시간과 장소와 사람과 사물을 가리지 않는다. 이 연결된 자동차가 모으는 데이터는 바로 빅데이터가 되어 사람과 사건과 추세를 판단하는 지름길이 된다.

이게 끝이냐고? 그렇지 않다. 가장 위험한, 그러나 가장 기대되는 또 다른 기술이 우리를 기다린다. 인공지능(artificial intelligence)이 그것이다. 자율주행차와 인공지능의 결합, 그 효과와 미래에 대해서는 잠시 숨을 멈추기로 한다.

제3절 자율주행차의 기술개발 현황

자율주행차에 대한 기술개발은 크게 완전자율주행을 목표로 하는 기술개발과 부분자율주행을 목표로 하는 기술개발로 나눌 수 있다. 〈표 3-4〉에서 보는 바와 같이 완성차 기업들은 이 두 가지 기술 모두를 개발하는데 관심을 가지고 있지만, 비자동차 기업들은 부분 자율주행보다는 완전자율주행과 관련된 기술을 개발하는 데 관심을 가지고 있다. 이런 전략적 차이는 완성차 기업들은 자율주행차를 개발하면서도 현재 생산하고 있는 비자율주행차도 계속해서 판매해야 하지만, 비완성차기업들은 그런 유인을 가지고 있지 않기 때문이다.

널리 알려진 바와 같이 완전자율주행에 관심을 가지고 가장 먼저 이와 관련한 기술개발에 몰두한 기업은 구글이다. 구글은 현재 세계에서 자율주행차와 관련하여 가장 먼 거리를 시험운행했으며, 2021년까지 완전자율주행차를 출시할 목표를 가지고 있다. 비자동차기업으로서 완전자율주행에 관심을 가지고 있는 기업은 반도체 생산업체인 엔비디아이다. 엔비디아는 자율주행차라는 하드웨어를 만들기보다는, 그 자율주행차에 들어가는 다양한 기술 소프트웨어, 즉 인공지능을 장착한 자율주행 기능 시스템, 자율주행과 관련된 지도 제작 등에 관심을 가지고 있다. 특이한 것은 중국 검색업체인 바이두도 자율주행차의 개발에 관심을 가지고 있으며, 자동차 공유업체인 우버 역시 볼보와 협력하여 자율주행차를 개발하려 하는 것이다. 이런 사실들은 자율주행차가 제4차 산업혁명 시기를 대표하는 제품인 것과 관련이 있다.

완성차 업체로서 자율주행에 관심을 가지고 있는 기업들은 매우 많다. 달리 말하면 자율주행에 관심을 가지고 있지 않은 완성차 기업들은 없다고도 할 수 있다. 그것은 자율주행차의 개발과 보급, 판매가 이들 완성차 업체들의 미래를 좌우하기 때문이다. 이들 업체 중 선두그룹과 경쟁그룹은 〈표 3-5〉와 같이 정리할

자율주행차에 대한 기술 개발 현황

목표	구분	업체명	기술현황
완전 자율 주행	비(非) 자동차 산업 기업	엔비디아 (NVIDIA)	• 인공지능 자율주행 컴퓨터 드라이브 PX2 탑재, BB8 자동차 공개 • 아우디(AUDI)와 협력, 완전 자율주행 SUV 인공지능 자동차 컴퓨터 '사비어 (Xavier)' 2020년 출시예정 • 자동차 부분공급업체 ZF와 협력, 상용차용 자율주행 컴퓨터 2018년 양산예정 • 지도업체 히어(HERE, 독일) 및 젠린(일본)과 자율주행 자동차 지도 솔루션 개발
		모빌아이 (Mobileye)	• 델파이 및 인텔과 협력하여 2019년까지 자율주행 시스템 개발, 완성차 업체에 납품예정 • 지도업체 히어 협력, 자율주행용 고화질 실시간 지도개발
		구글(웨이모) (Google, Waymo)	• 2021년까지 완전 자율주행 자동차 출시 목표 • 현재 최장 시범운행거리(42만 4,331마일) 기록 • 5,000마일당 한 번 꼴로 운전자 개입, 최소 자율주행 해제횟수를 보유한 선두 업체
		애플(Apple)	• 자율주행 자동차보다는 시스템에 주력, 1차 공급업체 목표
		우버(Uber)	• 볼보와 협력, 2021년까지 완전 자율주행 자동차 공동 개발 • 완전 자율주행 자동차를 이용한 무인택시, 무인트럭 사업 운영계획
		바이두 (Baidu)	• 인공지능 운전자 보조 프로그램 탑재한 자율주행 자동차 개발 • 2018년 상업용 자율주행 자동차 출시 예정, 2021년 양산화 계획
		네이버 (NAVER)	• 국내 중소기업과 협력, 도요타 개조 차량으로 자율주행 시스템 시험 • 향후, 카쉐어링 사업 등록을 통한 무인택시 서비스 구상
	완성차 기업	현대/기아	• 'CES 2017'에서 SAE 기준 4단계 아이오닉 자율주행 자동차 출품, 도로시승 성공 • 구글, 시스코 등 IT 업체와 협력하여 커넥티드 자율주행 자동차 개발 • 2030년까지 완전 자율주행 자동차 양산 계획
		아우디 (AUDI)	• 엔비디아 칩을 장착한 자율주행 자동차 Q7 공개
		BMW	• 2017년 하반기 자율주행 자동차 40대 공공도로 테스트 실시 • 인텔 및 모빌아이와 완전 자율주행 기술개발 협력 • 지도업체 히어 협력, 실시간 업데이트 지도 정보 서비스 제공
		벤츠/다임러 (Benz/ Daimler)	• 2014년 최초 공공도로 자율주행 차량 시험 공식 허가 획득 • 2020년 자율주행 자동차 출시 계획 • 자율주행 네트워크 운영하여 우버를 통한 차량공유 서비스 제공
		볼보(Volvo)	• 2020년까지 반자동 자율주행 자동차 출시 예정 • 2021년까지 완전 자율주행 자동차 개발 목표, 100% 안정성 보장 후 양산화 계획 • 우버 협력, 탑승자 안전을 최우선으로 하는 자율주행 승용차 개발
		폭스바겐 (Volkwagen)	• 2021년 자율주행 시스템 갖춘 무인차 개발 및 출시 예정 • 퀄컴과 협력, 자율주행 전기차에 5G 연도 V2X 도입
		포드(Ford)	• 2021년까지 운전대 · 브레이크 없는 완전 자율주행 자동차 생산 • 택시 또는 차량공유 서비스용으로 출시
		혼다(Honda)	• 구글 웨이모와 협력, 2020년 완전 자율주행 실용화 목표 • 소형 완전자율주행 전기 콘셉트카 공개

		도요타 (TOYOTA)	• 세계에서 가장 많은 자율주행 기술 특허 보유 • 2020년 4단계 자율주행 스마트카 전략, AI에 우선 집중 • AI를 통한 사용자 감성 인식, 도로상 색을 표시하여 감성지도 콘셉트 제공
부분 자율 주행	완성차 기업	닛산 (NISSAN)	• 전기차 리프(Leaf)를 기반으로 2020년 자율주행 자동차 출시 목표 • 미국 항공우주국(NASA) 기술 기반 SAM 기술 개발, 운행 가능 경로 생성방법 제시 • 프로파일럿(ProPILOT) 시스템 전담 콜센터를 통한 상황 파악 및 긴급 개입 • 개입 빈도: 150 마일당
		GM(General Motors)	• 부분(고속도로) 자율주행 기술 '슈퍼 크루즈' 시스템 장착, 출시 예정 • 무인 완전 자율주행 자동차 개발은 10년 이상 소요 예상 • 카쉐어링 업체 리프트와 협력, 전기차 볼트 EV로 무인택시 서비스 시장 진출 • 개입 빈도: 20마일당
		테슬라 (Tesla)	• 현재 부분자율주행 자동차 조기 상용화 및 2018년까지 자율주행 자동차 업데 이트 계획 • 개입 빈도: 3.5마일당

자료: 이현숙(2017), "자율주행자동차 기술개발의 특징 및 정책동향," 융합 위클리 TIP, Vol. 92, pp. 1–11, 〈표 3〉 재인용.

》》표 3-5   자율주행차 경쟁그룹 정리

그룹	업체 및 소개
선두 그룹 (Leaders)	• 포드, GM, 르노-니산, Daimler 등 4개사 • 전략과 실행력 모두 높은 평가, 공통적으로 양산라인에 고급차와 중장비, 기본적인 자동 주 행 옵션 차량들을 모두 갖추고 있음
경쟁 그룹 (Contenders)	• 폭스바겐, BMW, Waymo, Volvo/Autoliv/Zenuity, Delphi, 현대 등 10개사 • 선두그룹에 다소 뒤처져 있으나 가까운 장래에 이들을 따라잡을 수 있는 후보들
도전 그룹 (Challengers)	• 혼다, 바이두, 우버 등 4개사 • 앞의 두 그룹에 다소 못 미치지만, 근 미래에 선두그룹에 도전장을 내밀 수 있는 기반은 갖춰 져 있는 그룹
후발 그룹 (Followers)	• 현재 없음 • 자율주행자동차 개발과 전략에서 가장 뒤처져 있는 것으로 평가

자료: 서영희(2017), 〈표 4〉 재인용.

수 있다. 이 표에서 보는 바와 같이 포드, GM, 르노-니산, 다임러-벤츠 등 4개
사가 선두그룹으로 부상하고 있고, 폭스바겐, BMW 등이 그 다음 경쟁그룹을 형
성하고 있다. 하지만 이런 선두그룹과 경쟁그룹은 고정된 것이 아니라 기술개발
의 속도, 자율주행차의 운행과 관련된 사회적 제도의 정비, 완성차 업체의 미래
전략 등에 따라 그 순위가 변할 가능성이 매우 높다. 예를 들면, 한국의 현대자동
차는 이런 자율주행차의 기술개발에 그리 적극적이지 않았으나, 2020년 현재 세
계적인 다른 완성차 기업 못지않게 관련 기술의 개발에 의욕적인 자세를 보이고

있다.

| 제 4 절 | 자율주행차의 경제적 효과 |

1. 자율주행차는 언제쯤 개화될 것인가?

자율주행차의 개발에 앞장 서 온 구글은 이 분야의 선두업체로서 2021년에는 이 자동차가 상용화되는 것을 목표로 하고 있다. 이 경우의 상용화는 완전자율주행과 관련된 기술이 개발되어, 적절한 조건 하에서, 도로에서 상업적 목적으로 운행되는 자동차를 만날 수 있는 것을 의미한다. 하지만 이런 예측 역시 다소 낙관적인 면이 있음을 부인할 수 없다. 그래서 어떤 면으로는 기존 자동차 업체의 예측이 더 현실적일 수도 있다. 포드, 혼다, 다임러－벤츠 등 많은 자동차 업체들은 2020년대의 초반에 자율주행차의 운행과 관련된 기술 개발을 완료하고 2030년까지는 이런 자동차를 양산할 계획을 가지고 있다.

그러므로 자율주행차의 개화와 관련된 전망은 다음과 같이 요약할 수 있다: 2020년을 전후하여 자율주행차와 관련된 기술이 거의 개발되고, 2030년을 전후하여 일반인이 이용할 수 있을 정도로 양산 단계에 돌입한다는 것이다.

그래서 〈표 3-6〉에서 보는 바와 같이 2025년까지는 완전자율주행차보다는 제한적인 자율주행차가 압도적이지만 2030년이 되면 그 비중은 거의 비슷하게 되

>> 표 3-6 **자율주행차의 미래 시장 전망**   (단위: 억 달러, 억원)

구분		2020	2025	2030	2035	CAGR(%)
세계 시장	제한 자율주행(Lv3)	63.9	1,234.80	3,456	4,905	33.6
	완전 자율주행(Lv4)	6.6	314.1	3,109.20	6,299	84.2
	합계	64.5	1,548.90	6,565.20	11,204	41
국내 시장	제한 자율주행(Lv3)	1,493	28,852	80,753	114,610	33.6
	완전 자율주행(Lv4)	15	7,341	72,651	147,183	84.2
	합계	1,509	36,193	153,404	261,794	41

자료: Autonomous Vehicles, Navigant Research(2013)/Strategic Analysis of the European and North American Market for Automated Driving, Frost & Sullivan(2014)/자율주행 기능 시스템, KISTI(2016).
자료: 서영희(2017), 〈표 1〉 재인용.

다가, 2035년이 되면 역전되는 현상을 보게 된다. 한국 역시 이런 추세와 비슷한 경로를 따를 것으로 전망된다.

2. 자율주행차의 경제적 효과

자율주행차가 활성화될 경우 〈표 3-7〉에서 정리한 바와 같은 경제적 효과가 발생할 것으로 예측된다.

우선 경제적 효과는 직접적 효과와 간접적 효과로 구분된다. 직접적 효과는 자율주행차가 보편화됨으로써 발생하는 1차 효과를 의미하고, 간접적 효과는 이런 1차 효과로부터 파생되는 효과를 의미한다. 하지만 자율주행차가 보편화될수록 이런 직접효과와 간접효과는 서로 중첩되어 발생하게 된다.

직접적 효과는 크게 자동차 사고의 감소, 직접 운전 시간의 감소, 운전자의 교

》 표 3-7 자율주행차의 경제적 효과

구분	세부 효과	구체적 영향	관련 산업들
직접적 효과	자동차 사고 감소	- 보험비용의 감소 - 자동차 수리비용 감소 - 법률관련비용의 감소 - 자동차 유지비용의 증가	- 보험 산업 - 자동차 정비 산업 - 법률 산업
	직접 운전이 필요하지 않게 됨	- 주차장의 필요성 감소 - 자동차 주행 중 컨텐츠 이용의 증가	- 토지이용, 건설산업 - 정보 · 오락 산업 (Info-tainment) - 컨텐츠 산업 - 데이터 산업
	운전자의 교체	- 트럭, 택시 운전자 감소 - 주7일 24시간 수송이 가능하게 됨으로써 운송의 효율성 증대	- 운송업체 - 트럭운송, 버스 운송, 택시 운송업체
간접적 효과	여행 패턴의 변화	- 여행자들은 호텔에 숙박하기보다는 자동차 안에서 숙박	- 호텔 산업 - 여행 산업
	자동차 소유권의 변화	- 자동차를 소유할 유인이 줄어듦	- 자동차 산업 - 보험산업 - 주차 산업 - 자동차 AS 산업 - 자동차 금융 산업
	서비스의 변화	- '소비자가 서비스를 제공하는 장소로 가는 것'에서 '관련 서비스가 소비자계에로 가는 것'으로 변함	- 호텔 산업 - 요식 산업 - 헬스케어 산업

자료: 저자 작성

체로 나눌 수 있다. 5단계의 완전한 자율주행이 이루어지면 운전자가 직접 운전하는 것보다 교통사고의 가능성은 줄어들게 된다. 그럴 경우 보험비용이 감소하고, 자동차 수리비용 역시 감소하며, 이와 관련된 법률관련 비용도 줄어들게 된다. 직접 운전하는 시간이 줄어들게 되면 우선 목적지까지 가는 시간을 보다 효율적으로 이용할 수 있게 된다. 그럴 경우 자동차 안에서 다양한 컨텐츠를 이용할 가능성이 증대한다. 또 자율주행차를 이용할 경우 직접 차를 운전할 경우에 비하여 주차장에 차를 주차할 필요성이 줄어들게 된다. 그럴 경우 도시 내에 다양한 주차장을 건설할 필요성이 없게 되며, 과거 주차장으로 사용하던 땅들을 다른 용도로 사용할 수 있게 된다. 자동차가 스스로 운전하게 되면 우선적으로 택시, 버스, 트럭 운전자는 더 이상 필요 없게 되거나, 과거보다 그 수가 현저히 줄어들게 된다. 또, 장거리 운송의 경우 하루 24시간 운송이 가능하게 되므로, 물품 수송의 효율성은 크게 증가된다.

간접적 효과는 여행패턴의 변화, 자동차 소유권의 변화, 서비스의 변화로 나눌 수 있다. 자율주행차가 널리 보급되면 여행자는 밤에 호텔에서 숙박을 하는 대신 자동차에 목적지를 입력해 놓고 자동차 안에서 잠을 자면 된다. 물론 이렇게 되기 위해서는 자동차가 안락한 수면을 가능하게 하는 형태로 변모될 필요가 있다. 여하튼, 자율주행차가 밤에도 스스로 운행할 수 있다면 여행을 하면서 호텔에 숙박할 유인은 크게 줄어든다. 물론 그렇다고 호텔의 필요성이 완전히 사라지지는 않는다. 목적지에 도착해서 휴식을 취할 경우에는 보다 좋은 호텔에 머물려고 하기 때문에, 호텔산업도 저렴한 호텔은 없어지고 좋은 호텔은 더 좋게 변하는 양극화가 진행될 수 있다.

자동차 소유권의 변화는 심각한 결과를 초래할 수 있다. 과거 한 가정에는 가족 구성원의 개인적 필요성에 따라 여러 대의 자동차를 소유하는 것이 일반화되었다. 하지만, 자율주행차가 보급되면 여러 대의 자동차 대신 한 대의 자동차를 소유함으로써 가족 구성원이 필요로 하는 모든 주행 서비스를 충족시킬 수 있다. 예컨대, 이른 아침에 가장이 회사에 출근한 뒤 자동차는 스스로 집으로 돌아가 학교로 가는 아이들의 등교길을 도울 수 있고, 그 뒤 자동차는 다시 스스로 집으로 돌아와 슈퍼나 백화점에 가는 주부에게 주행 서비스를 제공할 수 있다. 과거와 같이 여러 대의 자동차가 필요 없게 된다. 나아가 공유 자동차가 늘어나거나, 리스 형태의 자동차가 더 저렴하게 되면 더 이상 자동차를 소유할 필요가 없게 된다. 그럴 경우 관련 산업에 대한 변화는 필연적이다. 자동차를 만드는 자동차 제조업체 뿐 아니라, 보험 산업, 주차산업, 자동차 AS 사업, 자동차 금융 산업

등 하드웨어인 자동차와 관련된 모든 산업이 영향을 받게 된다.

서비스의 변화는 자동차 소유권의 변화와도 다소의 관련을 가진다. 자동차의 자율주행이 가능하게 되면 이제는 소비자가 서비스를 제공하는 장소에 찾아가는 것이 아니라, 소비자를 대상으로 한 서비스가 직접 소비자를 찾아가는 현상이 보편화되게 된다. 예를 들어보자. 현재 편의점의 경우 특정 장소에 영업장소를 확보하여 그곳을 들리는 소비자에게 물건을 판다. 하지만, 자율주행이 가능하게 되면 특정한 장소를 고집하지 않고, 소비자가 많이 모이는 장소에 서비스를 제공하기 위해 스스로 이동하는 것이 가능하게 된다. 당연한 이야기지만 이런 변화는 단순한 소매점에 국한되는 것이 아니라 요식업, 헬스케어, 그리고 호텔업과도 관련이 있게 된다.

3. 산업에 대한 영향

이상과 같은 효과를 파악하게 되면 산업에 미치는 영향은 〈표 3-8〉과 같이 정리할 수 있다.

첫째, 자동차 보험산업과 자동차, 특히 자동차 사고와 관련된 법률산업은 '지는 산업'의 범주에 속하게 된다. 또, 자동차 운전이라는 직업 혹은 그런 직업을 양산하는 산업 역시 지는 산업의 범주에 속하게 된다.

둘째, 자동차 공유 산업, 컨텐츠 산업, 정보 · 오락 산업(Info-tainment) 등은 '뜨는 산업'에 속하게 된다. 앞서 자율주행차의 중요성을 설명하는 자리에서 여러번 설명한 바와 같이 정보 · 오락 산업은 더 중요하게 될 것이다

셋째, 복잡한 영향을 받는 산업, 즉 긍정적 효과와 부정적 효과를 함께 받는 산업은 자동차 정비산업과 수송산업을 들 수 있다. 자동차 정비산업의 경우 자율주행차는 일반적인 자동차에 비해 더 많은 거리를 운행하기 때문에 자동차 정비의 필요성은 증가한다. 예컨대 자율주행차는 주차장에 멈추어 있기보다는 끝없이 자율적으로 움직이게 되므로 더 먼 거리를 주행할 수밖에 없다. 반면 첨단기술을 장착한 자율주행차 때문에 일반 자동차에 비해 자동차 사고의 가능성은 줄어들고, 따라서 자율주행차 정비의 가능성도 줄어들게 된다. 수송산업에 있어서는 운송비용이 줄어드는 긍정적 효과와, 운전자의 직업 상실이라는 부정적 효과가 혼재하게 된다.

넷째, 구조적 변화가 가장 필요한 산업은 현재의 자동차 제조 산업이 될 것이다. 자율주행차가 보편화될 경우 자동차 산업은 자동차라는 하드웨어를 만드는

» 표 3-8 자율주행차가 산업에 미치는 영향

구분	산업들	영향	
부정적 영향을 받는 산업	보험산업 법률산업 자동차 운수산업(택시, 버스, 트럭)		
긍정적 영향을 받는 산업	자동차 공유산업 컨텐츠 산업 Info-tainment 산업 토지 이용산업		
복잡한 영향을 받는 산업	자동차 정비 산업	긍정적 효과: 자율주행차는 일반적인 자동차보다 많은 거리를 운전하기 때문에 자동차 정비의 필요성이 증가함.	
		부정적 효과: 자동차 사고가 줄어들기 때문에 자동차 정비의 필요성은 줄어듦.	
	수송산업	긍정적 효과: 자율주행차의 보급으로 운송 비용 줄어듦.	
		부정적 효과: 수송산업에 종사하는 운전자들의 직업 상실	
구조적 변화가 필요한 산업	자동차 제조산업	자동차 산업은 mobility-service provider 나 transportation network operator로 변신해야 함. 혹은 자동차 공유산업으로 진출해야 함.	

자료: 저자 작성.

산업에서 주행 혹은 운송 서비스를 제공하는 산업(transportation service provider)으로 변모될 것이다. 앞서 설명한 바와 같이 개별적으로 자동차를 소유할 필요는 자꾸 줄어들게 되므로 과거와 같이 하드웨어에 너무 큰 비중을 두는 경우, 핸드폰 분야에서 과거 노키아가 시장에서 퇴출되는 것과 같은 현상이 발생할 수도 있다. 또, 자동차에 대한 트렌드가 소유에서 공유로 변화되면 현재의 자동차 산업 역시 그런 방향으로 산업의 구조를 재편할 필요가 있다. 이것과 함께, 자동차 엔진 역시 내연기관에서 전기나 수소자동차로 변하고 있기 때문에 이런 추세 역시 적극적으로 활용하지 못할 경우 시장에서 사라지는 결과가 발생할 수도 있다. 그러므로 2020년 현재 자동차 산업은 매우 큰 갈림길에 서 있다고 할 수 있다. 앞으로 10년 혹은 15년 사이 이런 추세에 적극 대응하지 않으면 산업으로서의 존폐를 걱정하게 될 수도 있다.

우리는 앞서 자율주행차의 개화에 대해 다음과 같은 예측을 한 바 있다: 2020년을 전후하여 자율주행차와 관련된 기술이 거의 개발되고, 2030년을 전후하여 일반인이 이용할 수 있을 정도로 양산 단계에 돌입한다.

하지만 이런 예측은 몇 가지 전제를 필요로 한다.

첫째, 가장 중요한 것으로 자율주행 기술이 자율 주행에 따른 모든 장애를 극복할 수 있을 정도로 발전되어야 한다. 예를 들어 자율주행차는 주행 경로에 있는 흰 색의 물체가 하얀 색의 운송 트럭인지, 하늘의 구름인지 분명히 파악할 수 있어야 하고, 앞서 가는 자동차 뒤에 새겨진 사람 그림이 차를 멈추어야 할 사람인지, 아니면 단순히 자동차에 그려진 사람인지를 판단할 수 있는 정도는 되어야 한다.

둘째, 자율자동차의 운행과 관련된 사회적 제도가 정비되어야 한다. 우선 자율주행과 관련된 관련 법률의 정비가 이루어져야 한다. 예컨대 현재 한국의 경우, 운전자가 없는 자동차는 도로를 달릴 수가 없다. 이런 법적 정비가 가장 빠른 미국의 경우에도 아직 모든 주에서 자율주행차의 운행이 가능하도록 제도가 정비되어 있지 않다. 2011년 네바다 주를 시작으로 관련 법안이 제정되어 현재 20여 개 주에서 정비가 되어 있을 뿐이다.

셋째, 자율주행차가 운행되더라도 사고의 위험성이 줄어들 뿐 사고의 가능성이 완전히 사라진 것은 아니다. 이럴 경우, 사고의 가능성은 줄어들더라도 그 사고에 따른 법적 제도적 처리 문제가 시스템적으로 정비되어야 한다. 사고가 날 경우 자율주행차 제조사의 문제인지, 그렇지 않으면 자율주행차에 장착된 전자장비를 제공한 업체의 문제인지, 혹은 자율주행에 간접적으로 개입한 탑승자의 책임인지 효율적으로 처리할 수 있는 시스템이 정비되어야 한다.

그러므로 여기서 말하는 '개화'란 것은 이런 전제조건들이 충족되는 경우를 가정한 것으로 이해되어야 한다. 즉, 자율주행과 관련된 기술이 계획대로 순조롭게 진행되고, 자율주행차의 운행과 관련된 사회적 제도가 그 기술개발 속도에 맞추어 정비되는 경우를 상정한 것이다. 당연한 말이지만, 그 속도가 빠를 경우 자율주행차는 우리의 기대를 넘는 속도로 우리에게 다가올 수 있다.

제 4 장

로 봇

제 1 절　로봇의 의의

1. 로봇의 정의

로봇에 대한 정의는 다양하지만 여기서는 로봇을 다음과 같이 정의하기로 한다: 로봇이란 원하는 작업을 수행하기 위하여 주변을 움직이며, 어느 정도의 자율성을 가진, 2축 이상의 프로그램이 가능한 구동 기계를 의미한다. 다소 복잡한 이 정의에서 핵심 사항은 다음과 같다. 첫째, 어떤 작업을 수행하는 것이 로봇의 목적이므로, 로봇이 위치한 주위를 움직일 수(moving around its environment) 있어야 한다. 둘째, 이 움직이는 과정에서 어느 정도의 자율성(a degree of autonomy)을 가지고 있어야 한다. 셋째, 마지막으로 가장 중요한 핵심 사항으로, 2축 이상의 프로그램이 가능해야(programmable in two or more axes) 한다.[1]

예를 들면 공사 현장이나 아파트 이사 현장에서 흔히 볼 수 있는 사다리차는 목적을 수행하기 위하여 주변을 움직일 수 있지만, 자율성이 없고 프로그램으로 움직이지 않기 때문에 로봇이라고 할 수 없다. 하지만, 어떻게 보면 이런 정의가 그다지 필요하지 않을 수도 있다. 뒤에서 자세히 설명하겠지만 현재 서비스 로봇과 산업용 로봇은, 이런 로봇이라는 정의를 엄격히 적용하지 않더라도 충분히 로봇으로 이해할 수 있고 또 이해되고 있기 때문이다. 예컨대 공장에서 노동력을 대신하는 산업용 로봇과, 서비스 업종에서 서비스를 제공하는 서비스 로봇(예컨대 카페에서 주문을 받는 로봇)은 로봇이라는 명료한 정의를 떠올리지 않고서도 우

1　이 정의는 https://blog.naver.com/kore2758_/2213774973322의 것을 다소 수정하여 인용한 것이다.

그림 4-1	인간을 보조하는 로봇

주: CES 2020에 출시된 토요타의 human support robot.
자료: 저자 촬영.

리가 보편적으로 가지고 있는 로봇의 개념을 그대로 적용할 수 있다는 것이다([그림 4-1], [그림 4-2] 참조).

또 우리 미래의 가장 큰 관심사인 인공지능이 결합된 로봇, 즉 휴머노이드의 경우에도 이런 로봇의 정의가 불필요할 수도 있다. 이런 경우 로봇에 대한 정의보다는 인간과 로봇을 어떻게 구분하느냐는 것이 더 중요할 수도 있기 때문이다. 이 문제는 나중에 좀 더 자세히 다루기로 한다.

2. 로봇은 왜 중요한가?

그러면 제4차 산업혁명의 시기에 로봇은 왜 중요한가? 개략적으로 다음과 같이 정리할 수 있다.

그림 4-2 | 서비스용 로봇

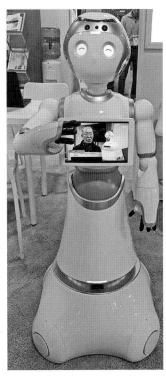

주: CES 2020 유레카 파크에서 만난 서비스용 로봇들.
자료: 저자 촬영.

첫째, 앞서 여러 차례 강조되었지만 로봇은 자율주행차와 함께 제4차 산업혁명기를 대표하는 제품이다. 물론 이 두 제품만이 제4차 산업혁명의 시기에 각광을 받는 것은 아니지만, 로봇과 자율주행차는 이 시대를 대표하는 아이콘으로 간주될 수 있다. 로봇은 인공지능, 사물인터넷, 인터페이스가 융합된 가장 복합적이고 복잡한 제품이다.

둘째, 제4차 산업혁명의 시기에 로봇은 인간 활동의 모든 영역에서 가장 널리 사용되는 제품이다. 공장에서는 인간의 노동을 대신하고, 복잡한 공정을 자율적으로 통제하는 데 사용될 것이다. 가정에서는 가사 노동을 대체하는 것부터, 거동이 불편한 어르신을 간병하고, 심지어는 반려견과 반려 고양이처럼 애완의 대상이 될 것이다. 병원에서는 인간을 대신하여 병을 진단하고, 처방하고, 심지어는 수술까지 하게 될 것이다. 위험한 지역에서는 역시 인간을 대신하여 구호활동을 벌이고, 재난 지역에서는 구휼 활동을 하게 될 것이다. 언급하고 싶지 않기는 하지만, 로봇은 결국 전쟁의 도구 즉 전투 무기로도 사용될 것이다.

셋째, 제4차 산업혁명이 성숙하여 넓은 의미의 인공지능(AGI)이 개발되어 로봇에 장착될 경우, 그 사회경제적 파급효과는 현재 우리가 상상하는 이상으로 클 수 있다. 조금 과장되게 말하자면, 기존의 산업혁명이 인간이 살아가는 각종 영역의 패러다임을 바꾸는 것에 그쳤다면, AGI와 함께 하는 인간형 로봇은 호모 사피엔스 라는 인간 그 자체의 존재에 심각한 의문을 던질 수도 있기 때문이다.

제 2 절　로봇의 종류별 분석: 산업용 로봇과 서비스용 로봇

이 절에서는 로봇을 산업용 로봇과 서비스 로봇으로 구분하여 그 각각의 추이를 살펴볼 것이다. 그 이전에 강조하고 싶은 것은 현재 로봇의 대세를 이루고 있는 것은 산업용 로봇이지만, 시간이 갈수록 그 중심은 서비스 로봇으로 이동할 것이라는 점이다. 세계 전체로 볼 때, 개략적으로, 산업용 로봇이 60% 내외, 서비스용 로봇이 40% 내외의 비중을 차지하고 있다. 한국의 경우 산업용 로봇이 85% 내외, 서비스용 로봇이 15% 내외의 비중을 차지하고 있다. 그래서 역설적으로 한국의 경우에 서비스 로봇이 상대적으로 더 발전할 가능성이 많다고 할 수 있다.

1. 산업용 로봇의 추이

산업용 로봇이란 말 그대로 산업의 현장에서 사용되는 로봇이다. 정확히 말하면 각 기업에서 인간의 노동을 대신하거나, 인간의 노동을 더 효율적으로 활용하기 위해 사용하는 로봇이다. [그림 4-3]에서 보는 바와 같이 2018년 현재 244만 대의 산업용 로봇이 전 세계적으로 사용되고 있다. 2022년까지 170만 대의 새로운 산업용 로봇이 추가로 사용되어 2022년까지는 약 400만 대에 가까운 산업용 로봇이 기업의 현장에서 사용될 것으로 추정된다.[2]

---

2 거듭 말하지만 제4차 산업혁명의 미래에 대한 통계적 추정은 그 정확한 숫자가 중요한 것이 아니다. 추정하는 방법과 대상에 따라 그 추정치는 변할 수 있기 때문이다. 중요한 것은 그 숫자가 어느 정도의 비율로 증가하느냐는 그 추세이다.

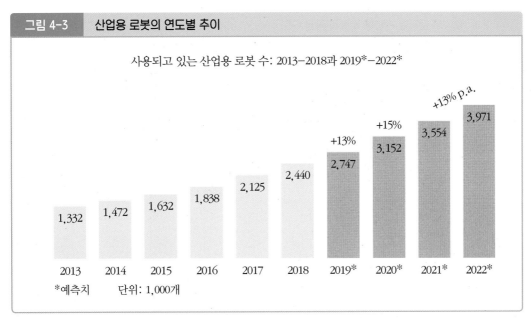

그림 4-3   산업용 로봇의 연도별 추이

사용되고 있는 산업용 로봇 수: 2013–2018과 2019*–2022*

| 2013 | 2014 | 2015 | 2016 | 2017 | 2018 | 2019* | 2020* | 2021* | 2022* |

1,332 1,472 1,632 1,838 2,125 2,440 2,747 3,152 3,554 3,971

+13% +15% +13% p.a.

*예측치   단위: 1,000개

자료: IFR(2019), "IFR World Robotics Presentation," p. 12에서 인용.

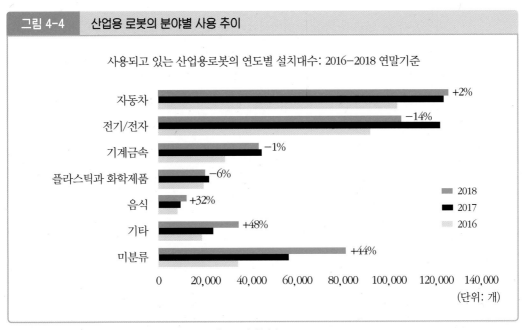

그림 4-4   산업용 로봇의 분야별 사용 추이

사용되고 있는 산업용로봇의 연도별 설치대수: 2016–2018 연말기준

- 자동차 +2%
- 전기/전자 −14%
- 기계금속 −1%
- 플라스틱과 화학제품 −6%
- 음식 +32%
- 기타 +48%
- 미분류 +44%

■ 2018
■ 2017
■ 2016

0   20,000   40,000   60,000   80,000   100,000   120,000   140,000

(단위: 개)

자료: IFR(2019), "IFR World Robotics Presentation," p. 9에서 인용.

[그림 4-4]에서 보는 바와 같이 산업의 각 분야별 로봇의 사용추이를 보면 자동차와 전자산업에서 압도적으로 가장 많은 로봇을 사용하고 있는 것을 알 수 있

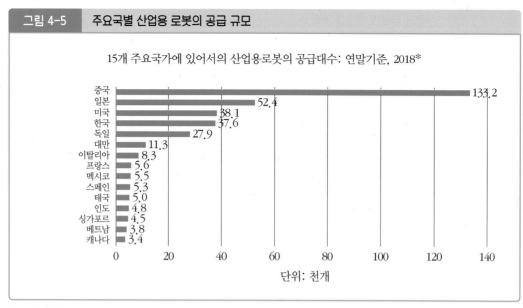

그림 4-5 주요국별 산업용 로봇의 공급 규모

15개 주요국가에 있어서의 산업용로봇의 공급대수: 연말기준, 2018*

- 중국: 133.2
- 일본: 52.4
- 미국: 38.1
- 한국: 37.6
- 독일: 27.9
- 대만: 11.3
- 이탈리아: 8.3
- 프랑스: 5.6
- 멕시코: 5.5
- 스페인: 5.3
- 태국: 5.0
- 인도: 4.8
- 싱가포르: 4.5
- 베트남: 3.8
- 캐나다: 3.4

단위: 천개

주: *사전예측치
자료: IFR(2019), "IFR World Robotics Presentation," p. 4에서 인용.

다. 그 다음, 금속과 화학 산업에서 산업용 로봇을 많이 사용하고 있다.

[그림 4-5]는 이런 산업용 로봇을 어느 나라에서 가장 많이 공급하고 있는지를 보여주고 있다. 이 표에서 보는 바와 같이 2018년 현재 5개국(중국, 일본, 미국, 한국, 독일)이 대부분의 산업용 로봇을 공급하고 있다. 그 중 중국은 133만 대를 공

그림 4-6 산업용 로봇의 진화

자료: IFR(2017), "How robots conquer industry worldwide," IFR Press Conference, 27 September, 2017, Frankfurt.

급함으로써 다른 나라와 비교해 압도적인 위치를 차지하고 있다.

이런 산업용 로봇은 미래에는 어떤 형태로 변하게 될까? [그림 4-6]은 산업용 로봇이 어떤 방향으로 변하게 될지를 보여주고 있다. 그림에서 보는 바와 같이 산업용 로봇은 스스로 생산을 최적화 하는 형태(self-optimising production), 스스로 프로그래밍 하는 형태(self-programming robots)로 진화될 것이다. 즉 산업용 로봇은 무선 네트워크를 통해 로봇이 스스로 연결되고(사물인터넷), 그 연결된 상태에서 빅데이터(생산 공정에서 생산된 데이터)를 활용하여 자율적으로 협업(최적 생산의 상태를 지향)함으로써 스마트 공장의 기본 인프라가 되는 방향으로 진화하고 있다.

2. 서비스용 로봇의 추이

서비스용 로봇은 말 그대로 서비스 산업에서 사용되는 로봇을 의미하며, 크게 전문서비스 로봇, 가사서비스 로봇, 오락서비스 로봇으로 나눌 수 있다. [그림 4-7]에서 보는 바와 같이 2022년을 전후하여, 전문서비스 로봇은 약 102만 대, 가사서비스 로봇은 약 611만 대, 오락서비스 로봇은 약 590만 대가 보급될 것으로 추산되고 있다.

서비스용 로봇의 보급 추이와 관련 인상적인 사항은 다음 두 가지로 요약할 수 있다. 첫째, 전문서비스보다 오락서비스와 가사서비스의 보급이 압도적이다.

| 그림 4-7 | 서비스용 로봇의 보급 추이 |

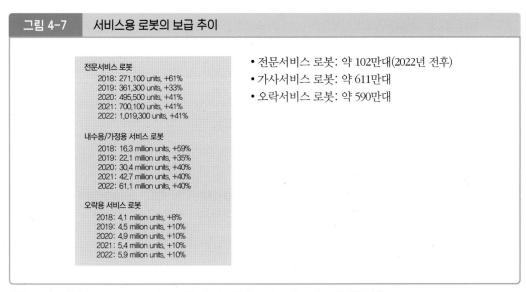

전문서비스 로봇
2018: 271,100 units, +61%
2019: 361,300 units, +33%
2020: 495,500 units, +41%
2021: 700,100 units, +41%
2022: 1,019,300 units, +41%

내수용/가정용 서비스 로봇
2018: 16.3 million units, +59%
2019: 22.1 million units, +35%
2020: 30.4 million units, +40%
2021: 42.7 million units, +40%
2022: 61.1 million units, +40%

오락용 서비스 로봇
2018: 4.1 million units, +8%
2019: 4.5 million units, +10%
2020: 4.9 million units, +10%
2021: 5.4 million units, +10%
2022: 5.9 million units, +10%

• 전문서비스 로봇: 약 102만대(2022년 전후)
• 가사서비스 로봇: 약 611만대
• 오락서비스 로봇: 약 590만대

자료: IFR(2019), "Executive summary: world robotics 2019 service robots," p. 12에서 인용.

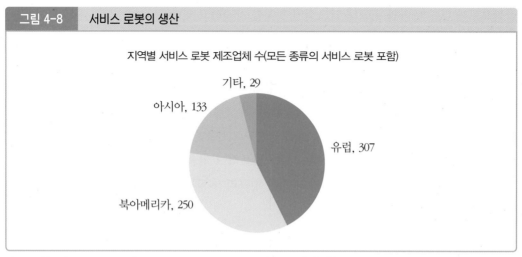

그림 4-8 서비스 로봇의 생산

지역별 서비스 로봇 제조업체 수(모든 종류의 서비스 로봇 포함)

기타, 29
아시아, 133
유럽, 307
북아메리카, 250

자료: IFR(2018), IFR Press Conference, 18 October, 2018, Tokyo, p. 27에서 인용.

2022년의 경우 가사서비스와 오락서비스는 각각 약 6배 정도 더 많이 보급되고 있다. 둘째, 보급 속도에 있어서는 전문서비스와 가사서비스가 오락서비스를 압도하고 있다. 오락서비스는 연간 10% 내외의 보급 증가율을 보이고 있는 반면, 전문서비스와 가사서비스는 연간 40% 내외의 고속 성장을 하고 있다. 이것은 역설적으로 현재 오락서비스 로봇이 다른 로봇보다 더 많이 보급되어 있다는 것을

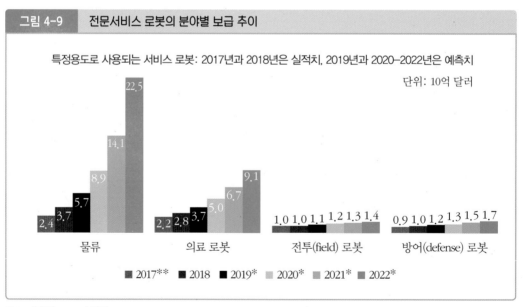

그림 4-9 전문서비스 로봇의 분야별 보급 추이

특정용도로 사용되는 서비스 로봇: 2017년과 2018년은 실적치, 2019년과 2020–2022년은 예측치

단위: 10억 달러

물류: 2.4, 3.7, 5.7, 8.9, 14.1, 22.5
의료 로봇: 2.2, 2.8, 3.7, 5.0, 6.7, 9.1
전투(field) 로봇: 1.0, 1.0, 1.1, 1.2, 1.3, 1.4
방어(defense) 로봇: 0.9, 1.0, 1.2, 1.3, 1.5, 1.7

■ 2017** ■ 2018 ■ 2019* □ 2020* ■ 2021* ■ 2022*

주: *예측치 **수정치
자료: IFR(2019), "IFR World Robotics Presentation," p. 26에서 인용.

의미한다.

그리고 이런 서비스 로봇은 주로 유럽과 북미 지역에서 생산되고 있으며, 그 다음을 아시아 지역이 뒤따르고 있다([그림 4-8] 참조).

전문서비스 로봇의 보급 추이를 보면 물류 부문의 증가가 두드러진다. 특히 시간이 지날수록 더 가파르게 증가하고 있다. 아마존을 비롯한 물류업체에서 로봇의 사용이 증가한다는 것이 그 배경으로 작용하고 있다. 그 다음의 증가 추세를 보이는 것이 의료용 로봇이다. 하나 더, 방위용, 군사용 로봇의 증가세가 지속적이라는 점을 강조하고 싶다. 로봇이 군사용으로 사용될 경우 그 효과는 매우 치명적일 수 있다([그림 4-9] 참조).

제3절 중국과 한국의 로봇 산업

산업용 로봇의 주된 공급자는 단연코 중국이다. 중국은 2018년 현재 약 64만 9천대의 산업용 로봇을 가동하고 있으며, 그 숫자는 2020년 말이면 95만 대에 이를 것으로 추산되고 있다. 더 놀라운 것은 2020년까지 세계가 필요로 하는 산업용 로봇의 40%를 중국이 공급하게 될 것이라는 점이다. 중국제조 2025의 성과가 이런 부문에서도 드러나는 것처럼 보인다([그림 4-10] 참조).

한국의 경우 2010년 이후 산업용 로봇 분야에서 괄목할 만한 성과를 거두고 있다. 매년 5~10%에 이르는 성장률을 나타내고 있다. 한국의 로봇 분야별 생산액 추이를 살펴보면 한국의 경우에도 산업용 로봇(통계상으로는 제조업용 로봇)이 압도적 우위를 차지하고 있고([그림 4-11] 참조), 전문서비스 로봇과 개인서비스 로봇은 아직 제대로 발달하지 못한 단계에 놓여 있다. 생산액뿐 아니라, 분야별 사업체 수에 있어서도 한국은 아직 제조업용 로봇이 다수를 점하고 있다([그림 4-12](a) 참조). 특이한 것은 한국의 경우 로봇 부품 및 부분품이 차지하는 비중이 상당하다는 점이다([그림 4-12](b) 참조).

한국의 산업용 로봇의 보급대 수와 관련해선 한 가지 강조해야 할 점이 있다. 세계에서 제조업 노동자 1만명당 로봇 보급대수가 가장 높은 나라는 어디일까? 2016년의 경우 놀랍게도 1만명당 631대의 보급대수를 보이는 한국이었다(〈표 4-1〉 참조). 그 뒤를 싱가포르, 독일, 일본이 뒤를 이었다. 세계에서 가장 많은 산업용 로봇이 보급된 중국의 경우, 1만명당 보급대수는 68대에 불과했다.

그림 4-10   중국의 산업용 로봇 추이

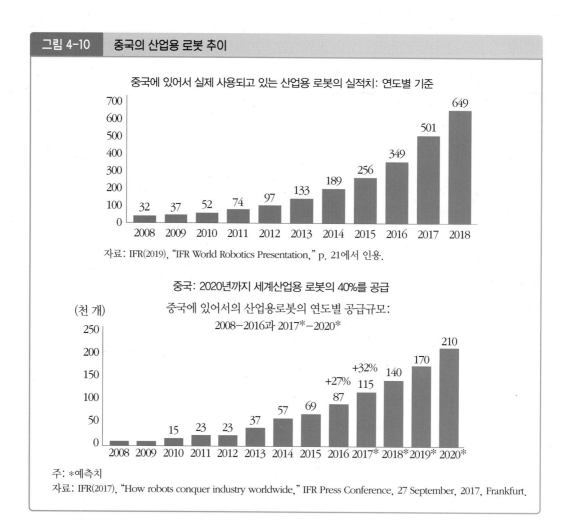

중국에 있어서 실제 사용되고 있는 산업용 로봇의 실적치: 연도별 기준

자료: IFR(2019), "IFR World Robotics Presentation," p. 21에서 인용.

중국: 2020년까지 세계산업용 로봇의 40%를 공급

중국에 있어서의 산업용로봇의 연도별 공급규모:
2008−2016과 2017*−2020*

주: *예측치
자료: IFR(2017), "How robots conquer industry worldwide," IFR Press Conference, 27 September, 2017, Frankfurt.

그림 4-11   한국의 산업용 로봇 생산 증가 추이

한국의 연도별 산업용 로봇생산:
2008−2016과 2017*−2020*

주: *예측치
자료: IFR(2017), "How robots conquer industry worldwide," IFR Press Conference, 27 September, 2017, Frankfurt.

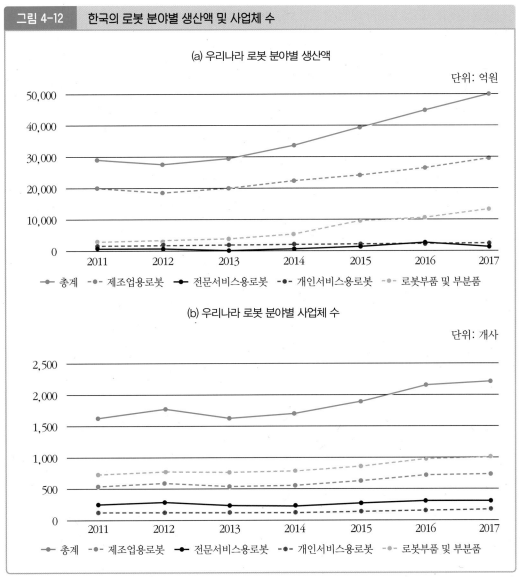

그림 4-12   한국의 로봇 분야별 생산액 및 사업체 수

(a) 우리나라 로봇 분야별 생산액

단위: 억원

─── 총계   ─●─ 제조업용로봇   ─●─ 전문서비스용로봇   ─●─ 개인서비스용로봇   ─ ─ 로봇부품 및 부분품

(b) 우리나라 로봇 분야별 사업체 수

단위: 개사

─── 총계   ─●─ 제조업용로봇   ─●─ 전문서비스용로봇   ─●─ 개인서비스용로봇   ─ ─ 로봇부품 및 부분품

자료: 한국로봇산업진흥원의 "2015년 로봇산업 실태조사 결과보고서"와 "2017년 로봇산업 실태조사 결과보고서"의 자료 저자 편집.

    하지만, 2018년에 들어서서는 한국 대신 싱가포르가 831대로서 가장 높은 로봇 보급대수를 보이고 있으며, 한국은 그 다음 774대의 보급대수를 보이고 있다. 그 다음 독일과 일본이 뒤를 잇고 있다. 대륙별로 보면 유럽이 114대, 북미대륙이 99대, 아시아가 91대의 보급대수를 보이고 있다([그림 4-13] 참조).

제조업 노동자 1만명 당 로봇 보급대수(2016년)　　　　　　　　　　　　(단위: 대)

국가	로봇 보급대수
한국	631
싱가포르	488
독일	309
일본	303
미국	189
중국	68
세계평균	74
유럽평균	84
아시아평균	63

자료: IFR(2017), "Executive summary: world robotics 2017 industrial robots" 자료 저자 편집.

그림 4-13　제조업 노동자 1만명 당 로봇 보급대수(2018년)

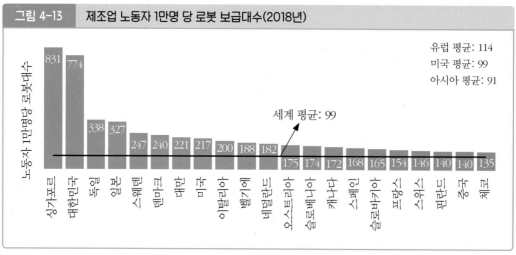

자료: IFR(2019), "IFR World Robotics Presentation," p. 13에서 인용.

제 4 절　AGI 인공지능의 발전과 로봇의 진화

　　앞으로 인간이 현실에서 가장 많이 만나게 되는 로봇은 서비스 로봇일 것이다. 가사 로봇은 필요한 사람만 사용할 것이지만, 카페, 공항, 철도역, 전시 켄벤션 센터 등에서는 직접 필요하지 않더라도 이들을 만나지 않을 수 없다. 현재 가장 널리 사용되고 있는 서비스 로봇인 페퍼를 예로 들자. [그림 4-14]에서 보는 바와 같이 페퍼는 진화된 감정 인식 휴머노이드이다. 아직 두 발로 걸어다니지 않

그림 4-14	페퍼의 제원

- 감정 인식 휴머노이드: 서비스 로봇
- 키 1m 20cm, 무게 28kg, 시속 30km로 이동가능
- 일본 '소프트뱅크 로보틱스'가 개발
- 2014년 손정의 회장 직접 공개
- 일본에서만 1만 대 이상 판매
- 2017년 10월부터 국내 기업들 시범도입
- LG 유플러스, 우리은행, 교보문고, 이마트
- 가격: 19만 8,000엔(약 200만원)

자료: IFR(2019), "IFR World Robotics Presentation," p. 13에서 인용.

고, 바퀴를 이용해서 움직이지만 페퍼는 다양한 장소에서 다양한 서비스를 제공하고 있다. 2014년 일본의 소프트뱅크 로보틱스가 개발한 이래 일본에서만 1만 대 이상 판매되었다. 특히, 가격이 200만원에 불과하기 때문에 더 광범위하게 보급될 가능성이 높다.

이런 서비스 로봇이 인간이 만나게 되는 최종적인 로봇일까? 그렇지 않다. 서비스 로봇과 관련된 기술이 더 발전되고 여기에 AGI의 기술까지 더해진다면 우리는 멀지 않은 시기에 인간과 비슷한 로봇을 만나게 될 것이다. 물론 이렇게 되기 위해서는 몇 가지의 전제를 필요로 한다. 사람과 같이 두 다리로 걸을 수 있는 기술이 좀 더 발전되어야 하고, AGI가 인간의 감정, 생각 뿐 아니라 의지까지 담을 수 있어야 한다. 이럴 경우 인간과 로봇을 구분하는 기준으로 튜링테스트를 들 수 있다. 이것은 기계(로봇 혹은 컴퓨터)가 인공지능을 갖추었는지를 판별하는 실험으로서 1950년 영국의 앨런 튜링이 제안한 것이다. 그의 해석에 따르면 인공지능을 갖춘 로봇과 대화를 나누어 로봇의 반응을 인간의 반응과 구별할 수 없다면 그 로봇은 사고(思考)할 수 있는 능력을 갖춘 것으로 보아야 한다는 것이다. 쉽게 말해 인간과 로봇을 구분하는 일종의 테스트다. 인간이 자기와 대화하는 물체가 로봇이 아니라고 생각한다면 그 물체는 로봇을 넘어서 인간에 가까운 것으로 간주될 수 있다.

[그림 4-15]에서 보여지는 휴머노이드는 영화 엑스 마키나에서 튜링 테스트를 통과한 휴머노이드를 나타내고 있다. 이런 휴머노이드를 만나기까지 앞으로 얼마의 시간이 남아 있을까?

그림 4-15   인간을 보조하는 로봇에서 인간과 비슷한 로봇으로

자료: SK 브로드밴드 공식블로그, http://blog.skbroadband.com/1376

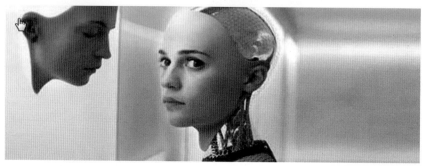

자료: http://www.craveonline.com/site/842713-ex-machina-exclusive-tv-soot-lies

    제1장에서 인공지능을 설명하는 부분에서도 강조한 바 있지만 AGI가 로봇에까지 확산되면 그 파급효과는 상상을 초월할 수 있다. 다시 질문을 던진다. 언제쯤 이런 존재를 만날 수 있을까? 〈표 4-2〉는 이 질문에 대한 개략적인 답을 담고 있다. 자동차, 컴퓨터, 휴대전화, 그리고 산업용 로봇 각각에 대한 기술의 생성시기, 대량생산의 시기, 대량소비의 시기를 휴머노이드의 경우에도 적용한다면 휴머노이드의 대량생산은 2040년대, 대량소비는 그로부터 10년 뒤에 가능할 것으로 예측된다.

    물론 이것은 어디까지나 개략적인 예측에 불과하다. 하지만 레이 커즈와일이 인공지능이 인간을 넘어서는 시기를 2045년으로 예측한 만큼 2040년을 전후 한 시기에는 최소한 이런 휴머노이드의 존재를 만나게 될 가능성이 높다고 할 수 있다.

　인간용 로봇 휴머노이드의 개화 시기

구분	기술의 생성시기	대량생산	대량소비
자동차	1886년	1920년(포드, Fordism)	1960년(미국 기준)
컴퓨터	1940년	1981년(IBM pc)	1990년(미국 기준)
휴대전화	1950년	1980년(모토로라)	1990년대
산업용 로봇	1960년대	1980년대	1990년대 후반
인간용 로봇	현대 초보기술	?	?

자료: 다양한 문헌을 참고하여 저자 작성.

제 5 절　무슨 일이 발생할까?

1. 로봇의 권리장전?

2017년 1월 12일 EU의회는 인공지능을 비롯해 다양한 형태의 로봇에 관한 법을 마련하기 위한 결의안을 채택하였다. 이를 바탕으로 로봇 시민법을 제정할 계획이라고 하는데 그 결의안의 주요 내용은 〈표 4-3〉과 같다.

여기서 보는 바와 같이 AI 로봇을 '전자인간'으로 인정하고 있다. 그리고 이에 따른 로봇 시민법의 주요 세 가지 원칙은 다음과 같다: 1) 로봇은 인간을 다치게 해서는 안되며 인간이 다치도록 방관해서도 안된다, 2) 법칙 1에 위배되지 않는 한, 로봇은 인간의 명령에 복종해야 한다, 3) 법칙 1, 2에 위배되지 않는 한 로봇은 스스로를 보호해야 한다. 이런 차원에서 로봇 작동을 멈추는 킬 스위치를 장착해야 한다고 결의하고 있다. 이런 결의안은 2017년 2월 6일 유럽의회를 통과하

📖 ≫ 표 4-3　EU의회의 AI 로봇 결의안

구분	주요 내용
법적 지위	• AI 로봇을 '전자인간'으로 인정
'킬 스위치'	• 로봇 작동을 멈추는 버튼 장착
주요 원칙	• 로봇은 인간을 위협하면 안 됨 • 늘 인간의 명령에 복종해야 함 • 로봇 역시 자신을 보호해야 함
핵심 권고	• EU 안에 AI기술 · 윤리기구 신설 • 고용 모델 및 조세시스템 개편
최종 의결	• 다음달 본회의 투표 실시 예정

자료: 김미희(2017. Jan 13), 'AI로봇은 전자인간' EU, 법적지위 부여," 파이낸셜뉴스.

였다.

2017년 10월 사우디 아라비아는 인공지능 로봇 소피아에 대하여 로봇 최초로 시민권을 부여하였다. 소피아는 홍콩에 본사를 둔 핸슨 로보틱스가 제작한 휴머노이드로서 시민권을 부여받은 뒤 유엔 경제사회이사회(ECOSOC)에 패널로 등장하기도 했으며 2018년에는 한국을 방문하기도 했다.

물론 다소의 과장과 마케팅 적인 측면이 전혀 없는 것은 아니지만 인공지능을 장착한 인간 같은 휴머노이드를 만나게 될 가능성은 자꾸 높아진다.

2. 로봇세 논쟁

로봇의 보급(특히 산업용 로봇)이 광범위하게 이루어지면 로봇은 필연적으로 인간의 일자리를 빼앗아 갈 수밖에 없다. 특히 육체노동의 정도가 심한 분야에서 이런 변화는 필연적이다. 이런 현상에 대한 대처를 두고 현재 로봇세라는 이름으로 논쟁이 진행되고 있다.

로봇세에 찬성하는 사람의 주장은 기본적으로 '로봇이 생산하는 경제적 가치에 로봇세라는 세금을 부과해야 한다'는 것이다. 로봇이 인간의 일을 대체하면 로봇에 인간과 비슷한 정도의 세금을 매겨야 하고 그 세금을 일자리를 잃은 사람의 지원에 사용해야 한다는 것이다. 빌 게이츠가 이런 논리에 찬성하고 있다.

하버드 대학교의 래리 서머스 교수는 이런 논리에 반대하고 있다. 세금 문제는 윤리 문제와 분리시켜 생각해야 하며, 로봇세를 부과할 경우 로봇 등 새로운 기술의 혁신과 수용을 방해할 수 있기 때문에 부과해서는 안된다고 주장하고 있다.

산업혁명의 초기의 기계파괴운동(Luddite Movement)처럼 로봇에 대한 저항이 본격화된 것은 아니지만, 산업용 로봇의 보급이 광범위하게 이루어질 경우 그로 인해 일자리를 빼앗긴 사람들의 저항은 충분히 생각할 수 있으며 그럴 경우 로봇세라는 문제는 다시 논의의 중심에 서게 될 가능성이 있다.

3. 인간과 로봇

휴머노이드라는 인간형 로봇이 보편화될 경우 인간과 로봇의 존재에 대한 심각한 의문이 일어날 수 있다. 예컨대, 육체는 인간이지만 머리는 인공지능을 장착한 로봇이라면 그 존재를 사람으로 볼 것인가, 로봇으로 볼 것인가? 그 반대의 경우에도 같은 질문이 나올 수 있다. 로봇으로 된 인공심장을 장착하고 있다면 인

| 그림 4-16 | 인간과 로봇, 그 혼란 |

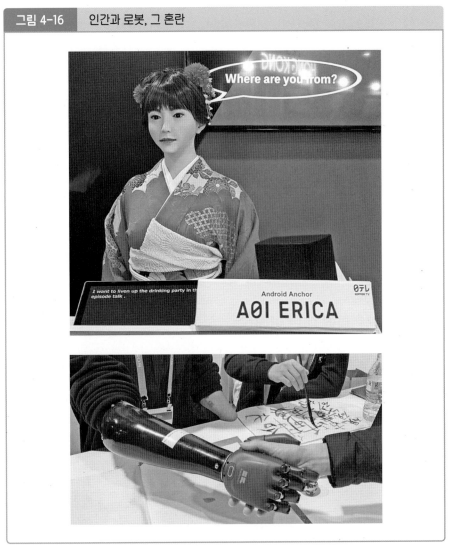

주: 위 사진은 CES 2020 일본 부스에서 전시된 안드로이드 앵커. 아래 사진은 중국관에 전시된 로봇 전자
　팔을 착용한 사람이 다른 사람과 악수를 나누는 모습.
자료: 저자 촬영.

간인가? 혹은 머리만 인간의 뇌를 가지고 있고 가슴 부분은 로봇과 같다면 그 존
재를 어떻게 평가해야 하는가? 영화 로보캅의 주인공이 현실에 등장하는 것이다
([그림 4-16] 참조). 이런 추이는 앞으로 IT, BT, NT의 발달과 더불어 더 심화될 수
있다. 조금 먼 미래의 일로 볼 수 있지만 실현 가능성은 더 높아지고 있다.

　이런 경우 제4차 산업혁명 시대를 살아가는 인간은 단절과 혼란의 현실에 직면
하게 된다(여기에 대해서는 제4부에서 자세히 설명).

제 5 장

스마트 팩토리, 스마트 시티

제1절 스마트 팩토리

1. 스마트 팩토리에 대한 이해

스마트 팩토리는 다음과 같이 정의될 수 있다: "공장의 모든 공정과 사물을 연결하고 생산된 데이터를 인공지능이 효율적으로 관리함으로써 생산성과 효율을 높이는 공장."

이런 정의에서 보는 바와 같이 스마트 팩토리에서 가장 중요한 것은 세 가지로 구분할 수 있다. 첫째, 모든 공정과 사물을 연결해야 한다. 이런 연결을 위해서는

자료: https://en.wikipedia.org/wiki/Smart_manufacturing#/media/File：BMW_Leipzig_MEDIA_050719_
Download_Karosseriebau_max.jpg

무선 통신망이 기본이고, 보다 효율적인 연결을 위해서는 5G 이상의 통신망이 필수적이다. 둘째, 데이터를 인공지능이 효율적으로 관리해야 한다. 여기서 강조할 것은 두 가지다. 중요한 것은 모든 공정과 사물이 연결되는 과정에서 공장의 모든 작업과 관련한 데이타가 만들어진다(이게 빅데이터이다)는 것이고, 이 빅데이터를 효율적으로 관리하는 것이 인공지능이라는 것이다. 셋째, 연결, 데이터의 생성, 인공지능의 관리, 이런 과정을 통해 이룩하고자 하는 것이 바로 생산성과 효율이라는 것이다.

이런 스마트 팩토리와 함께 논의되어야 할 것이 있다. 그것은 제7장에서 논의될 3D 프린팅이다. 물론 다른 기술적 요소가 완전히 배제되는 것은 아니지만 3D 프린팅과 스마트 팩토리가 함께 구현될 경우 우리는 이른바 제조업의 새로운 혁명을 기대할 수 있다. 경제가 발전됨으로써 경제가 서비스화되는 경향이 강해지는데 스마트 팩토리와 3D 프린팅은 이런 경향의 와중에 제조업의 생산성을 획기적으로 제고하는 기능을 수행하게 된다. [그림 5-1]에서 보는 바와 같이 스마트 팩토리를 구현함으로써 제품 개발, 생산계획, 물류 운영(조달), 공정관리, 품질관

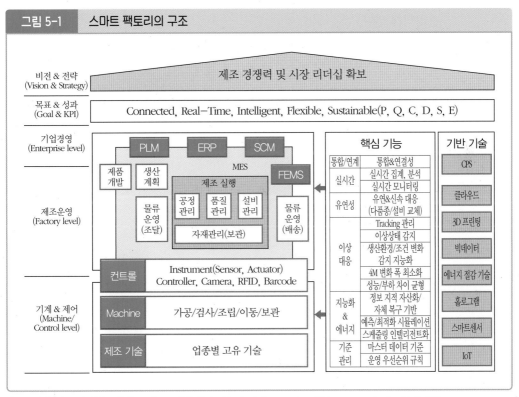

그림 5-1 스마트 팩토리의 구조

자료: 차석근(2017), "제조혁신, 스마트공장," 월간 기술과 경영, 2017년 11월호, pp. 38-41, [그림 2] 인용.

			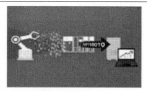
기술 개발	빅데이터, 클라우드, 홀로그램 등 소비자 맞춤형 가상 제조, 소비 자 요구 및 트렌드 분석 등	홀로그램, CPS, 에너지 절감, 3D 프린팅 등 실감형 제품 가시화, 마이크로 팩토리 공정 기술 등	스마트 센서, IoT, 3D 프린팅 등 스마트 복합센서, IoT 플랫폼, 3D 프린터 등
공정 적용	소비자 수요분석 및 제품 디자인 단계에서 빅데이터 분석을 활용 하고, 제품의 서비스화 구현에 적용	스마트 공장 제품설계 및 공장설 비 단계에서 가상 시제품 제작, 설비 공정 및 제조 등에 활용	스마트공장 자동화 설비, 지능 형 로봇, 자율공정시스템 등에 복합센서 연결 및 데이터 수집 및 제어 등에 활용
적용 제품	스마트 자동화, 착용형 스마트 기기 등	스마트 에너지 소비 네트워크, FEMS 등	스마트 컨트롤러 등

자료: 차석근(2017), "제조혁신, 스마트공장," 월간 기술과 경영, 2017년 11월호, pp. 38~41. 〈표 1〉 인용.

리, 설비관리, 물류 운영(조달) 등 모든 과정이 일관적으로 계획되고, 조정되고, 관리되게 된다.

〈표 5-1〉은 스마트 팩토리에 어떤 기술들이 실제로 응용되는지를 보여주고 있다. 물론 여기서 제시된 기술들이 스마트 팩토리에 적용되는 모든 기술을 망라하고 있는 것도 아니다. 또 그런 의미에서 앞으로 개발될 다른 기술들도 스마트 팩토리에 적용될 수 있음은 당연한 사실이다. 하지만 이 그림이 보여주는 바와 같이 스마트 팩토리에는 디지털경제 3.0 이후 제4차 산업혁명이 본격화되는 시점에서 개발된 거의 모든 기술이 적용되고 있다. 그러므로 세계의 모든 나라들이 스마트 팩토리의 기술개발과 적용에 심혈을 기울임은 당연한 일이다.

2. 스마트 팩토리에 대한 각국의 접근법

스마트 팩토리에 대한 관심이 가장 강한 나라는 미국이었고 이에 대한 기술개발과 적용을 가장 많이 시작한 나라도 미국이었다. 하지만 미국은 국가적 차원의 접근이라기보다는 GE(General Electronics)라는 기업을 통해서 이에 대한 접근이 이루어졌다.

GE는 2012년 11월 산업인터넷(Industrial Internet)이라는 개념을 제창하였다. 이것은 일종의 산업생태계 개념인데 모든 산업 장비에 센서를 설치하고 그 센서에서 수집된 데이터를 네트워크를 통해 수집한 다음, 그것을 효과적으로 해석하고 운용하는 것을 목표로 한다. 그 과정을 조금 자세히 설명하면 다음과 같다: 1) 클라우드 서비스를 기본으로 인터넷을 최대한 활용한다, 2) 센서를 통해 획득된 데이터를 인공지능에 의해 처리한다, 3) 그 결과를 가급적 전 세계가 공유한다, 4) 이런 과정을 통해 전 세계의 공장이나 설비를 효과적으로 제어한다, 5) 현실과 가상의 교차점에서 모든 산업기기, 예측 분석 소프트웨어, 인간이 인터넷을 매개로 서로 연결한다.

하나의 예를 들어보자. GE는 항공기 엔진의 효율을 높이기 위해 이런 산업인터넷이라는 개념을 사용하였다. 엔진의 효율을 높이기 위해서는 모든 가상적인 기상 상황에서의 엔진의 성능에 대한 데이터가 필요한데 바로 산업인터넷이라는 개념을 사용하여 엔진에 장착된 센서가 전송하는 데이터를 효율적으로 수집하고 관리함으로써 엔진의 효율을 높일 수 있었다. 당연한 말이지만 이런 데이터에 의한 관리방식은 GE의 전 세계 공장에 그대로 적용될 수 있었다.

독일의 접근법은 Industrie 4.0이라는 말로 집약될 수 있다. 독일은 Industrie 4.0이라는 개념 하에 '사물과 서비스 인터넷(Internet of Things and Services)'을 제조 및 서비스의 모든 과정에 총제적으로 적용하려 했다. 이 개념의 특징은 다음과 같이 요약할 수 있다: 1) 독일의 대기업과 수많은 중소기업이 협업하는 제조업 생태계를 활용한다, 2) 사물인터넷과 CPS(Cyber Physical System)로 모든 생산체인을 연결한다, 3) 이 과정에서 제품개발, 생산공정 관리, 공급망 최적화, 다품종 생산체제를 구축한다.

이 개념, 그리고 [그림 5-2]에서 보는 바와 같이 독일의 Industrie 4.0은 사물인터넷과 인공지능 등 미국이 Industrial Internet이라는 개념 하에 사용한 것과 유사한 기술들을 사용한다. 하지만, 가장 두드러지게 보여지는 특징은 독일의 경우 대기업과 수많은 중소기업의 협업이라는 형태를 취한다는 것이다. 또 독일은 이

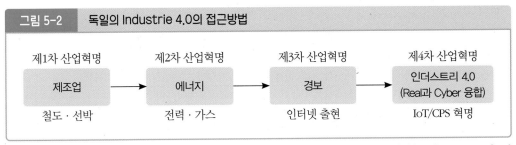

그림 5-2 독일의 Industrie 4.0의 접근방법

제1차 산업혁명	제2차 산업혁명	제3차 산업혁명	제4차 산업혁명
제조업	에너지	경보	인더스트리 4.0 (Real과 Cyber 융합)
철도 · 선박	전력 · 가스	인터넷 출현	IoT/CPS 혁명

자료: 하원규(2015), "제4차 산업혁명의 신지평과 주요국의 접근법," 정보통신기술진흥센터 주간기술동향, pp. 1-12, [그림 3] 인용.

런 방식이 명시적으로 제4차 산업혁명과 밀접한 관련을 가지고 있다는 것을 인식하고 있다.

3. 한국의 경우

〈표 5-2〉에서 보는 바와 같이 한국의 많은 기업들도 스마트 팩토리를 도입하고 있다. 여기서 제시된 자료는 2017년을 기준으로 한 것이기 때문에 2020년을 넘어 2025년을 향할수록 더 많은 기업에서 스마트 팩토리를 도입할 것으로 추산되고 있다. 지금까지 스마트 팩토리의 도입이 주로 대기업을 중심으로 진행되어 왔다면 앞으로는 중소기업에도 스마트 팩토리가 더 적극적으로 도입될 것이다.

한국은 과거 제조업 혁신 3.0 전략이라는 이름 하에 스마트 팩토리 보급을 위한 정책을 추진해 왔다. 즉, 한국의 목표는 스마트 팩토리 그 자체의 보급을 위한 것이라기보다는 제조업 혁신을 위한 하나의 방향 혹은 방법으로서 스마트 팩토리를 강조해 온 것이다. 이와 관련 제조업 혁신 3.0 전략의 세 가지 방향을 다음 〈표 5-3〉과 같이 제시하였다.

》》 표 5-2 국내외 스마트 팩토리 도입 사례

지멘스	지멘스 암베르그 공장내 설비와 부품에 1,000여개의 센서를 부착해 기계 이상을 감지. 매일 수천만 건의 공정 데이터를 분석해 공장 최적화 유지
아마존	시애틀에 무인 식료품점인 '아마존고'를 설치. 인공지능 활용해 고객이 계산을 하지 않아도 자동 결제
다임러	벤츠를 생산하는 독일 · 헝가리 공장에서 지멘스의 무선인식(RFID) 기술 활용한 생산라인 도입
포스코	광양제철소 후판 공장에 센서와 카메라 부착해 매일 1TB(테라바이트) 데이터 수집. 자체 개발 플랫폼으로 분석해 품질결함 예방 · 개선
현대 · 기아차	자동차 공정을 실시간 컨트롤하는 "스마트 태그(Smart tag)" 개발해 공정 과정을 실시간 무선통신으로 자동제어, '불량률 제로' 실현기대
LS산전	청주공장에 부품공급 · 조립 · 포장 등 전 공정에 자동화 시스템 도입해 실시간 공정 제어 및 공장 통합 운영. 카메라 로봇으로 빅데이터 수집해 품질관리
LG화학	에너지 저장장치(ESS) 상태를 실시간으로 파악 · 예측 · 대처하는 시스템 개발해 공장 관리. 고객사에 실시간 장애예측 서비스 제공
SK이노베이션	울산공장 설비에 센서부착. 사고 사례를 스스로 학습하는 '머신러닝' 기술 접목해 공정 사고 예방
한화테크원	산업용 IoT 플랫폼을 개발해 항공기 엔진 공장에 적용예정. 개별 설비에 부착된 센서로 기계 상태 실시간 전송하고 고장 가능성 사전 감지

자료: 이소아(2017. Jul 18), "[틴틴 경제] 스마트 팩토리가 뭔가요", 중앙일보.

표 5-3 제조업 혁신 3.0 전략의 방향

제조업과 IT·SW, 서비스, 他산업과의 융복합 확산	• (제조업+IT·SW) 구글의 자율주행자동차, (제조업+서비스) zipcar의 카쉐어링 • (제조업+농업) LED 식물공장(태양빛 대신 LED를 활용하여 무공해 작 물을 연중 수확)
3D프린팅, 스마트공장 등 저비용·다품종·유연생산방식 등장	• (3D프린팅) GE는 항공기 핵심부품인 엔진노즐을 3D프린팅으로 제작 • (스마트공장) BMW 영국공장은 고객맞춤형 옵션 결합으로 다양한 종 류의 Mini 제작·판매
R&D, 생산 등 가치사슬이 글로벌 최적입지를 찾아 분화	• 유니클로(日): (디자인) 도쿄·뉴욕 디자인센터, (생산) 중국·베트남 공장, (마케팅) 각국 합작법인

자료: 산업통상자원부(2016), "창조경제 구현을 위한 제조업 혁신3.0전략", 보도자료.

제2절 스마트 시티

1. 스마트 시티의 의의

사물인터넷을 도시에 효과적으로 응용하게 되면 그것은 스마트 시티(smart city)의 형태를 띠게 된다. 그런 점에서 스마트 시티는 다음과 같이 정의된다: "ICT(혹은 IT)를 활용하여, 특히 사물인터넷을 활용하여, 도시의 경쟁력 및 삶의 질을 향상시키고 도시의 지속가능성을 추구하는 도시."

이런 스마트 시티를 구성하는 인프라는 크게 사물인터넷과 인공지능으로 구분

자료: https://commons.wikimedia.org/wiki/File:%EB%8F%84%EC%8B%9C%EC%9D%98%ED%83%84%EC%83%9D.jpg

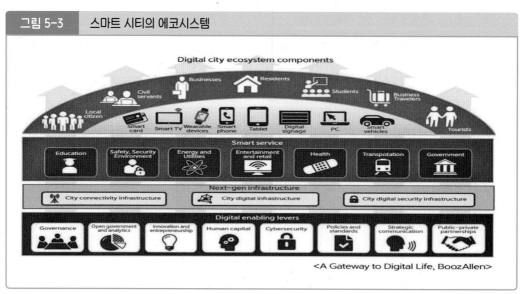

| 그림 5-3 | 스마트 시티의 에코시스템 |

자료: 김재덕(2017), "제4차 산업혁명의 거대 플랫폼, 스마트시티," 월간 기술과 경영, 2017년 11월호, p. 27-31, [그림 1] 재인용.

할 수 있다. 그리고 이런 인프라는 다시 도시 전체를 연결하는 인프라, 도시 전체에 적용되는 디지털 인프라, 그 디지털 인프라의 안전과 보안과 관련된 인프라로 나눌 수 있다. 이런 인프라를 기반으로 제공되는 서비스는 교육, 안전, 에너지, 오락, 건강, 운송, 시정부 서비스등이고, 이런 서비스는 그 도시에 사는 시민 뿐 아니라 공무원, 기업가, 학생, 여행자 등 도시의 구성원과 도시를 방문하는 모든 사람들에게 동시에 적용된다. 또, 이런 서비스는 스마트 카드, 스마트 TV, 웨어러블 디바이스, 태블릿 PC, 스마트 자동차, 스마트 폰 등 다양한 기기를 통해 제공된다.

[그림 5-3]은 이런 스마트 시티의 구성과 작동 방식을 표시한 것이다.

이런 스마트 시티의 개발과 관련 'International Data Corporation'는 다음과 같이 주장한다.

"스마트시티의 개발은 '할 것인가 말 것인가의 문제(if)'가 아니라 '언제 할 것인가(when)'의 문제이고 '무엇(what)'을 할 것인가의 문제가 아니라 '어떻게(how)' 할 것인가의 문제이다."

2. 스마트 시티의 문제해결방식

이런 스마트 시티가 도시 문제를 해결하는 방식은 기존의 도시와 다음과 같이 차이가 난다. 〈표 5-4〉에서 보는 바와 같이 기존도시는 도시기반시설을 확대함

표 5-4 스마트 시티의 문제해결 방식

구분	기존 도시	스마트도시
문제해결방식	• 도시기반시설의 확대 • 교통체증 발생 → 도로 확대 • 범죄발생 증가 → 경찰력 확대 • 전기소비 급증 → 발전소 확대	• 스마트서비스 제공 • 교통체증 발생 → 우회도로 정보제공 • 범죄발생 증가 → 실시간 CCTV 모니터링 • 전기소비 급증 → 실시간 전기요금정보 제공

자료: 이재용·사공호상(2015)에서 인용.

으로써 문제를 해결하려고 하지만, 스마트 시티는 '스마트'한 서비스를 제공함으로써 문제를 해결한다.

예컨대, 교통체증이 발생할 경우 기존 도시는 도로를 확대함으로써 문제를 해결하려 하지만, 스마트 시티는 운전자에게 우회도로에 대한 정보를 제공함으로써 문제를 해결한다. 도시기반 시설을 확대하는 것이 보다 바람직하지만, 시설 확대에는 막대한 경비와 시간이 소요된다는 점을 고려할 때 이 방법은 장기적으로만 바람직할 따름이다. 나아가, 스마트한 서비스를 제공할 수 있다면 구태여 막대한 경비를 들여 도시기반 시설을 건립할 필요는 줄어들게 된다. 더 나아가, 한정된 자원과 재원을 다른 곳에 사용할 수 있기 때문에 경제 전체의 효율성은 더 증가하게 된다. 범죄 발생이 증가하거나, 전기소비가 급증한 경우도 마찬가지다. 각각의 경우 보다 장기적인 해결방법은 경찰력을 확대하거나 발전소를 확대하는 것이 된다. 하지만 경찰력을 확대하거나 발전소를 증설하기 위해서는 많은 경비와 시간이 소요된다. 이럴 경우 스마트 시티를 통해서 실시간 CCTV 모니터링을 제공하거나 실시간 전기요금 정보를 제공함으로써 이들 문제에 효과적인 대처가 가능하게 된다.

3. 스마트 시티의 주요 해외 사례

[그림 5-4]에서 보는 바와 같이 세계 주요 국에서는 앞을 다투어 스마트 시티를 도입하고 있다. 유럽, 북미와 같은 전통적인 선진국에서 뿐 아니라 남미, 중동, 아시아에서 이런 추세는 확산되고 있다. 그림은 2017년을 기준으로 한 것이라 그 주요 해외 사례를 30여개 국으로 제시하고 있지만 2020년을 넘어 이런 스마트 시티는 더 본격적으로 확산될 것이다. 새로운 도시를 계획할 때는 두말 할 필요없이 스마트 시티를 도입할 것이지만, 기존 도시의 재생과 효율을 위해서도 스마트 시티가 필요하기 때문이다.

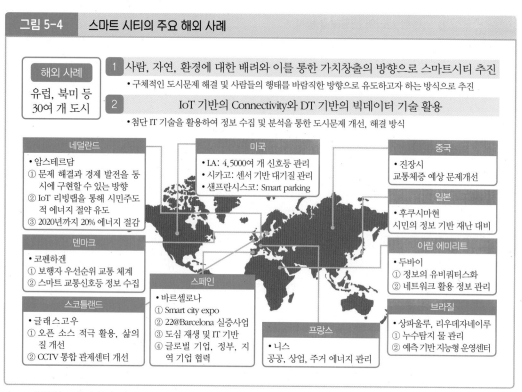

자료: 김재덕(2017), "제4차 산업혁명의 거대 플랫폼, 스마트시티," 월간 기술과 경영, 2017년 11월호, pp. 27–31, [그림 3]에서 인용.

제4차 산업혁명의 분석 8 바르셀로나의 스마트 시티

스마트 시티는 두 가지 방향에서 활용되고 있다. 그 하나는 기존의 도시를 재건하기 위해 스마트 시티라는 방식을 도입하는 것이고, 또 다른 하나는 새로운 도시를 건설하면서 완전히 새로운 스마트 시티 방식을 도입하는 것이다. 전자의 가장 대표적인 사례로는 스페인의 바르셀로나(그림의 위)를 들 수 있고, 후자의 가장 대표적인 사례로는 송도 신도시(그림의 아래)를 들 수 있다. 여기서는 바르셀로나의 사례를 중점적으로 살피고자 한다. 그것은 새로 신도시를 설립할 경우 제2절 1항에서 설명한 방식대로 체계적으로 스마트 시티를 도입할 수 있기 때문이다. 문제는 오래된 도시에 어떻게 스마트 시티와 같은 서비스를 도입할 수 있느냐의 문제이고 그런 관점에서 바르셀로나는 하나의 좋은 사례가 될 수 있다.

가우디의 성가족성당(샤그리다 파밀리아)으로 유명한 바르셀로나. 그 바로셀로나의 본(Born) 지역에 가면 조금 이상한 것을 보게 된다. 주차장 가운데에 있는 타원형의 검은 표식, 가로등에 달려있는 네모난 통이 그것이다. 혹은, 쓰레기통의 뚜껑에서도 타원형의 검은 표식을 볼 수 있다. 무엇일까? 센서(sensor)다. 어디에 쓰는 것일까? 주차장의 센서는 그 주차장의 활용 여부와, 주차한 차의 주차시간에 대한 정보를 인터넷과 스마트폰의 앱(app)을 통해 실시간으로 제공한다. 가로등의 센

스마트 시티의 두 사례: 바르셀로나와 한국의 송도 신도시

토레 아그바르   본(Born)구역   성가족성당

22구역

자료: 위 그림은 저자의 사진, 아래 그림은 다음 CCL에서 검색. 소헌 포토갤러리, https://myph.tistory.com/61

서는 사람과 차의 통행정도에 따라 스스로 불을 켜고 대기오염을 측정하고, 쓰레기 통의 센서는 쓰레기통을 언제 비우는게 좋을지 그 정보를 제공한다. 효과는 무엇일까? 주차장의 효율성을 높이고, 에너지를 절약하고, 쓰레기 수거를 위한 시간과 경비를 절약하게 한다. 작은 일이지만 매우 큰 일이기도 하다. 스마트시티의 전형이 여기서 시작된다.

　　2013년 바르셀로나는 시스코(Cisco)사와 협력하여 도시 전체에 사물인터넷을 적용할 계획을 세웠다. 기본적인 목표는 시 전체에 500km의 정보 인프라 네트워크를 설치하고 500개의 무선 인터넷 핫 스팟을 제공함으로써 도시 전체를 사물과 사물, 사물과 사람이 연결되는 공간으로 만들겠다는 것이었다. 이 야심찬 스마트시티 계획의 시범지역으로 선정된 것이 앞서 언급한 본(Born)지역이다. 바르셀로나는 이에 만족하지 않고 2014년 11월, 시티제니스(Cityzenith)사와 협력하여 시 각 기관의 정보를 실시간으로 연결하는 도시 데이터 관리시스템(city DataBase)을 개발할 계획이라고 밝혔다. 이 시스템은 도시에 설치된 각 센서가 보내주는 실시간 데이터, 최신 교통정보, 시민들과 관련된 재난정보, 기타 데이터를 유기적으로, 그것도 3D의 형태로, 통합 관리함으로써 도시를 지속적으로 발전시킬 수 있는 유인을 제공한다.

　바르셀로나의 이런 스마트시티 계획은 22@barcelona project라는 도시 재생계획과 밀접하게 연결된 것이다. 이 project는 바르셀로나 해변가의 도시 중심에 위치한 낡은 poblenou라는 지역을 정보와 지식이 집약된 도시로 재생하려는 것이다. 2000년 시작된 이 계획에는 1억 8,000만 유로의 비용이 들었는데, 그 결과 4,500개의 새로운 기업이 이 지역으로 이전하였고(이 중 47.3%가 신규 기업), 이 중 31%의 기업이 기술과 지식 집약적인 성격을 띠고 있다. 그 결과 56,000개의 새로운 일자리가 만들어졌는데 이 일자리는 향후 15만 개로 늘어날 것으로 추정된다. 지도에서 보는 바와 같이 이 지역의 토레 아그바르라는 건물은 바르셀로나의 새로운 랜드마크로 부각되고 있다. 또, 스마트시티의 시범지역인 본(Born) 구역이 이 지역에 인접해 있는 것은 결코 우연이 아니다. 이 프로젝트의 파급효과가 스마트시티의 기본계획과 동일한 궤적을 가지기 때문이다.

4. 스마트 시티의 경제적 효과[1]

　스마트 시티가 만들어지게 됨으로써 발생할 수 있는 경제적 효과는 결코 작지 않다. 하지만 그 효과를 모두 계량화하는 것은 어려울지 모른다. 그런 점에서 스마트시티에 사물인터넷이 효과적으로 설치된다는 전제 하에 얻을 수 있는 경제적 효과는 다음과 같이 정리될 수 있다.

　모든 사물에 센서가 부착되고 그 센서에서 얻을 수 있는 정보를 효과적으로 활용하게 되면 우리가 사는 도시의 삶과 환경은 대폭 바뀌게 된다. 왜 하필 도시인가? 세계 인구는 현재의 70억에서 2050년까지는 93억으로 증가하고 그 중 70% 이상은 도시에서 거주하게 될 것으로 예상된다. 그럴 경우 도시는 심각한 질병을 앓게 된다. 가장 중요한 문제는 쓰레기(waste)다. 세계 고체 쓰레기는 13억 톤(2012)에서 22억 톤(2025년)으로 증가하게 되고, 이 쓰레기 처리에 3,775억 달러(2025년 기준, 세계은행 추산)의 비용이 들게 된다. 상수도 문제는 어떤가? 미국의 경우 낡아서 문제가 있는 상수도 인프라를 재건하는 비용이 향후 25년 동안 1조 달러를 능가할 것으로 예상하고 있다. 그 뿐 아니다. 오래되고 낡은 가로등 문제, 정체를 거듭하는 교통문제, 늘어가는 차량과 포화상태인 주차공간 문제. 이들 문제는 무작정 도로와 가로등, 그리고 주차공간을 늘린다고 해결되지 않는다. 적절한 정보가 실시간으로 수요자에게 주어져야만 공간과 에너지의 부조화가 해결될

1　스마트 시티의 경제적 효과와 스마트 시티 구축을 위한 필요조건은 졸저(2016) pp. 309-311에 제시된 사항들을 수정 보완한 것이다.

수 있다. 그래서 이 모든 문제를 해결할 가장 유력한 방안으로 도시의 디지털화, 즉 스마트시티가 제안되고 있다. 시스코의 추산에 따르면 스마트시티가 개발될 경우 전 세계적으로 (비용을 절감하거나 효율적으로 문제를 처리함으로써) 14조 4천억 달러의 가치가 창출될 것으로 보인다.

5. 스마트 시티 구축을 위한 필요조건

새로운 도시에 스마트 시티를 구축하건, 기존의 도시를 변화시키기 위해 스마트 시티를 도입하건 스마트 시티가 한 도시에서 제대로 기능을 발휘하기 위해선 몇 가지의 조건이 필요하다.

두말 할 필요도 없는 것이지만 스마트시티 구축을 위해서 가장 먼저 필요한 것은 대규모의 IT투자다. 필요한 곳에 부착하는 센서를 개발하고, 그런 센서를 통해 정보가 실시간으로 유통될 수 있는 네트워크를 구축해야 한다. 그 다음 이 정보가 집적될 수 있는 플랫폼이 만들어져야 하고, 이 플랫폼에서 유통되거나 집적된 정보를 효과적으로 분석해서 문제를 해결할 수 있는 소프트웨어가 필요하다. 하지만, 더 중요한 것은 이런 IT투자와 사물인터넷 그리고 스마트시티가 한 도시의 생활방식, 환경, 교통문제를 보다 효과적으로 해결할 수 있으리라는 공감대가

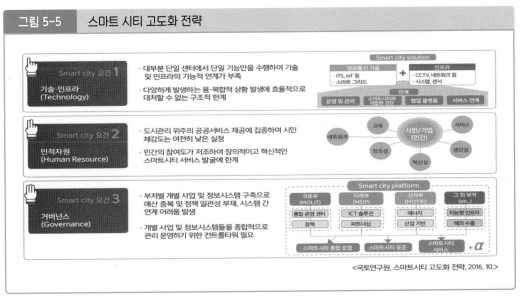

자료: 김재덕(2017), "4차 산업혁명의 거대 플랫폼, 스마트시티," 월간 기술과 경영, 2017년 11월호, pp. 27-31, [그림 4] 재인용.

형성되어야 한다.

부산의 경우를 예로 들어보자. 부산에서는 서부산권의 사상 지역 재개발을 위해 22@barcelona project를 벤치마킹하려 하고, 부산의 창조경제혁신센터에 사물인터넷과 스마트시티를 부각시키려는 움직임을 보이고 있다. 당연한 말이지만 이런 움직임은 바람직하다. 바르셀로나가 새로운 도시가 아니라 낡은 도시라는 점에서, 그리고 부산과 같이 바다를 끼고 있는 도시라는 점에서 이 도시의 방법을 본받으려는 것은 나쁘지 않다. 하지만, 정작 본받아야 할 것은 이 도시의 하드웨어적인 계획이 아니라 스마트시티의 필요성을 확산시키고 시범계획을 만들어가는 그 절차와 리더십이다. 그런 점에서 시민들과의 공감대형성은 필수적이고, 이를 위해서는 무엇보다 먼저 부산의 스마트시티 정책을 총괄하고 모든 문제를 유기적으로 파악할 최고 디지털경제 책임자(chief digital officers)가 선정되어야 한다.

[그림 5-5] 역시 스마트 시티가 효율적으로 추진되기 위해서는 기술, 인적자원 외에 그 기술과 인적자원을 효과적으로 연결하여 이 사업을 추진하기 위한 거버넌스가 중요함을 지적하고 있다.

제 6 장

증강현실(AR: Augmented Reality), 가상현실(VR: Virtual Reality)

왜 중요한가?

1. 증강현실과 가상현실[1]

증강현실과 가상현실이 제4차 산업혁명 시기의 하나의 화두로 떠오르는 것은 이 양자의 현실이 지금 우리가 현실(Reality)이라고 부르는 경험에 새로운 융합현상을 증폭시키기 때문이다. 달리 말하면 현실공간과 가상공간이 이를 통해 융합되기 때문이다. 그래서 현실공간과 가상공간의 융합이라는 측면에서 가장 먼저 살펴보아야 할 것은 증강현실과 가상현실이라는 개념이다.

증강현실(augmented reality)이란 사용자가 현재 보고 있는 환경에 가상 정보를 부가해주는 것을 의미한다. 즉, 현실세계에 부가정보를 가지고 있는 가상세계를 겹쳐 하나의 영상으로 보여준다. 그런 의미에서 증강현실은 혼합현실 혹은 복합현실이라고 한다.

이런 증강현실을 보는 사용자는 실제 환경을 볼 수 있다. [그림 6-1]은 이런 증강현실의 사례를 보여준다. 스마트폰을 통해 특정의 환경, 예컨대 특정 건물을 비추면 그 건물에 대한 정보, 혹은 그 건물이 스스로 주변의 사람들에게 제공해주는 정보들이 스마트폰의 화면에 뜨게 된다. 사용자는 스마트폰을 통해 현실의 환경을 실제로 보면서, 이와 함께 새로운 정보가 부가된 현실도 함께 얻게 된다.

가상현실이란 현실에서 존재하지 않는 환경을 디스플레이와 같은 IT 장비를 이

---

1 이 장의 주요내용은 졸저(2016)의 제16장 제5절의 내용을 다소 수정 보완한 것이다.

그림 6-1　증강현실의 사례

자료: http://blog.naver.com/scitech?Redirect=Log&logNo=110083308618

용하여 사용자가 실제로 볼 수 있게 하는 것을 의미한다. 증강현실과 달리 가상
현실을 보는 사용자는 실제 환경을 볼 수 없다. 따라서 가상현실을 경험하기 위
해서는 반드시 가상현실을 보여주는 새로운 장비(디스플레이가 대표적이다)를 필요
로 한다. 이 새로운 장비를 개발한 대표적인 회사가 Oculus이고 여기서 나온 제
품이 Oculus Rift이다. [그림 6-2]는 이 새로운 장비를 쓰고 가상현실을 보고있는
사용자를 나타낸 것이다.

　디지털경제 3.0이 진화하고, 제4차 산업혁명의 물결이 본격화되면서 더 중요
해지는 것은 증강현실이 아니라 가상현실이다. 증강현실의 사용자는 실제 현실
과 부가정보를 가지고 있는 가상공간을 명확하게 구분할 수 있지만, 가상현실의
사용자는 가상현실을 더 많이 체험할수록 현실과 가상공간의 구별에 혼란을 초
래할 수 있기 때문이다.

그림 6-2   가상현실의 사례

자료: 다음 CCL 검색, https://nationclup.tistory.com/426

2. 왜 중요한가?

　이런 증강현실과 가상현실은 왜 중요할까? 우리는 제1부에서 제4차 산업혁명의 기술, 제품, 경험에 무엇이 포함되는지를 설명한 바 있다. 증강현실과 가상현실은 바로 이 제4차 산업혁명의 경험과 깊은 관계를 가지고 있다. 증강현실과 가상현실은 2020년 현재 제한적인 용도로만 활용되고 있지만, 관련 기술이 비약적으로 발전할 경우 우리 삶의 기본 경험을 변화시킬 가능성을 내포하고 있다.

　예를 들어보자. 2020년 현재, 가상현실은 어떤 방식으로 활용되고 있는가? 매우 광범위한 활용 가능성에도 불구하고 가상현실은 도시의 오락시설 혹은 박물관이나 전시실의 제한된 체험 수단으로 이용되고 있을 뿐이다. 하지만, 제2절에서 제시될 증강현실과 가상현실의 발전을 위한 다소의 제약이 제거되고 관련 기술이 획기적인 발전을 이룬다면 가상현실은 우리의 현실에 대한 인식을 변화시키고, 우리의 뇌가 현실이라고 인지하는 경험을 구속하는 기능을 발휘할 수 있다.

　가상현실의 기술이 조금 더 발전한다면 외계탐사 우주선, 비행기, 대형 선박의 운행기술을 현실적인 감각을 가지고 훈련시키는 데 이용될 수 있다. 지금도 시뮬레이션을 하는 방법으로 가상현실 관련 기술이 응용되지 않는 것은 아니지만, 앞으로는 실제 이런 우주선, 비행기, 대형 선박에 탑승하지 않고서도 구체적이고 세부적인 훈련을 받을 수 있게 된다. 개인적인 분야에서 트라우마나 우울증, 강박증과 같은 경미한 정신적인 문제를 가지고 있는 경우 그와 유사한 상황을 가상현실로서 체험함으로써 점진적으로 정신적인 문제에서 벗어날 수 있도록 유도해 줄 수 있다.

이런 가상현실과 증강현실이 중요한 또 다른 이유는 이런 기술들이 제4차 산업혁명 시대를 살아가는 사람들에게 단절과 혼란을 경험할 수 있게 해 주기 때문이다. 이와 관련한 사항들은 제4부에서 자세히 설명할 것이다. 그 이전에 2020년을 전후하여 이런 기술들이 공간의 측면에서 어떻게 발전하고 있는가를 간략히 살펴볼 것이다.

3. 현실공간과 가상공간의 융합이 어떻게 발전하고 있는가?[2]

디지털경제 3.0의 시대가 발전하고 제4차 산업혁명이 본격적으로 발전될수록 현실 공간과 사이버공간의 구분이 매우 희박해진다. 이런 구분이 희박해지는 현상은 공간의 융합으로 이해할 수 있다. 이런 융합은 초기에는 현실에서 사이버공간을 활용하는 형태로 진행하다가(대표적인 것이 증강현실), 이런 추세가 진행될수록 현실과 가상공간이 거의 동등하게 간주되는 현실(대표적인 것이 가상현실)로 발전할 수 있다.

증강현실을 이용하는 대표적인 예가 아바타 쇼핑이다. 인터넷 쇼핑몰에서 구매를 할 경우 의류와 같이 부피나 크기가 중요한 재화의 경우에는 구매단계 이전에 실제로 입어보거나 사용해 보지 못함으로써 많은 문제가 발생하고 이는 종종 반품이나 환불 요구로 발전하곤 한다. 그래서 구매하기 이전에 미리 입어보거나(의류) 혹은 사용해 봄으로써(집 혹은 가전기기 등) 이런 가능성을 축소하고 소비자의 만족도를 높일 수 있다. 여기에 사용되는 방법이 아바타 쇼핑이다([그림 6-3] 참조).[3]

---

2 이 항의 주요내용은 필자(2016)의 제16장 제5절의 내용을 다소 수정 보완한 것이다.
3 아바타 쇼핑은 먼저 아바타를 만드는 것으로 시작한다. 의류의 경우 본인의 신체 사이즈를 증강현실 및 3D기술로써 컴퓨터상에 구현, 실제 사이즈와 똑같은 크기를 가지는 아바타를 제작한다. 집과 같은 공간 또한 실제 크기를 반영하여 개인별 아바타처럼 컴퓨터에 구현할 수 있다. 그 뒤 이 아바타를 온라인 상에 등장시켜 물건을 구입할 경우 역시 실제 사이즈로 구현된 의류나 신발, 가구 등을 입어 봄으로써 본인이 직접 옷을 입거나 착용한 상태를 컴퓨터로 구현할 수 있는 것이다.

그림 6-3   아바타 쇼핑

자료: http://news.naver.com/main/read.nhn?mode=LSD&mid=sec&sid1=101&oid=038&aid=0002033261

   이런 아바타는 단지 쇼핑의 경우에만 응용될 수 있는 것이 아니다. 더 발전할 경우 아바타를 사용하는 온라인 게임으로 발전할 수도 있고, 나아가 실제 본인의 삶과 같은 배경, 친구들과 함께하는 가상공간 게임의 형태로 발전할 수도 있다.

   [그림 6-4]에서 보이는 세컨드라이프 닷컴은 이런 아바타가 가상공간에서 실제 생활하는 모습을 보여준다. 이것은 게임이 아니라, 이 공간에서는 현실에서 일어나는 모든 일, 예컨대 땅을 사고, 집을 짓고, 쇼핑을 하고, 여행을 하며, 교육을 받는 모든 일이 가능하다. 그래서 이런 가상공간에 너무 익숙해질 경우 이런 가상공간에서의 생활이 주류가 되고, 현실의 생활이 비주류가 되는 현실과 가상공간이 뒤바뀌는 사례가 발생할 수도 있다. 먼 미래의 일로 여겨질지 모르지만, 현실에 실망한 사람이 가상공간의 아바타가 누리는 생활에 만족하여 그 생활로 인생의 의의를 찾고 만족하는 일이 발생할 수도 있다. 영화 아바타와 같은 일이 현실화될 수 있는 것이다.

   이 홈페이지를 보면 특이한 사실이 하나 있다. [그림 6-4]의 위쪽 사진은 새로

이 과정을 통해 직접 입어보지 않고도 다양한 의류 등을 입어본 것과 같은 효과를 낼 수 있으며, 살아보지 않고서도 마치 실제의 집에서 살아본 듯한 효과를 낼 수 있다.

그림 6-4   세컨드라이프 닷컴 홈페이지

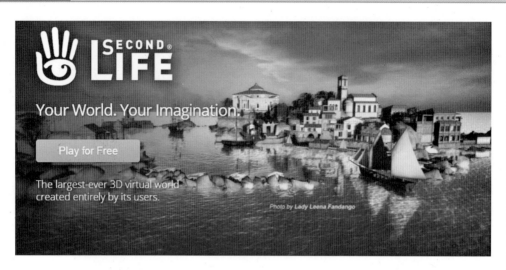

WHAT'S NEW IN SL

Explore now with the Oculus Rift!

Check out the world's largest interactive
virtual reality playground.

Get started with brand new avatars

Create, customize, and completely change your
virtual identity whenever you like.

운 아바타를 만들어 세컨드라이프를 기존의 형태로 즐기라는 것이고, 아래의 사진은 Oculus Rift를 이용하여 가상현실로서의 세컨드라이프를 즐기라는 것이다. 앞서 말한 바와 같이 이런 가상공간에서 일반적인 형태가 아닌 Oculus Rift를 통해 이런 생활을 즐기면 현실과 가상공간의 구별에 혼란이 초래될 수 있다.

그래서 현재 모든 사람이 이 Oculus Rift나 유사한 기기를 통한 가상현실의 가능성 혹은 영향력에 주목을 하고 있다. 그것은 가상공간에서 구현되는 가상현실이 가지는 파급력(예컨대 위에서 말한 바와 같이 현실세계와 가상세계의 융합이 촉진된다) 때문이기도 하지만, 이 가상현실이 정보가 교류되고 새로운 정보와 지식이 만들어지는 플랫폼으로서 기능할 가능성이 있기 때문이다.

가상현실과 증강현실의 향후 활용 전망

1. 가상현실과 증강현실의 시장 생태계

가상현실과 증강현실의 시장 생태계는 일반적으로 하드웨어, 플랫폼, 컨텐츠로 구성된다. 〈표 6-1〉에서 보이는 디바이스는 일종의 하드웨어로서 소니, 오큘러스, 삼성 등이 주요 기업으로 활동하고 있다. 과거에는 증강현실을 지원하는 하드웨어가 많이 출시되었으나 최근에는 가상현실, 나아가 복합현실(MR: Mixed Reality)[4]을 지원하는 기기의 출시가 늘어나고 있다.

플랫폼이란 이런 하드웨어 디바이스에서 컨텐츠를 시연할 수 있는 장소 혹은 기능을 의미한다. 페이스북과 구글, 그리고 한국의 경우 SK 텔레콤이 이런 플랫폼에 해당된다. 페이스북은 2016년 가상현실 기기 제조업체인 오큘러스를 인수

» 표 6-1   가상, 증강현실의 생태계

구분	주요 기업 및 제품	특징
디바이스	• PS VR(소니) • 오큘러스 VR(오큘러스) • 기어 VR(삼성) • '매직리프 원' AR 글래스(매직리프) • 홀로렌즈 2(마이크로소프트)	• VR기기 중심에서 AR 및 MR기기 출시 비중이 확대 중
플랫폼	• 스페이스(페이스북) • 데이드림(구글) • T real(SK텔레콤)	• 기존의 SNS기반을 활용한 컨텐츠 제공 플랫폼이 증가 추세 • 혼자 경험하던 것에서 여러 사람이 동시에 체험할 수 있는 컨텐츠 비중이 확대
컨텐츠	• 구글, 페이스북, 스팀 등 • 옥수수 소셜 VR(SK텔레콤)	• VR 컨텐츠 중심에서 AR, MR로 확대 중

주: ( )안은 기업명칭.
자료: 이자연(2019), 〈표 1〉에서 인용.

---

4 MR은 Mixed Reality의 약자로서 가상현실과 증강현실이 겹쳐서 나타나는 혼합현실을 말함. 본문 중에서는 이 MR에 대해서 별도의 설명을 하지 않았으나, 일반적으로 현실공간과 가상공간을 결합한 새로운 경험을 의미함.

한 이후 가상현실 플랫폼을 확장하는 전략을 취해왔다. 그 중 2017년에 출시한 스페이스는 사용자가 아바타를 통해 가상공간에서 상호교류를 할 수 있는 기능을 가지고 있다.

가상현실과 증강현실에 있어서도 최종적으로 중요한 것은 컨텐츠다. 하드웨어와 플랫폼이 아무리 잘 구비되어 있더라도 여기서 볼 수 있고 체험할 수 있는 컨텐츠가 충분하지 않다면 하드웨어와 플랫폼은 전혀 의미를 가지지 않을 수도 있다.

2. 현재와 향후의 활용 전망

앞의 절에서 가상공간과 현실공간이 점차 융합하는 방향으로 진행되고 있음을 설명하였다. 궁극적으로는 이런 융합으로 나아가겠으나, 실제 융합이 진행되는 과정에서 가상현실과 증강현실은 매우 다양한 용도로 사용될 것이다. 이제 융합으로 나아가는 과정에서 가상현실과 증강현실이 어떤 분야에서 많이 사용되고 있는지, 혹은 앞으로 많이 사용될지 조금 자세히 살펴볼 것이다.

[그림 6-5]는 2017년을 기준으로 가상현실과 증강현실이 사용되는 분야, 혹은 용도를 나타낸 것이다. 그림에서 보는 바와 같이 두 기술이 가장 많이 사용되는 분야는 엔터테인먼트, 즉 오락 분야이다. 이것은 가상현실과 증강현실의 두 기술

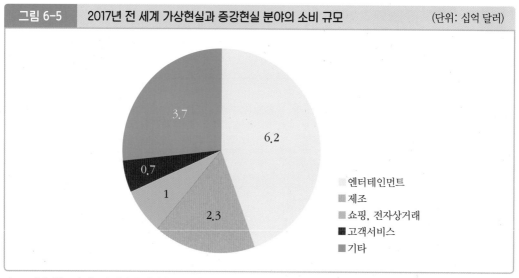

| 그림 6-5 | 2017년 전 세계 가상현실과 증강현실 분야의 소비 규모 | (단위: 십억 달러) |

- 엔터테인먼트: 6.2
- 기타: 3.7
- 고객서비스: 0.7
- 쇼핑, 전자상거래: 1
- 제조: 2.3

자료: 이자연(2019), [그림 6]에서 재인용.

이 게임과 같은 분야에서 가장 먼저 개발되고 사용되어 온 것과 무관하지 않다. 그 뒤를 제조와 쇼핑 분야가 잇고 있다.

　미래에서도 이런 게임을 비롯한 엔터테인먼트 분야에서 가상현실과 증강현실은 가장 널리 사용될 것이다. [그림 6-6]에서 보는 바와 같이 이 두 기술의 활용분야는 크게 산업측면과 소비자 측면으로 나눌 수 있는데, 소비자 측면에서 가장 많이 활용될 분야는 역시 게임, 영화와 같은 오락분야라 할 수 있다. 또, 전자상거래와 같은 쇼핑 분야에서도 활용되겠지만,[5] 시간이 흐를수록 의료, 유통, 교육 등의 분야에서도 활용이 늘어날 것이다. 〈표 6-2〉에서 보는 바와 같이 알츠하이머 환자를 간병한다든지, 의료용 실습, 혹은 직접 실습하기 어려운 화재현장 등 위험한 환경에서의 훈련을 위해서도 이들 기술이 활용될 수 있을 것이다. 특히, 흥미로운 것은 교통 분야에서도 이들 기술이 활용될 수 있다는 것이다. 특정지역을 찾아가기 위해 일차원적인 지도를 이용하기보다는, 삼차원적인 기능을 탑재한 가상현실 혹은 증강현실이 목적지에 도착하는 것을 더 용이하게 해 줄 것이다.

　산업측면에서 볼 때 의료와 제조업 분야에서 이들 기술이 많이 활용되리라는 것은 쉽게 예상할 수 있다. 흥미로운 것은 국방 분야이다. 특정 무기의 활용방법, 비행기나 운송기관의 조종 훈련, 혹은 군사작전을 위한 해당지역의 지리적 위치

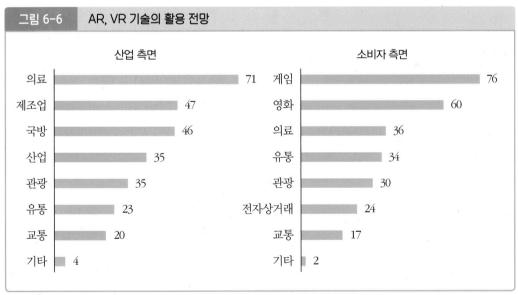

그림 6-6　AR, VR 기술의 활용 전망

산업 측면		소비자 측면	
의료	71	게임	76
제조업	47	영화	60
국방	46	의료	36
산업	35	유통	34
관광	35	관광	30
유통	23	전자상거래	24
교통	20	교통	17
기타	4	기타	2

주: 수치는 2018년, 향후 5년 이내 어떤 분야에서 활용이 늘어날 것인가에 대한 응답비중(%).
자료: 이자연(2019), [그림 7]에서 인용.

5　이 점에 대해서는 전절에서 아바타를 활용한 쇼핑의 경우를 들면서 자세히 설명한 바 있다.

»표 6-2 AR, VR 분야의 주요 활용사례

분야	활용 사례
엔터테인먼트	• 게임, 영화, 테마파크, 스포츠 등 분야에서 보는 것에서 체험하는 것으로, 혼자 체험하던 것에서 여러 사람이 동시에 참여할 수 있는 것으로 발전
교육	• 의료용 실습, 화재 현장 등 위험한 환경에서의 훈련 등
교통	• 위치인식 및 지도 생성(SLAM) 기술을 활용한 AR 웨이즈(AR Ways) 등 길찾기 앱
의료	• 알츠하이머 환자 간병인 교육 • 시각 장애인, 운동장애 환자의 보조 기기로 활용
전자상거래	• 가상 쇼핑몰과 자동 결제 시스템 – 페이스카웃(payscout), 아마존 등
고객서비스	• 고객의 쇼핑 경험을 강화하고, 소비자에게 편리함을 주는 서비스 제공 – 킴벌리-클라크(Kimberry-Clark), 파머스 보험(Farmers Insurance Group) 등
제조	• 제품 테스트, 조립, 수리, 모니터링 분야에 활용 – 포드자동차, 현대자동차 등
국방	• 군사 훈련에 사용

자료: 이자연(2019), 〈표 2〉에서 인용.

숙지를 위해서도 이들 기술이 사용될 가능성이 있다. 결국, 이런 기술들이 어떻게 활용되는가는 이에 대한 컨텐츠가 어떻게 만들어지느냐에 달려있다고 할 수 있다.

제 3 절 가상현실과 증강현실의 빠른 발전을 위해 무엇이 필요한가?

가상현실과 증강현실 기술의 빠른 발전을 위해서는 우선 이들 기술에 대한 인식의 개선이 필요하다. 이들 기술이 게임과 같은 오락적 목적으로만 사용되는 것이 아니라, 매우 많은 방법과 분야에 사용될 수 있다는 사실을 바로 인식해야 할 것이다. 이와 함께, 본문에서는 구체적으로 언급하지 않았지만 이들 기술이 합친 혼합현실에 대한 인식도 함께 필요하다. 기술이 발전할수록 가상현실, 증강현실, 혼합현실에 대한 구분이 더 없어질 가능성이 높기 때문이다.

여기서는 이들 기술이 궁극적으로 가상현실을 기반으로 한 것으로 발전한다는 측면에서 가상 현실 기술을 개발을 위해 필요한 것이 무엇인지 간략히 살피기로 한다. 가상현실 기술이 빠르게 발전하기 위해 필요한 것은 크게 세 가지로 구분할 수 있다. 센서 기술의 발달, 우수한 디스플레이의 구현, 컨텐츠의 제공이 그것이다.

　가상현실이 발전하기 위해서는 세 가지의 센서 기술 발달을 필요로 한다. 자이로 센서, 가속도 센서, 지자계 센서가 그것이다. 자이로 센서란 물체의 역학 운동을 이용하여 위치 측정과 방향 설정을 하는 센서를 말한다. 가상 현실이 실제의 현실과 유사하거나 혹은 실제 현실과 같은 느낌을 주기 위해서는 이런 센서의 발달이 필요하다. 그 다음 필요한 것은 우수한 디스플레이가 구현되어야 한다는 것이다. 이것은 가상현실에 대한 몰입도를 높이기 위해 반드시 필요하다. 이런 디스플레이는 무엇보다 높은 해상도가 보장되어야 한다. 그리고 이런 디스플레이는 현재 HMD(Head Mount Display), 즉 머리에 착용하는 형태의 디스플레이로 출시되고 있으나 앞으로는 그 크기가 줄어듦은 물론 안경과 같은 형태로 착용하는 것도 나오게 될 것이다. 마지막으로 필요한 것은 컨텐츠이다. 센서가 발달하고, 디스플레이가 높은 해상도를 시현하더라도 그것을 이용할 수 있는 컨텐츠가 없다면 가상현실은 현실의 세계에는 별로 쓸모가 없다.

　여기서 매우 인상적인 현상 하나에 직면한다. 자율주행차를 설명하는 과정에서 자율주행차의 발전 초기에는 자동차나 반도체가 부착된 센서를 만드는 하드웨어 산업이 각광을 받으나, 자율주행차가 충분히 보급된 뒤에는 자율주행차 탑승객이 이용하는 컨텐츠의 중요성이 커짐을 강조하였다. 가상현실의 발전 과정에서도 유사한 현상을 목격하게 된다. 가상현실 기술 발전 초기 단계에서는 센서 기술과 같은 하드웨어 기술의 발전이 중요하지만, 결국 최종 귀착점은 즉 가장 중요한 것은 컨텐츠로 귀결되고 만다는 것이다. 그러므로 여기에서 우리는 다시 컨텐츠의 중요성을 만나게 된다.

제 7 장

3D 프린팅

제 1 절 | 3D 프린팅의 의의

1. 3D 프린팅이란 무엇인가?[1]

3D printing(third dimension printing)이란 디지털모형을 이용하여 삼차원적인 적층방식(additive manufacturing)으로 다양한 입체물을 만들어내는 과정을 의미한다.

| 그림 7-1 | 전통적인 생산과 additive manufacturing |

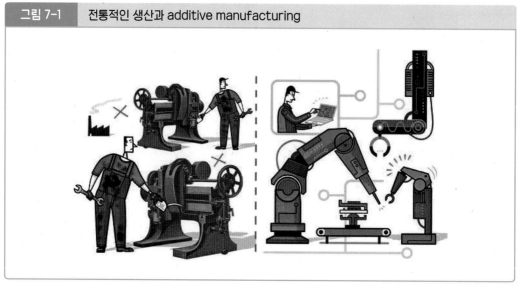

자료: www.economist.com

_____

1 이 제1항과 다음 제2절의 주요내용은 김기홍(2016)의 16장 6절의 내용을 다소 수정 보완한 것이다.

〉〉 표 7-1	기존 제조방식과 3D 프린팅 제조방식의 비교	
구분	기존 제조공정	3D프린팅 제조공정
제조방식	금형을 이용하여 주조 등으로 부품을 생산하고 이를 조립하여 완성품 제작	원료를 한 층씩 적층하여 조립공정 없이 최종 완성품 제작
장점	• 대량생산에 유리 • 단순 형상의 제품제작 용이	• 다품종 소량 생산에 유리 • 복잡한 형상의 제품제작 용이 • 1개 장비로 다양한 제품 생산 • 시제품의 제작비용 및 시간 절감
단점	• 제품별로 서로 다른 금형, 생산라인 등이 필요 • 조립 등의 추가공정이 필요	• 일반제품 제조시간은 오래 걸림 • 표면의 정밀도가 다소 떨어짐

자료: 고재경(2014), "3D프린팅 기술 현황−소재산업을 중심으로," KDB산업은행 이슈분석, pp. 84−105, p. 88에서 재인용.

이 과정을 이해하기 위해서는 조금 더 설명이 필요하다(〈표 7-1〉 참조). 우선 이 것을 이차원적인 프린팅과 비교하여 설명하자. 이차원 적인 프린팅, 가령 잉크젯 프린팅은 대상을 인쇄하기 위해서 컴퓨터 화면에 뜬 파일(혹은 대상)에 대해 인쇄 명령을 내리면 그 파일(혹은 대상)은 소프트웨어를 통해 잉크젯 프린터로 전송된 다. 그러면 잉크젯 프린터는 이 파일을 인쇄하기 위해 이차원적인 종이 위에 잉 크의 층(layer)를 쌓아 그 파일을 인쇄한다. 3D 프린팅을 하기 위해서는 컴퓨터나 온라인 상에 대상 물체에 대한 디지털 모형이 필요하다.

그 다음 3D 프린팅을 하기 위한 소프트웨어는 CAD(computer−aided design)를 통해 이 모형을 일련의 디지털 조각(digital slices)으로 분해하고 그것을 3D 프린터 로 보낸다. 그러면 3D 프린터는 디지털 모형이 실체로 나타날 때까지 일련의 얇 은 실물 층(thin layers)을 계속해서 쌓아 올린다. 이차원 적인 프린팅이 인쇄를 위 해 사용하는 것이 잉크라면, 3D 프린팅이 인쇄를 위해 사용하는 것은 플라스틱 뿐 아니라 금속과 세라믹 가루, 그리고 고무 등 다양한 물질을 사용한다.

이런 점에서 3D 프린팅은 위에서 말한 바와 같이 적층방식(additive manu- facturing)의 성격을 가진다. 즉 전통적인 생산방식이 잘라 내거나 깎아내는 방식 을 통해 새로운 물건을 만드는 것이라면, additive manufacturing은 그 반대로 새 로운 것을 쌓아 올려 새로운 물건을 만들어 낸다는 것이다.

2. 3D 프린팅의 활용사례

이런 3D 프린팅은 다양하게 활용되고 있다. 〈표 7−2〉에서 보는 바와 같이 3D 프린팅은 일반 소비재뿐 아니라, 산업의 주요 부품, 그리고 의료 분야에서도 사

구분	사례			비고
소비재	〈식품〉 (일본, FabCafe) 사람모양 젤리	〈완구〉 (미국, Sandboxr) 캐릭터 미니어처 제작	〈쥬얼리〉 (캐나다, Hot Pop Factory) 악세서리 제작	다품종 소량생산
주력산업	〈자동차〉 (미국, Kor Ecologic) 3D프린터로 Body를 제작	〈항공〉 (중국, AVIC 레이저社) 전투기용 티타늄 부품	〈기계〉 (캐나다, Solid-Ideas) 정밀기계 제작	생산 공정 시간 · 비용 절감
의료 메디컬	〈인공 장기〉 (미국, Organovo) 인공 간세포	〈수술용 인공기관〉 (미국, 캔사스 의대) 기관지 이식	〈치아 임플란트〉 (이스라엘, AB-Dental) 수술용 가이드	환자 맞춤형 의료 서비스

자료: 고재경(2014), "3D프린팅 기술 현황−소재산업을 중심으로," KDB산업은행 이슈분석, pp. 84−105, p. 85에서 재인용.

용되고 있다. 소비재의 경우 플라스틱을 활용한 완구, 다양한 악세서리, 그리고 부분적으로는 식품 분야에서도 활용되고 있다. 예컨대 3D 프린팅을 이용하여 필요한 햄버거 패티 혹은 과자 등을 만들어낼 수 있다. 아마 소비재 부분에서 가장 많이 사용될 수 있는 분야는 완구 분야일 것이다. 캐릭터나 미니어처 제작에 3D 프린팅의 용도는 더 확대될 것이다.

산업분야에서는 자동차, 항공, 기계 부품 등의 분야에서 3D 프린팅이 사용되고 있다. 아직 핵심적인 분야에까지 3D 프린팅이 활용되고 있는 것은 아니지만, 일반적인 소재 부품 분야에서는 생산 공정을 단순화하고 시간과 비용을 절감하기 위해 앞으로 더 많이 사용될 것이다.

가장 주목을 끄는 분야는 의료 분야일 것이다. 3D 프린팅을 위해 사용되는 소재(즉 input)으로 플라스틱이나 세라믹이 아닌 줄기세포나 혹은 개인의 체세포 등을 활용할 수 있다면 이를 통해 인간의 코, 귀와 같은 외부 기관뿐 아니라, 간과

| 그림 7-2 | 3D 프린팅을 이용한 조형 예술작품(조슈아 하커 作) |

자료: http://www.shapeways.com/

같은 내부 장기를 생산하는 것도 가능하게 된다. 물론 이런 일이 가능하기 위해서는 BT(Biotechnology)가 좀 더 발전될 필요가 있다. 매일 일상적으로 매우 많은 양의 약을 한꺼번에 먹어야 한다면 3D 프린팅을 통해 그 많은 양의 약을 한 알로 줄이는 것도 가능하게 될 것이다. 이런 사실들은 3D 프린팅을 기반으로 새로운 생체혁명이 가능하게 될 수도 있음을 시사한다.

또, 3D 프린팅을 통해 [그림 7-2], [그림 7-3]과 같은 형태로 예술작품을 만드는 것도 가능해질 것이다.

제 2 절 3D 프린팅의 의미

1. 소셜 매뉴팩추어링(Social manufacturing)의 관점

제4차 산업혁명의 시대에 3D 프린팅이 가지는 가장 중요한 의미는 첫째, 이것이 새로운 공급과 수요를 창출하는 새로운 사회적 생산방식을 만들어 낸다는 것이다. 둘째, 그 결과 3D 프린팅은 기업이 아닌 개인이 생산의 주체가 될 수 있는 가능성을 만들어내고, 마지막으로 이것은, 시사주간지 이코노미스트(economist)의 표현대로, 새로운 산업혁명(정확히는 제조업의 혁명)의 시대를 도래하게 한다는 것이다.[2]

---

2 이것에 대한 자세한 설명은 이코노미스트지 2012년 4월 21일자 특집 기사를 참조.

그림 7-3　CES 2020에 전시된 3D 프린팅 작품 혹은 제품들

주: 3D 프린터를 통해 다양한 물품들이 만들어지고 있다. 아래 사진은 터빈처럼 보이는데 상품의 부품으로 작용할 수 있다.
자료: 저자 촬영.

이런 소셜 매뉴팩추어링의 과정은 [그림 7-4]를 통해 설명할 수 있다.

어떤 개인이 새로운 상품 혹은 물건에 대한 아이디어를 가지고 있다고 하자. 그러면 이 개인은 우선 이 아이디어를 온라인 상(예컨대 페이스북)에 올린다. 만약, 그러면 온라인 상에서 이 아이디어가 여러 사람의 의견을 반영하여 수정되고, 최종적인 아이디어가 3D 프린팅을 하는 회사(혹은 개인일 수도 있다)에 보내져 시제품이 만들어진다. 그리고 이 시제품을 다시 온라인 상(이제는 옥션(auction) 같

그림 7-4 소셜 매뉴팩추어링의 과정

자료: www.economist.com

은 쇼핑몰이 될 수 있다)에 올리면 이 시제품을 원하는 소비자들이 이것을 구매하게 된다. 만약, 이 시제품이 많은 인기를 끌게 되면 이 시제품을 대량생산이 가능한 공장으로 보내 생산하고 본격적인 판매에 들어가게 된다. 이런 과정이 가능하게 된 것은 온라인을 통한 공동체 혹은 소비자 모임이 제품이나 아이디어에 대한 의견을 실시간으로 교환하게 되었다는 것과, 이런 아이디어가 3D 프린팅을 통해 즉각적으로 시장에 출시될 수 있었기 때문이다.

이런 과정이 가지는 장점은 다음과 같다. 첫째, 새로운 제품을 시장에 출시하는 속도가 매우 빨라지게 된다. 둘째, 시장에 출시했을 때 새 제품이 실패로 돌아갈 확률은 거의 제로에 가깝다. 온라인 상에서 미리 그 새 제품에 대한 검증을 마쳤기 때문이다. 셋째, 이런 과정이 존재하기 때문에 과거에는 불가능하다고 생각되었던 정교하거나 민감한 물건의 생산이 가능하게 된다.

현재 이런 모든 과정과 관련된 서비스를 제공하는 회사가 존재한다. 미국의 뉴욕에 위치한 Quirky와 Shapeways와 같은 회사가 그들이다. 이들 회사는 개인이 제공하는 아이디어를 검증하거나 수정할 온라인 공동체를 가지고 있거나(그 공동체와 연결할 수단을 가지고 있으며), 검증된 아이디어를 생산할 3D프린팅 시설을 갖추고 있다. 나아가 이렇게 만든 시제품을 판매할 자체 쇼핑몰을 가지고 있거나 연계된 쇼핑몰을 유기적으로 협력한다.

이코노미스트는 이런 현상을 산업혁명과 같은 중대한 변화로 인식하며 다음과 같이 말하고 있다: "이런 모든 과정은 제3차 산업혁명과도 같다. 첫 번째 산업혁명은 18세기 영국에서 섬유산업의 기계화를 통해 시작되었다. 그 이후, 손이 아니라 기계를 통해 물건을 만드는 이 방식은 전 세계로 퍼졌다. 둘째, 제2차 산업혁명은 20세기 초 미국에서 대량생산을 가능하게 한 조립라인(the assembly line)을 통해 시작되었다. 대량생산의 시대가 가능하게 된 것이다. 생산과정이 디지털로 이행함에 따라 제3차 산업혁명이 시작되고 있다. 이에 따라 물건들이 더 소량으로, 더 탄력적으로, 더 적은 노동투입을 통해 경제적으로 만들어지게 되었다. 이것을 가능하게 한 것은 새로운 물질, 3D 프린팅과 같은 전적으로 새로운 생산방식, 사용하기 쉬운 로봇, 그리고 온라인을 통한 제공되는 협업적 생산서비스(collaborative manufacturing services available online)이다. 그 결과 대량생산의 시대에서 더욱 더 개인화된 생산의 시대(much more individualized production)가 오게 되었다."[3]

---

3 이에 대한 자세한 설명 역시 이코노미스트 2012년 4월 12일자 특집기사를 참조.

이코노미스트가 말하는 제3차 산업혁명이란 이 책에서의 관점에서 말하면 세 번째의 제조업 혁명이라고 이해할 수 있다. 즉 이 책에서 설명한 디지털경제의 도래로서의 제3차 산업혁명이 아니라, 디지털경제를 바탕으로 3D 프린팅이 보급되면서 물건을 만드는 방식에 있어서 기계화, 조립라인의 과정을 거쳐 개인화된 생산의 시대로 이동하게 되었다는 것이다.

2. 제조업 혁명과 리쇼어링

이코노미스트가 3D 프린팅의 확산을 배경으로 새로운 제조업 혁명의 가능성을 시사했다면, 이 책에서는 제조업 혁명이 가능하게 된 요인으로 이 3D 프린팅과 함께 앞서 설명한 스마트 팩토리를 강조한다. 다시 말해, 제4차 산업혁명의 시기에 새로운 제조업 혁명을 가능하게 한 것은 스마트 팩토리와 3D 프린팅이라는 것이다.

3D 프린팅과 스마트 팩토리의 보급이 가지는 가장 큰 영향 중의 하나는, 이런 방식의 생산이 보편화되면, 선진국 기업들은 이제 더 이상 생산비용을 줄이기 위해 제 3 국으로 공장을 이전할 필요가 없게 된다는 것이다. 선진국의 다국적 기업들이 해외로 생산 공장을 이전한 가장 중요한 이유는 인건비 절감이다. 생산공장들이 처음에는 한국, 나중에는 중국, 그리고 최근에는 베트남과 같은 동남아시아로 이동하는 것이 바로 이 인건비 절감 때문이다.

하지만, 3D 프린팅과 스마트 팩토리의 활성화는 더 이상 이런 인건비 문제를 걱정하지 않게 해 준다. 다양한 형태의 3D 프린팅과 스마트 팩토리가 가능하게 되면, 해외로 공장을 이전하는 것보다 더 싼 비용으로, 더 다양한 품목을 생산하는 것이 가능해진다. 예를 들자. 아직까지 3D 프린팅에 사용되는 질료들이 다양하지 않지만, 조금만 더 기술발전이 이루어지면 정밀한 항공부품까지 '인쇄'하는 것이 가능하게 된다. 그래서 선진국은 해외로 이전한 공장들을 다시 본국으로 이전하는 것이 가능하게 된다. 이런 현상을 Reshoring이라고 한다. 이것은 비용절감을 위해 생산공장을 해외로 이전하는 Offshoring과 반대되는 개념이다. 아직 이런 Reshoring이 본격적으로 일어나고 있지는 않지만, 사물인터넷의 발전이 제조업에 접목되어 스마트 팩토리가 보급되고, 가상현실이 더 활성화되며, 3D 프린팅 기술이 더 발전하게 되면 이런 현상은 더 빈번히 일어날 것으로 예측된다. 〈표 7-3〉은 지금까지 발생한 리쇼어링의 사례를 정리한 것인데, 주로 미국, 일본, 독일에서 이런 사례를 목격할 수 있다.

表 7-3 선진국 리쇼어링의 사례

국가	기업	업종	지역	비고
미국	GE	냉장고	중국 · 멕시코 → 켄터키	• 트럼프 정부, 리쇼어링 및 외국기업의 국내 투자 유치에 매우 적극적 '미국우선주의'의 일환으로 고용창출의무 등 강제적 정책수단과 법인세율의 대폭 인하 (35% → 15%), 자금지원, 주식시장 상장 시 우대, 공장이전비 20% 지원 등 파격적 세제 혜택 제공. • 세일가스 개발에 따른 에너지비용 하락으로 제조비용 감소 • 개발도상국의 인건비 상승으로 오프쇼어링 효과 감소 • 경제성장률 상승에 따른 내수경기 활성화 • 적기출시, 물류 및 혁신역량 강화
미국	포드	픽업트럭 상업용 밴	중국 → 오하이오 멕시코 → 미시간	
미국	GM	픽업트럭 SUV	미국 테네시 스프링힐 공장 재가동	
미국	월풀	냉장박스	중국 → 오하이오	
미국	오티스	엘리베이터	멕시코 → 사우스캐롤라이나	
미국	애플	맥(PC)	중국 → 미국 각 지역	
미국	캐터필러	건설기계	일본 → 아칸소, 텍사스	
미국	보잉	비행기 날개	일본 → 워싱턴주	
일본	파나소닉	가전제품	중국 → 일본	• 규제완화(공장지배치촉진법 폐지) • 법인세를 단계적으로 인하하는 유턴 인센티브 정책 • 엔화 약세에 따른 가격경쟁력 강화 • 실업률 하락과 오와하라(おわハラ, 구인난) 현상
일본	NEC	노트북	중국 · 대만 → 일본	
일본	혼다	오토바이	베트남 · 홍콩 → 일본	
독일	아디다스	의류 · 신발	중국 → 독일	• 스카트팩토리 확산에 따른 생산효율 상승 • 해외진출국 인건비 상승

자료: 박성우 · 김종형(2017. Oct. 10), "[로그인 투 매트릭스] ⑦ '제조혁명' 스마트 팩토리, 아시아 성장 모델 위협…無人공장의 후폭풍," 조선비즈.

이런 리쇼어링의 사례로 가장 많이 거론되는 것이 아디다스의 본국으로의 공장이전 사례이다. 아디다스는 1993년 늘어나는 생산비용 특히 인건비를 줄이기 위하여 관련 공장을 중국과 동남아로 이전하였다. 하지만 스마트 팩토리와 3D 프린팅의 기술력을 배경으로 2017년 이들 공장을 독일의 안스바흐로 이전하였다. 이 안스바흐로 이전한 공장을 speed factory라고 부르는데, 여기서는 과거 600명이 하던 일을 불과 10명이 할 수 있게 되었다. 더 적은 인원이 근무하게 되었음에도 불구하고 소비자 맞춤형 신발의 제작 기간이 과거 20일에서 하루 내외로 단축되게 되고, 따라서 신발 생산에 따르는 비용은 더 줄어들게 되었다. 현재 아디다스의 경우, 소비자가 스마트폰으로 자신이 원하는 운동화를 주문하면 소비자가 원하는 매장에서 하루나 이틀 만에 찾을 수 있게 되었다. 하지만, 이런 외형적 성과에도 불구하고 독일의 아디다스는이 스마트 팩토리를 2020년 4월에 중단할 계획임을 발표하였다. 이런 현상을 어떻게 보아야 할까? 자세한 것은 다음

'제4차 산업혁명의 분석 9'를 참조하기 바란다.

제4차 산업혁명의 분석 9 독일의 아디다스는 왜 스마트 팩토리를 중단하려고 하는가?[4]

독일의 아디다스는 지난 2019년 11월, 2020년 4월에 안스바흐의 스마트 팩토리, 그리고 미국 애틀란타에 설치한 스마트 팩토리를 중단할 계획이라고 발표하였다. 본문에서 설명한 바와 같이 이런 스마트 팩토리는 사물인터넷, 빅데이터, 인공지능 , 3D 프린팅, 로봇의 활용 등 제4차 산업혁명의 기술적 기반을 바탕으로 획기적인 생산성 향상, 비용절감을 가능하게 한 혁신적인 공장이었다.

아디다스 역시 2018년의 사업보고서에 이런 스마트 팩토리의 성과로 작업공정이 3배 빨라졌다고 발표한 바 있다. 그런 성과를 자랑하던 중에, 아디다스의 스마트 팩토리 공장 중단은 다소 의외로 여겨지기도 한다. 아디다스가 공장 중단의 이유를 공식적으로 밝히고 있지는 않으나, 일반적으로 스마트 팩토리만으로 전세계 시장의 수요를 감당하기 어려웠던 것이 아닌가 하는 추측이 제기되기도 한다. 혹은 아디다스가 생산하는 제품의 특성상 로봇을 바탕으로 한 자동화만으로 개인 간의 특성이 중요한 제품을 생산하기에는 어려움이 많았으리라는 추측이 등장하기도 한다. 쉽게 말해 3D 프린터와 로봇만으로 소비자들의 모든 수요를 충족하는 대량생산이 어렵게 되었다는 것이다.

이런 아디다스의 결정은 스마트 팩토리가 근원적으로 실패했다는 것을 의미할까? 그렇지 않다. 아디다스의 결정은 아디다스의 주 생산품목인 스포츠 용품, 개인의 취향과 개성이 많이 반영되는 상품의 생산에 있어서는 3D 프린터와 로봇으로 인한 자동화로는 충분하지 않았다는 것을 시사한다. 역설적으로 말하면 3D 프린터의 기술이 보다 정교해지고 로봇 자동화 역시 단순한 자동화가 아니라 개인의 특성을 반영하면서도, 대량생산이 가능한 형태로 기술이 발전한다면, 스마트 팩토리의 가능성은 다시 부각될 것이다. 특히 지난 3~4년 간의 스마트 팩토리 운영으로 인한 노하우와 데이터가 축적된 상태이기 때문에 조만간 이런 기술의 발전은 스포츠 용품 분야에서 또 다른 혁신과 발전을 기약할 수 있는 촉매로도 작용할 수 있을 것이다.

그러므로 리쇼어링은 선진국의 입장에서는 해외로 나간 공장을 다시 자국으로 돌아오게 하므로 긍정적으로 볼 수 있다. 하지만, 공장이 떠나가는 개도국의 입장은 이와는 정반대다. UNCTAD는 선진국의 스마트 팩토리와 3D 프린팅 도입으로 개도국에 대한 선진국의 기술이전 기회가 상실되고, 최악의 경우 이로 인해 개도국에서는 향후 일자리의 2/3가 없어질 수 있다고 전망한다.

---

4 저자의 분석.

3. 생산 주도권의 이동

3D 프린팅의 보급이 가져올 가장 큰 변화 중의 하나는 생산의 주도권이 생산자에서 소비자로 이동하게 된다는 것이다. 위의 사회적 제조업을 설명하는 과정에서 본 바와 같이 3D 프린팅의 보급은 소비자가 소비하는 물건이 반드시 공장에서 만들어져야 한다는 고정관념을 뒤흔들게 된다. 이 프린팅을 가능하게 하는 프린터가 널리 보급된다면 틈새 상품이나 정교하거나 민감한 상품의 경우, 대량생산을 위주로 하는 대기업의 공장보다는, 소량생산을 위주로 하는 개인 혹은 소규모 기업의 생산시설이 더 효율적이게 된다. 시장의 반응을 빠르게 반영하여 디자인이나 제품의 특성을 수정할 수 있기 때문이다. 그러므로 이런 프린터의 보급이 지속적으로 확대된다면 대규모 공장의 이점은 상당히 사라지고, 소비자의 실거주지를 직접 공략하는 기업들이 각광을 받을 수 있다. 당연한 이야기지만, 이런 프린터의 보급은 벤처 창업을 촉진시키는 역할을 할 수도 있다.

제 3 절 **3D 프린팅의 발전을 위한 과제**

1. 일반적 과제

이런 프린팅 방식이 가지는 의의와 효과는 크지만 이와 못지 않게 이 방식의 발전을 위해서는 몇 가지 해결해야 할 과제가 있다.

가장 중요한 것은 안전성의 문제다. 플라스틱을 input으로 사용할 경우 3D 프린터로 생산된 제품은 그 안전성을 치밀하게 검증해야 한다. 플라스틱은 그 굳는 과정에서 유해성분이 발생할 수 있고, 3D 프린터로 만든 플라스틱 완구와 소비재는 자칫 소비자에 치명적 결과를 끼칠 수도 있다. 더 큰 문제는 이렇게 제조된 물건이 과연 안전한가 하는 점이다. 3D 프린터로 만든 총이 폭발한다면 매우 심각한 개인적·사회적 문제가 발생할 수 있다.

안전성의 문제가 해결된다 하더라도 이런 총이 3D프린터를 통해 만들어진다면 이는 불법 무기를 확산시키는 결과를 초래할 수 있다. 현재 이런 방식으로 정교한 형태의 권총은 만들기 어렵지만, 인터넷을 통해 총을 만들기 위한 도면이 유통되는 한 실제 사용될 수 있는 권총을 만들기는 그리 어렵지 않다([그림 7-5]

| 그림 7-5 | 3D 프린터로 만든 총 |

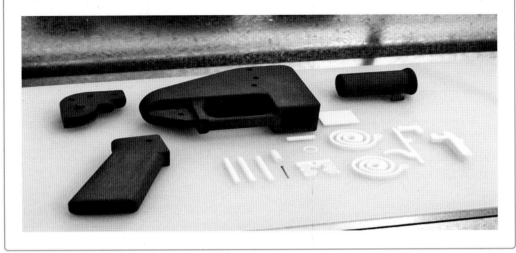

자료: http://www.flickr.com/photos/31290193@N06/14579895300/in/photostream/

참조).

　이런 것까지 포함한 더 큰 문제는 3D 프린터가 제조물의 불법 복제 가능성을 높인다는 것이다. 3D 스캐너를 이용하면 과거 소프트웨어를 복제하는 것처럼 스캔된 물체를 복제하는 것이 가능하다. 또 화학성분의 복제가 가능하게 되면 불법 복제 약품이 유통하는 것도 가능하게 된다. 그러므로 이런 문제들에 대처하기 위한 제도적 정비가 요청된다.

2. 한국의 경우

　이런 문제들이 3D 프린팅을 본격적으로 육성하기 위한 일반적인 과제들이라면 한국의 경우에는 이와 같은 과제들과 함께 이들 분야의 기술을 육성하기 위한 조금 더 과감한 기술육성에 주력할 필요가 있다.

　[그림 7-6]에서 보는 바와 같이 미국은 이 산업에서 35.3%의 점유율로 압도적인 비중을 차지하고 있지만, 한국이 이 산업에서 차지하는 비중은 3.9%에 불과하다. 나아가 그 기술수준도 독일의 레벨 2, 미국의 레벨 3과는 달리 레벨 1에 불과한 실정이다(〈표 7-4〉 참조).

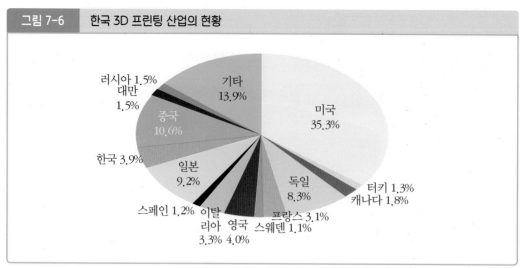

그림 7-6 | 한국 3D 프린팅 산업의 현황

러시아 1.5%
대만 1.5%
중국 10.6%
한국 3.9%
일본 9.2%
스페인 1.2%
이탈리아 3.3%
영국 4.0%
스웨덴 1.1%
프랑스 3.1%
캐나다 1.8%
터키 1.3%
독일 8.3%
미국 35.3%
기타 13.9%

자료: https://wohlersassociates.com/blog/2019/04/u-s-comeback-in-am/

표 7-4 | 한국의 3D 프린팅 산업의 기술현황

수준	주요내용	한국	독일	미국
Level 0	• Rapid Prototype, Tooling 제품 테스트르를 위한 시제품 제작이나 제조 · 개발을 위한 도구 생산에 활용			
Level 1	• Production Parts 출고중인 생산 부품을 직접 대체하는 데 활용			
Level 2	• Parts Consolidation & Optimization 여러 부품을 단일 출력 · 생산 단위로 결합			
Level 3	• System Optimization 3D프린팅의 설계 자유도를 극대화하여 부품 및 최종 제품의 성능까지 향상			

자료: 서미란(2019), "국내 · 외 3D프린팅 활용사례와 시사점," 정보통신산업진흥원 이슈리포트, 2019-16, p. 3 인용.

제 8 장

핀테크(Fintech)

핀테크의 의의

핀테크란 금융을 의미하는 finance와 기술을 의미하는 technolgy가 결합한 단어이다. 그러니 이것은 최신의 기술을 이용하여 이루어지는 금융거래를 의미한다.

디지털경제의 발전에 따라 핀테크 역시 다양하게 발전해 왔다. 인터넷이 발전하면서 은행에 가지 않고 인터넷을 통해 은행거래를 하는 것이 가능해 졌다. 소위 말하는 인터넷 뱅킹이 그것이다. 디지털경제 1.0의 시대에는 이런 인터넷 뱅킹이 핀테크의 주조를 이루어왔다. 디지털경제 2.0의 시대에 접어들면서 인터넷 뱅킹 역시 모바일 혁명의 영향을 받기 시작했다. 모든 인터넷 뱅킹이 스마트폰을 통해 이루어지는 모바일 뱅킹으로 변하기 시작했다. 물론 인터넷 뱅킹도 여전히 이루어지고 있지만, application을 통한 금융거래가 새로운 모습으로 등장했다. 하지만, 이 시기까지만 해도 핀테크는 은행을 통하던 거래가 다양한 형태로 이루어지는 것에 불과했다.

디지털경제 2.0의 시대가 개화되고 더 성숙되면서 핀테크 역시 다양한 형태를 띠기 시작했다. 우선 P2P(peer to peer transaction)를 통한 금융이라는 새로운 모습이 드러나기 시작했다. 말 그대로 개인과 개인이 인터넷이나 가상공간을 통해 금융거래를 한다는 것이다. 소액 대출뿐 아니라, 자금이체, 심지어는 자금모금까지 이런 핀테크를 통해 가능하게 되었다.

핀테크의 또 다른 형태는 전자지갑으로 불려지는 것이다. 스마트폰 안에 신용카드나 결재기능을 하는 소프트웨어를 장착하여 무겁고 거추장스러운 지갑을 가지고 다니지 않아도 충분히 금융거래를 가능하도록 하는 것이었다. 많은 제조업체와 통신사까지 이런 전자지갑을 출시하였으나, 현재까지 그리 성공적이지 못하다.

하지만, 핀테크의 총아로 불려 질만 한 것은 스마트폰 제조기업이나 닷컴 기업이 각종의 지불기능을 대신하는 서비스, 소위 pay라는 것이 그것이다. 삼성페이, 애플페이, 안드로이드 페이, 알리 페이 등이 대표적이다. 이들 페이는 신용카드가 하는 기능을 스마트폰에 집어넣어 각종의 지불행위를 대신하게 하는 것이다. 현재 가장 많은 관심을 끌고 있는 것은 애플페이와 삼성페이다. 애플페이는 북미 지역의 막강한 시장점유율을 바탕으로 소비자의 고착현상(lock-in)을 이용하여 보급을 서두르고 있다. 하지만 애플페이가 작동하기 위해서는 단말기에 반드시 NFC(Near Field Communication) 기능이 장착되어야 한다. 뒤늦게 출시한 삼성페이는 이런 단점을 극복하고 NFC뿐 아니라 MST(Magnetic Secure Transaction) 기능까지 제공함으로써 범용성에서 우위를 점하고 있다. 즉 MST는 기존의 단말기를 그대로 이용할 수 있기 때문에 NFC만을 고집하는 애플페이보다 그 보급에 있어서 우위를 가질 수 있다는 것이다. 하지만, 2~3년 내에 북미 매장의 80% 이상에 NFC가 보급될 것이기 때문에 삼성의 이런 상대적 우위가 언제까지 지속될지는 불확실하다.

핀테크의 또 다른 형태는 소위 말하는 온라인 전용은행의 설립이다. 이런 은행이 설립되면 오프라인에 지점을 가지지 않고 온라인 상에서 오프라인 지점이 할 수 있는 모든 은행거래를 할 수 있게 된다. 역설적으로 이런 온라인 전용은행의 설립 움직임이 가장 빠른 곳은 선진국이 아니라 개도국이다. 개도국이 온라인 전

자료: https://www.flickr.com/photos/jeepersmedia/29442891030

»표 8-1 한국의 인터넷 전문은행

요건	K뱅크	카카오뱅크
출범일	2017.04.03.	2017.07.27.
가입자	110만 명	1,070만 명
수신액	25,599억 원	175,735억 원
여신액	15,845억 원	113,276억 원
총자산	28,511억 원	190,722억 원
부채	26,220억 원	179,134억 원
자본금	4,775억 원	13,000억 원
BIS 자기자본비율	10.62	11.74
당기순이익	−500억 원	96억 원

자료: 2019년도 2분기 각 은행 공시자료.

용은행을 설립할 경우 오프라인 은행을 설립하는 것과 같은 비용과 노력을 하지 않아도 되기 때문이다. 일종의 도약이다. 정작 한국과 같은 나라에서는 온라인 전용은행의 설립이 지연되고 있다. 은행을 설립하기 위해 갖추어야 할 요건들은 법으로 정해져 있는데 그 법들은 오프라인 은행의 설립을 기준으로 만들어져 있기 때문이다(〈표 8-1〉 참조).

제 2 절 비트코인

핀테크를 말하는 자리에서 가장 중요한 위치를 차지하는 것이 비트코인(Bit-coin)이라는 가상화폐(암호화폐라고 말하는 것이 정확할 수 있다)이다. 이런 비트코인은 다음과 같은 특성을 가지고 있다.

첫째, 비트코인은 기존의 오프라인 화폐와 같이 발행기관을 가지지 않는 분권적 네트워크 화폐이다. 현재 지구상에 통용되는 모든 화폐는 중앙은행이 그 가치를 보장하는 중앙집권적 화폐이다. 이 비트코인은 Satoshi Nakamoto에 의해 2008년 고안되었다.

둘째, 이런 비트코인의 거래 절차는 [그림 8-1]과 같다. 이 그림에서 보는 바와 같이 비트코인을 만드는 중앙은행은 존재하지 않는다. 대신 네트워크 상에서 거래내역이 확인되고 그 거래내역을 확인하는 과정에서 다시 비트코인이 생성된다. 거래 내역을 확인하는 과정은 복잡한 계산과정을 거치게 되는데 이 계산과정

자료: https://www.flickr.com/photos/btckeychain/20401933105

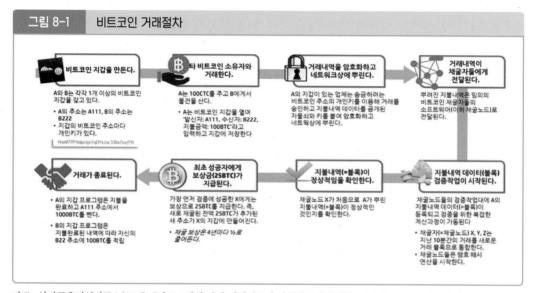

자료: 하나금융경영연구소(2016), "비트코인의 거래 메커니즘과 사설블록체인 활용 동향," pp. 1-8, [그림 1] 인용.

을 진행하는 사람들을 채굴인(miner)이라 한다. 이들이 온라인 상의 복잡한 수학 문제를 풀게 되면 그 대가로 비트코인이 제공된다. 이런 과정에는 매우 큰 용량 의 컴퓨터를 필요로 하게 된다([그림 8-2] 참조).

셋째, 비트코인의 공급량은 만들어질 당시부터 제한되어 있다. 2009년 처음 만 들어진 비트코인은 2,100만 비트코인이 총 발행량으로 정해져 있다. 이것은 다시 두 가지 특성으로 연결된다. 그 공급량이 제한되어 있다는 점에서 일반 화폐가

그림 8-2	비트코인 채굴 과정

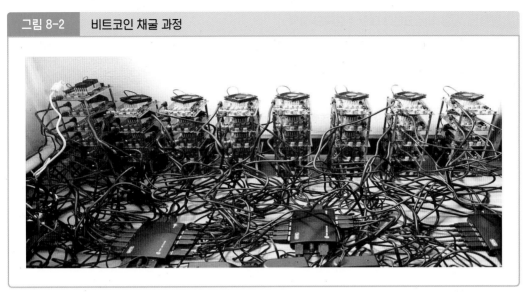

자료: https://commons.wikimedia.org/wiki/File:Icarus_Bitcoin_Mining_rig.jpg

가지는 인플레이션의 가능성에서 자유롭다. 하지만, 경제발전 과정에서 더 많은 화폐가 필요할 경우 충분한 화폐를 공급하지 못할 가능성도 있다.

　이런 비트코인을 화폐로 간주해야 할 것인지에 대해서는 많은 논란이 일고 있다. 특정 재화가 화폐로 인정되기 위해서는 1) 거래의 수단, 2) 회계의 단위, 3) 가치의 저장수단 이라는 세 요건을 만족해야 하기 때문이다. 비트코인은 거래의

그림 8-3	비트코인의 가격 등락 추이(업데이트)

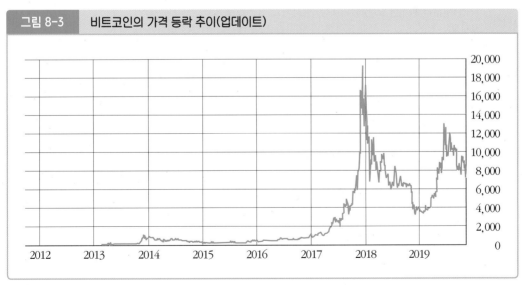

자료: bitcoincharts.com

비트코인에 대한 주요국의 정책

국가	현황	특징
미국	**(정책)** 주(州)마다 규제 및 과세정책이 상이 – 재무부는 비트코인을 자산으로 규정하고 자본이득으로 과세 부과할 것을 가이드 **(시장)** 2015년 미국의 최초 합법화된 비트코인 거래소인 코인베이스 설립	① 자산 ② 거래소 등록 ③ 소득세 부과
영국	**(정책)** 세계 최초로 법정통화로 인정 – 비트코인 사업자들은 자금세탁방지법 적용을 위해 고객확인의무이행과 금융서비스위원회(FSC) 등록 절차가 필요 **(시장)** 자체 디지털화폐 개발 논의 진행 중	① 자산 ② 거래소 등록 ③ 부가가치세 폐지
독일	**(정책)** 비트코인을 상업적으로 활용하는 경우에는 독일 연방은행법에 따라 금융당국의 허가 필요 – 비트코인 취급 회사는 돈세탁 방지법 준수 의무 **(시장)** 비트코인을 활용한 IT기업이 출현하고 비트코인을 급여로 활용하는 등 다양하게 활용	① 자산(금융상품) ② 거래소 등록 ③ 소득세(25%) 부과
일본	**(정책)** 디지털화폐 관련 정책을 수립하기 위해 자금결제법 개정 – 이용자 보호를 위해 거래소 등록제를 신설 – 금융청(FSA)을 거래업자에 대한 감독기관으로 지정 **(시장)** 자금결제법 개정으로 디지털화폐 관련 사업 및 스타트업에 금융사와 투자자들의 투자가 확대되고 있으며 자체 디지털화폐인 MUFG coin을 개발 중	① 자산(금융상품) ② 거래소 등록 ③ 소비세를 비과세로 전환 추진
중국	**(정책)** 비트코인의 개인 간 거래나 소유는 가능하나 금융회사의 공식 사용은 금지 **(시장)** 전 세계적으로 가장 많은 비트코인을 보유하고 있으나 이로 인해 해외 자본유출이 심각하여 중국인민은행은 자체 디지털화폐를 개발할 예정	① 자산(가상상품) ② 소득세(20%) 부과
러시아	**(정책)** 디지털화폐의 발행, 유통 및 거래를 전면 금지 – 14년부터 관련한 모든(해외포함) 웹사이트 접근을 통제 **(시장)** 최근 유가 하락과 루블화 가치 하락 등에 대응하기 위해 러시아 내 디지털화폐 사용을 금지하는 입법 추진 예정	–
싱가포르	**(정책)** 디지털화폐가 자금세탁, 테러자금 조달 등에 약용되는 것을 차단하기 위해 디지털화폐 거래소에 대한 규제 계획 발표	① 자산 ② 소득세 부과(장기적인 투자 목적인 경우 면제)
아이슬란드	**(정책)** 비트코인을 포함한 암호화 통화의 유통 전면금지 – 다만 비트코인 채굴은 허용 **(시장)** 경제위기로 외환거래가 금지되자 아이슬란드 기업가가 디지털화폐인 오로라코인을 개발하여 유통	–

자료: 황종모·한승우(2017), "해외 주요국 디지털화폐 관련 제도 및 시장 현황," 전자금융과 금융보안, 제7호, pp. 1–51, 〈표 12〉 인용.

수단 혹은 회계의 단위라는 점에서는 문제는 없으나, 그 가치의 등락이 너무 심하기 때문에 가치의 저장수단이라는 점에서는 매우 비관적인 평가를 받고 있다([그림 8-3] 참조). 폴 크루그만은 비트코인은 결코 화폐가 될 수 없다고 주장한다. 하지만, 오스트리아 학파에서는 비트코인은 일종의 화폐라고 생각하고 있으며, 최근 EU는 비트코인을 하나의 화폐로 간주하는 결정을 내렸다.

〈표 8-2〉는 세계 주요국의 비트코인에 대한 정책을 정리한 것이다. 이 표는 2017년을 기준으로 한 것으로서 2020년 이후에는 다소의 변화가 있을 것으로 전망된다. 하지만 이 표는 비트코인에 대한 세계 주요국의 정책이 일정하지 않다는 것을 보여주고 있다. 비트코인과 같은 암호화폐의 발행, 유통, 거래를 전면 금지하는 러시아부터, 세계 최초로 법정 통화로 인정한 영국까지 비트코인에 대한 인식의 차이는 매우 크다. 비트코인을 부분적으로 인정하더라도 그 규제는 나라별로 매우 차이가 난다. 한 가지 공통된 것은 이것이 자금세탁, 테러자금 조달 등에 악용되는 것을 막아야 한다는 것이다. 비트코인이 부분적으로 화폐로 인정된다 해도 이것과 관련된 세금 문제는 넘어야 할 또 하나의 과제이다.

그런 점에서 비트코인의 화폐로서의 미래는 불투명하다. 하지만, 최근 비트코인이 각광을 받고 있는 것은 이 비트코인이 가지고 있는 블록체인(block chain) 이라는 특성 때문이다. 블록체인이란 비트코인이 거래가 될 때마다 그 거래사실이 비트코인 그 자체에 포함되게 되는 일련의 기술적 절차를 의미한다. 이 블록체인은 그 속성상 절대 해킹이 불가능하다. 따라서 거래의 안정성 면이라는 점에서 탁월한 우위를 자랑한다. 그래서 최근에는 비트코인이 미래에 새로운 화폐로서 기능하기는 어려울지라도 이것이 가지는 블록체인이라는 특성은 대면거래가 불가능한 사이버 공간에서 서로 신뢰할 수 있는 수단을 제공한다는 점에서 매우 높은 평가를 받고 있다. 혹자는 마운트 곡스(Mount Gox)라는 일본 비트코인 거래소의 해킹 사실을 언급하면서 비트코인의 해킹 가능성을 거론한다. 하지만, 정확히 말하면 마운트 곡스의 해킹은 비트코인의 해킹이 아니라 비트코인을 저장하는 웹사이트의 해킹이다. 따라서 비트코인이 포함하고 있는 사이버 공간에서의 특성에 대해서는 보다 깊은 분석을 필요로 한다.

1. 블록체인의 개념

블록체인은 말 그대로 블록이 연결된 것이다. (비트코인에서) 블록이란 거래를 약 10분 단위로 모은 것으로 채굴이 일어나는 단위를 의미한다. 그래서 블록체인 이란 (비트코인에서) 현재까지의 블록이 모두 이어진 것이다. 더 자세히 말하면 현 재까지 일어난 모든 비트코인 거래가 시간 순서로 기록된 장부를 의미한다. 이런 점에서 블록체인이란 네트워크에 참여한 모든 사람에게 나누어지는 공개된 원장 을 의미한다. [그림 8-4]는 이런 블록체인의 개념을 나타낸 것이다.

그래서 블록체인 기술은 다음과 같은 특징을 가진다.[1] 첫째, 분권적인 형태를 가진다. P2P의 형태로 개인간 직접 거래가 이루어지기 때문에 중앙집권적인 화 폐발행기관이 필요 없다. 둘째, 개인 간의 거래 기록은 비트코인 네트워크에 참 여하는 모든 참여자에 의해 공유된다. 따라서 모든 참여자의 기록을 변경하지 않 는 이상 불법적인 비트코인을 만들 수 없다. 셋째, 개인 간에 이루어진 거래는 네 트워크에 참여한 다수의 참여자에 의해 자동적으로 승인된다. 넷째, 이 같은 특

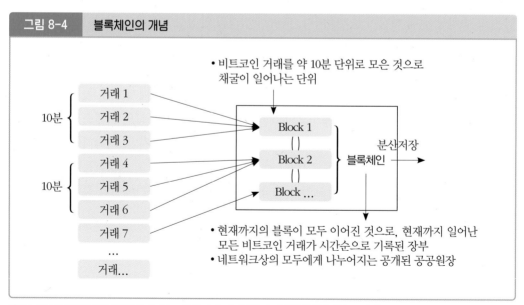

그림 8-4　블록체인의 개념

- 비트코인 거래를 약 10분 단위로 모은 것으로 채굴이 일어나는 단위

거래 1
거래 2　　　10분
거래 3

거래 4
거래 5　　　10분
거래 6
거래 7
...
거래...

Block 1
Block 2
Block ...

블록체인

분산저장

- 현재까지의 블록이 모두 이어진 것으로, 현재까지 일어난 모든 비트코인 거래가 시간순으로 기록된 장부
- 네트워크상의 모두에게 나누어지는 공개된 공공원장

자료: 하나금융경영연구소(2016), "비트코인의 거래 메커니즘과 사설블록체인 활용 동향," pp.1-8, [그림 7] 인용.

---

1 설명의 편의를 위해 비트코인에서 이루어지는 거래를 중심으로 설명하고자 한다.

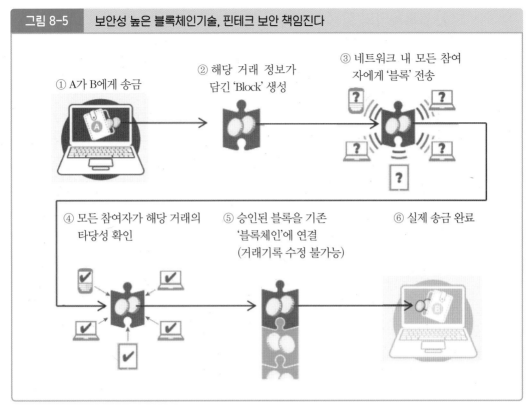

| 그림 8-5 | 보안성 높은 블록체인기술, 핀테크 보안 책임진다 |

① A가 B에게 송금
② 해당 거래 정보가 담긴 'Block' 생성
③ 네트워크 내 모든 참여자에게 '블록' 전송
④ 모든 참여자가 해당 거래의 타당성 확인
⑤ 승인된 블록을 기존 '블록체인'에 연결 (거래기록 수정 불가능)
⑥ 실제 송금 완료

자료: Financial Times(2015년 11월 1일)의 기사를 재정리한 김예구(2015)에서 인용.

성 때문에 모든 거래는 공개되어 거래에 대한 투명성이 확보된다.

이제 이 같은 기술이 송금과 같은 개인 간의 거래에 어떻게 적용될 수 있는지 살펴보자. [그림 8-5]에서 보는 바와 같이 A가 B에게 송금한다고 가정하자. 블록체인 기술을 적용할 경우 이 거래 정보가 담긴 '블록'이 생성되고, 이 블록은 이 네트워크에 참여한 모든 사람들에게 전송된다. 모든 참여자가 이 해당거래의 타당성을 확인하면 이 블록은 기존의 블록체인에 연결되고, 이런 절차를 거치면 실제 송금과정이 완료된다.

이론상으로 이런 블록체인 기술에 대해서도 해킹이 불가능한 것은 아니다. 네트워크 모든 참여자에게 전송된 블록을 모든 참여자가 거래 타당성을 확인하기 전에 바꾸면 된다. 하지만, 사실상 이것은 불가능하다. 만약, 이전의 블록을 바꾸기 위해서는 특정 블록 이후의 모든 블록을 함께 바꾸어야 한다. 이것 역시 사실상 불가능하다. 그래서 비트코인의 미래는 어떨지 모르지만, 최소한 비트코인이 기반을 둔 블록체인 기술은 무한한 활용이 가능하다.

2. 블록체인의 활용

블록체인은 〈표 8-3〉에서 보는 바와 같이 공개된 블록체인과 사설 블록체인 두 가지 형태로 구분된다. 공개 블록체인은 누구나 읽고 쓸 수 있으며, 거래를 증명하는 채굴자 및 이용자들이 자유롭게 그 네트워크에 참여할 수 있다. 공개된 네트워크에 참여하기 때문에 참여자에 대한 개인정보 노출 의무가 없으며, 당연한 말이지만 중앙기관의 통제가 없다. 반면, 사설 블록체인은 제한된 사람들만이 참여할 수 있다. 거래를 증명하는 자들은 네트워크의 허락 및 인증과정이 필요하다. 따라서 그 형태는 분산화의 성격을 가지나, 공개된 블록체인의 탈중앙화 적인 성격과는 달리 반(半)중앙화의 성격을 가진다.

이런 성격을 고려할 때 앞으로 블록체인은 다음과 같은 방향으로 발전할 것으로 전망된다. 첫째, 공개 블록체인은 비트코인과 같이 암호화폐 혹은 가상화폐의 발전을 위한 기본 인프라로 기능할 것으로 보여진다. 아무런 제한 없이 모든 사람이 참여할 수 있기 때문이다. 둘째, 사설 블록체인은 금융기관, 계약의 당사자, 토지 등 부동산과 실물자산의 거래 등 특정 사실과 관련이 있는 사람들을 위한 사적인 인프라로 기능할 것으로 보여진다. 제한된 사람들만 참여가 허용되지만, 국가와 같은 제3자가 필요하지 않기 때문이다(〈표 8-4〉 참조).

》 표 8-3　블록체인의 두 유형

구분		공개 블록체인(Public or Permission less)	사설 블록체인(Private or Permissioned)
N/W 참여자	블록데이터	누구나 읽고 쓸 수 있음	제한된 참여자만 가능
	증명자 (Validator)	알 수 없음	알 수 없음 Private形: 1개의 주체가 관리 Consortium形: 미리 선정된 N개의 주체
	이용자 (Participant)	알 수 없음	구현 방식에 의존
	설명	거래를 증명하는 채굴자 및 이용자들이 자유롭게 참여할 수 있는 네트워크	거래 증명자들은 네트워크의 허락 및 인증과정이 필요
특징		참여자의 개인정보 노출 의무가 없으며 중앙기관 통제가 없음	분산장부 기능의 장점을 활용하되 참여 그룹내 요구사항을 준수
구조		탈중앙화, 분산화	분산화, 반중앙화(중앙화)
예시		비트코인, 이더리움, ERIS	사설: NASDAQ, Chain, DAH, ERIS Industries 컨소시엄: R3CEV, 하이퍼레저, IBM OBC

자료: 하나금융경영연구소(2016), 〈표 2〉 인용.

미즈노 은행	− 국정 간 증권거래는 처리과정의 복잡성이 높아 매매체결에서 최종 결제까지 결제 지시와 다수 참여자간 거래내용 불일치 여부에 대한 검증 등에 3일의 시간이 소요 − '16. 3월 국경간 증권거래(해외기관투자자의 일본증권 거래 대상)시스템에 블록체인 기술을 적용함으로써 3일을 하루 이내로 단축 가능함을 테스트 − 후지쓰가 제공하는 클라우드 환경에서 블록체인을 기반으로 거래내역을 기록하는 'Open Asset Protocol'을 활용
바클레이 은행	− 2016년 4월 미국 비트코인 거래 및 모바일 송금 서비스업체인 'Circle'과 제휴를 통해 영국 파운드와 달러를 수수료 없이 교환할 수 있는 서비스를 개시 − R3 CEC의 블록체인 기술 'Corda'를 활용한 데모 수행('16.4.18)
골드만 삭스	− 증권거래를 위한 암호화 통화(세틀코인, SETLCoin)를 미국내에서 특허 출원('16.4.18)
시티 은행	− 2015년 6월 블록체인 기술을 활용해 '시티코인' 등 별도의 원장을 구축한 자체적인 가상화폐를 금융권 최초로 개발, 그룹 내 결제에 실험적으로 사용
샌탠더 은행	− '16.5월 CIBC, ATB파이낸셜(캐나다), 유니크레딧(이탈리아), UBS(스위스), 라이제방크(독일), NBAD(아부다비) 등과 리플(Ripple)의 디지털화폐 'XRP'를 활용해 거래하는 PJT에 참여

자료: 하나금융경영연구소(2016), 〈표 5〉 인용.

제 4 절 핀테크, 사회를 어떻게 변화시킬 것인가?

1. 화폐 없는 사회로의 전환

핀테크가 발전하면 할수록 지금 현재 우리가 사용하고 있는 화폐는 점차 그 유용성을 상실할 수 있다. 신용거래가 보편화되고, IT와 모바일의 보급이 가속화될수록 점점 실물 화폐를 사용할 수 있는 기회는 줄어들 것이다.

북유럽에서는 신용카드와 스마트폰을 이용한 결제가 보편화되고 있다. 심지어 스웨덴의 스톡홀름에서는 현금으로는 대중교통을 이용할 수 없다. 그래서 급여는 통장을 스쳐지나가는 것에 불과하다. 중국 역시 이런 화폐 없는 사회로 빨리 이동하고 있다. [그림 8-6]은 중국에서 실제로 스마트폰과 QR 코드를 이용한 거래가 어디까지 확대되고 있는지를 보여준다. 이 그림에서 보는 바와 같이 소매점에서의 구매활동과 자전거 대여도 QR 코드를 이용해 현금 없이 이루어진다. 알리바바를 모태로 한 알리페이가 널리 보급된 것은 말할 필요도 없다. 심지어는

| 그림 8-6 | 중국에서의 QR 코드를 이용한 거래의 사례 |

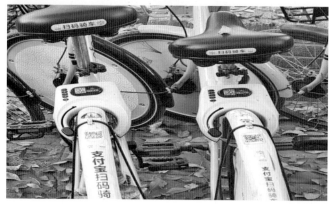

자료: 저자 촬영.

길거리의 걸인도 QR 코드를 옆에 두고 구걸을 한다.

한국 역시 이런 화폐 없는 사회로의 전환이 진행되고 있다. 일반적인 시민은 신용카드를 사용하여 일상생활을 영위하는데 그다지 큰 불편을 느끼지 않고 있다. 하지만 스마트폰과 QR 코드를 이용한 거래는 중국과 비교해서 그리 빠른 속도로 이루어지지 않고 있다. 이 현상은 개구리 점프(Leap Frog)로 이해될 수 있다. 중국이 스마트폰과 QR 코드를 이용한 거래가 널리 보급된 것은 그 전단계인 신용카드의 보급을 건너 뛴 결과라는 점이다. 달리 말해 화폐 없는 사회는 신용카드의 보급이 널리 이루어진 상태에서 스마트폰과 QR 코드를 이용한 거래로 전환되는데, 중국의 경우 신용카드가 충분히 보급되지 않은 상태에서, 그 다음 단계로 바로 뛰어넘어갔다는 것이다.

2. 기존의 화폐에 대한 인식의 변화

핀테크가 진행될수록 다음과 같은 질문은 더욱 구체화될 것이다. 암호화폐(혹은 가상화폐)는 기존 화폐의 대체재가 될 것인가, 보완재가 될 것인가?

이 질문에 대해 명확한 답을 구하기는 어렵다. 암호화폐의 발전 정도, 암호화폐에 대한 국가의 인식 변화, 금융거래에 사용되는 화폐의 역할 변화 등에 대한 충분한 정보가 주어져야 하기 때문이다.

하지만, 우루과이의 사례는 이런 질문에 대한 하나의 단서를 제공한다. 우루과이 중앙은행(BCU)은 2017년 11월 13일 디지털화폐를 시범 운용하는 파일럿 플랜을 6개월 간 진행한다고 발표하였다. 현지 통화인 페소와 동일한 가치를 지닌 디지털 화폐 e페소를 2,000만 페소 규모로 발행한 것이다. 분권적인 암호화폐의 특징과는 달리 중앙은행이 책임지고 디지털 화폐를 발행한 것이다. e페소 이용자들은 국영 통신사에 등록된 휴대전화번호로 잔액을 관리할 수 있다. 전화번호만 알면 e페소를 주고받을 수 있으며 공공요금 납부, 물품 구입 등 일상생활에서도 사용할 수 있다. 우루과이는 이를 통해 실물 화폐의 발행과 유지에 드는 비용을 절감하기를 기대한다고 강조했다.

2020년 현재의 상태에서 암호화폐가 기존의 화폐를 대체한다고 전망하기는 매우 어렵다. 하지만 최소한 기존의 화폐가 가지는 단점을 보완하기 위한 형태로 암호화폐, 넓은 의미로는 디지털 화폐가 사용될 가능성이 매우 높다.

3. 신뢰구조의 변화

핀테크 그 중에서도 블록체인이 활성화될수록 한 사회의 신뢰구조는 중앙집권적 구조에서 분산화된 구조로 바뀔 가능성이 매우 높다. 그것은 블록체인으로 인한 분산화, 네트워크화가 이루어지면 중앙집권적 중앙은행의 위상은 변할 수밖에 없으며, 블록체인 그 자체가 하나의 보증 신뢰 수단으로 자리잡게 되기 때문이다.

이런 경우 smart contract가 큰 주목을 받게 된다. 사회적 계약과 거래의 증명이 중앙집권적 제3자의 개입 없이 블록체인을 통해 바로 이루어지기 때문이다. 이런 현상이 보편화되면 이 자체가 또 하나의 혁명적인 변화를 가져올 수 있다. 블록체인 혁명이란 바로 이런 변화를 염두에 두고 하는 말이다.

제 9 장

기 타

빅데이터

1. 빅데이터의 의의[1]

　빅데이터는 일반적으로 다음과 같이 정의된다: "수십~수천 테라바이트 정도의 거대한 크기를 가지고, 여러 가지 다양한 비정형 데이터를 포함하며, 생성−유통−소비(이용)가 몇 초에서 몇 시간 단위로 일어나 기존의 방식으로는 관리와 분석이 매우 어려운 데이터의 집합."

　그래서 이 정의는 다음과 같은 세 가지의 특징을 가진다. 첫째, 규모(volume)다. 빅데이터는 대략적인 기준으로 수 테라바이트에서 수 페타바이트 정도의 크기의 데이터 집합을 의미한다(1페타바이트는 1024테라바이트). 둘째, 다양성(variety)이다. 빅데이터는 일목요연한 구조적 데이터만 포괄하는 것이 아니라 크기와 내용이 서로 다른 비구조적ㆍ비정형적인 데이터를 포함하고 있다. 셋째, 속도(velocity)이다. 빅데이터가 소비되는 과정은 매우 빠르다. 예컨대, 가정용 유선 통신의 경우 초당 100메가바이트의 속도를 가지며, 4세대 이동통신 LTE의 경우 초당 40메가바이트 정도의 속도를 가진다.

　하지만 이런 정의는 빅데이터를 좁게 정의한 것이다. 이를 넓게 정의하면 좁은 의미의 빅데이터를 관리하고 분석하는 데 필요한 인력, 조직, 그리고 제반 기술과 인프라까지 포함한다([그림 9−1] 참조).

1　이 항과 다음 항의 주요내용은 필자(2016)의 제16장 제7절의 내용을 다소 수정 보완한 것이다.

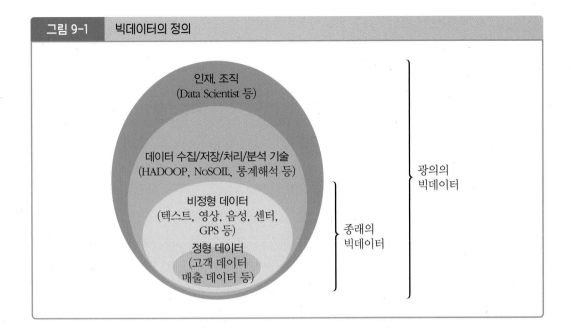

그림 9-1   빅데이터의 정의

인재, 조직
(Data Scientist 등)

데이터 수집/저장/처리/분석 기술
(HADOOP, NoSOIL, 통계해석 등)

비정형 데이터
(텍스트, 영상, 음성, 센터,
GPS 등)

정형 데이터
(고객 데이터
매출 데이터 등)

종래의
빅데이터

광의의
빅데이터

2. 빅데이터 왜 중요한가?

이런 빅데이터는 왜 중요할까? 다음과 같이 정리할 수 있다.

첫째, 이 책에서 제4차 산업혁명의 기본 인프라가 사물인터넷과 인공지능이라고 설명한 바 있다. 이 인공지능을 개발하기 위해 가장 필요한 것이 바로 빅데이터이다. 머신러닝, 혹은 딥 러닝을 통해 인공지능이 스스로 발전해 가기 위해서는 가급적 많은 데이터가 필요하다. 그런 점에서 보다 많은 데이터를 활용하기 위한 제도적 장치가 필요하다.

둘째, 빅데이터는 다양한 분야에서 활용이 가능하다. 우선 기업의 경우 빅데이터는 개별 고객관리, 고객의 성향과 취향 분석, 맞춤형 서비스 제공 등 기업의 영업활동과 관련된 모든 분야에서 활용되고 있다. 빅데이터라는 개념이 활성화되기 전 온라인 기업들은 자사의 홈페이지를 방문하는 고객들의 정보를 모으고 분석하여 마케팅에 활용하곤 했다. 이것을 데이터 분석(data mining)이라 불렀다. 빅데이터는 이런 데이터 분석이 한 단계 더 진화된 개념으로 이해할 수 있다.[2] 빅데

---

2 최근 맥켄지 분석 설문조사 응답자의 약 50%가 빅데이터 분석을 통해 영업 및 마케팅 기능 분야의 과거 비즈니스 관행을 근본적으로 바꾸었다고 응답하고 있다. 조금 자세히 보면 다음과 같다. 마케팅 및 세일즈뿐만 아니라 R&D 부문에서도 30% 이상이 비즈니스 관행의 긍정적 변화를 경험했다고 응답했으며, 하이테크, 기초소재, 에너지 응답자들도 빅데이터를 통해 더 많은 분야에서 긍정적 변화를 경험했다고 응답하고 있다. 자세한 것은 한국정보화진흥원(2018)을 참조.

이터는 기업의 영업활동에만 필요한 것이 아니라, 정치와 정부의 영역에서도 매우 중요한 가치를 가진다. 유권자의 성향을 분석하는 행위, 정부가 제공하는 서비스에 대한 만족도를 평가하는 행위 등은 모두 빅데이터를 적절히 활용한 사례이다.

셋째, 제4차 산업혁명 시대에 만들어지는, 혹은 유통되는 정보와 지식의 양은 상상을 초월하기 때문에 이런 빅데이터의 활용은 산업과 기업의 경쟁력 원천이라고 할 수 있다. 그 정보와 지식을 제대로 활용하고 분석하면 새로운 가치를 만들 수 있기 때문이다. 하지만 빅데이터의 활용은 양날의 검이다. 거기에는 매우 큰 위험이 존재한다. 빅데이터는 대부분 개인의 경제활동 혹은 개인의 신상과 관련한 정보가 매우 큰 부분을 차지하는데, 빅데이터의 활용을 강조하다 보면 개인정보와 프라이버시 보호가 지체될 수 있기 때문이다. 이 항에서는 이 문제를 깊이 거론하지는 않을 것이지만 이 문제가 조화롭게 해결되지 않으면 제4차 산업혁명의 발전 그 자체가 지체될 수도 있다.

3. 세계 빅데이터 시장 현황[3]

이상과 같은 빅데이터 시장은 매년 지속적으로 성장할 것으로 전망된다. [그림

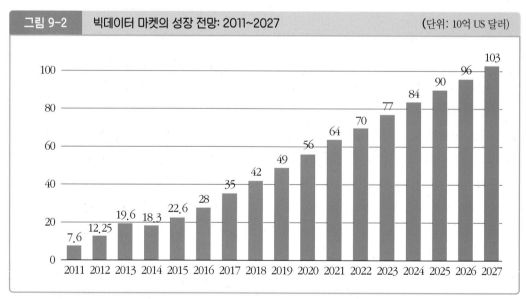

그림 9-2 빅데이터 마켓의 성장 전망: 2011~2027   (단위: 10억 US 달러)

자료: Wikiban and reported by Statist의 자료를 한국정보화진흥원(2018)에서 재인용.

3 여기서의 내용은 한국정보화진흥원(2018)을 참조함.

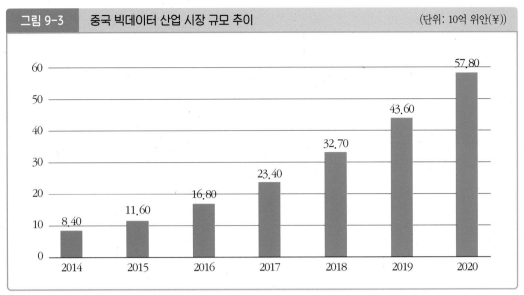

자료: Social Sciences Academic Press (china) and Statista의 자료를 한국정보화진흥원(2018)에서 재인용.

9-2]에서 보는 바와 같이 2017년에는 350억 달러에 불과하던 빅데이터 시장이 2027년에는 1,030억 달러로 성장할 것으로 전망된다. 이것은 매년 11.4% 씩 성장할 것이라는 것을 의미한다.

이런 빅데이터 시장의 성장과 관련 가장 주목을 끄는 국가는 중국이다. [그림 9-3]에서 보는 바와 같이 중국의 데이터 분석 및 매출은 2020년까지 578억 위안(90억 달러)의 규모에 이를 것으로 예상된다. 이것은 매년 31.72%의 성장률을 나타내는 것인데, 이는 전 세계에서 가장 빠른 속도로 성장하는 것이다. 중국의 AI의 빠른 기술 발전을 위해서는 엄청난 규모의 빅데이터가 필요하다는 점에서, 이런 빅데이터의 괄목할 만한 성장은 중국 AI의 빠른 성장과도 깊은 관계를 가진다.

이런 빅데이터 관련 하드웨어, 서비스 및 소프트웨어에 대한 전 세계적인 수요를 비교해 보면 소프트웨어가 가장 빨리 성장하는 것으로 나타났다.

[그림 9-4]에서 보는 바와 같이 소프트웨어 부문은 2016년에는 80억 달러에 불과했으나 2018년 140억 달러, 2020년 200억 달러로 증가하고, 2027년에는 460억 달러로 성장해 매년 12.6%의 성장률을 보일 것으로 전망되고 있다. 하지만, 전반적으로 모든 부문에 걸쳐 빅데이터 산업은 성장하고 있음을 다시 확인할 수 있다.

그러면 이런 빅데이터 산업과 관련한 기업은 어느 나라에서 가장 많이 활동

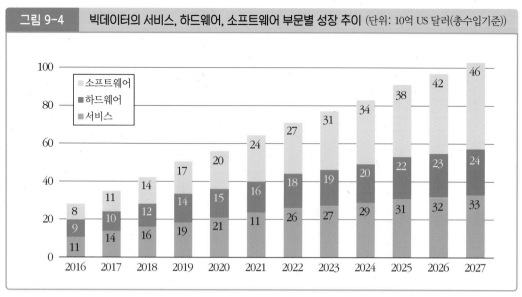

그림 9-4 빅데이터의 서비스, 하드웨어, 소프트웨어 부문별 성장 추이 (단위: 10억 US 달러(총수입기준))

자료: Wikibon; SiliconANGLE; Statista estimates and reported by Statista의 자료를 한국정보화진흥원(2018)에서 재인용.

하고 있을까? 2019년 11월 기준으로 할 때[4] 전 세계 빅데이터 스타트업 기업은 9,746개에 달하는데 이중 미국에 본사를 둔 기업이 전 세계의 51.7%를 차지하는 5,035개 기업에 달해 미국의 비중이 압도적으로 큼을 알 수 있다. 미국의 뒤를 이어 영국이 907개 기업으로 9.3%의 비중을 차지하고 있다. 흥미로운 것은 그 다음 인도가 6%의 비중으로 583개 기업이 활동하고 있다.

더 흥미로운 것은 위에서 본 바와 같이 빅데이터 산업이 가장 빠르게 성장하고 있는 중국의 비중은 2%(193개 기업)에 불과하다는 것이다. 이것은 두 가지로 해석할 수 있다. 첫째, 중국에서 성장하고 있는 빅데이터 산업은 상대적으로 하드웨어의 성장이 높다면, 미국이나 영국에서 성장하고 있는 것은 하드웨어적인 빅데이터를 기반으로 한 서비스나 소프트웨어의 성장이 상대적으로 높다는 것을 시사한다. 이것은 중국이 아직까지는 빅데이터의 활용보다는 빅데이터의 기반 구축과 기반 정보 수집에 상대적으로 집중함을 시사한다. 둘째, 하지만 중국 기업의 기업당 투자유치액은 2,663만 달러로 미국의 1,246만 달러에 비해 두 배 이상 높은 것으로 드러났다. 또 빅데이터 관련 특허건수에 있어서도 중국은 1만 7,422건으로 세계 전체의 57%를 차지하고 있다. 그러므로 중국에서 활동하는 기업의 수만 적을 뿐 앞으로 빅데이터의 소프트웨어적인 활용과 서비스에서도 중국이 큰 잠재력을 가지고 있음을 알 수 있다.

---

4 이하에서 보여지는 통계자료는 매일경제 2019년 11월 6일 기사를 참조한 것이다.

1. 클라우드 컴퓨팅이란 무엇인가?

클라우드 컴퓨팅(Cloud Computing)은 인터넷을 통하여 제공되는 어플리케이션들과 이 서비스들을 제공하는 데이터센터 내의 모든 하드웨어와 소프트웨어를 포함한다. 그리고 이 데이터센터 내의 하드웨어와 소프트웨어를 합쳐서 클라우드(Cloud)라 부른다. 즉, 클라우드 컴퓨팅 환경에서 사용자들은 인터넷이 연결된 단말을 통해 대용량의 컴퓨터 집합에 접속하여 어플리케이션, 스토리지, OS, 보안 등 필요한 IT 자원을 원하는 시점에 필요로 하는 만큼 골라서 사용하게 되며, 그 대가는 사용량에 따라 지불한다.

클라우드 컴퓨팅에는 다음과 같은 장점이 있다.

– 사용자가 자신의 필요에 따라 무한정의 컴퓨팅 자원을 사용할 수 있다는 환상(Illusion)을 제공한다. 그러므로 사용자는 하드웨어와 소프트웨어 시스템을 제공하는 계획을 미리 세울 필요가 없다.

– 사용자는 작은 시스템으로부터 시작할 수 있고 시스템 용량이나 자원에 대한 요구가 증가함에 따라 시스템 용량이나 자원을 증가시키면 된다.

| 그림 9-5 | 클라우딩 컴퓨터의 개념 |

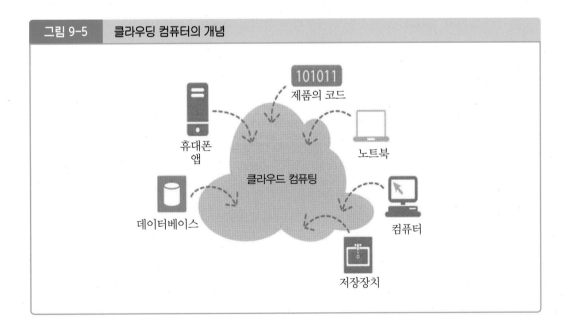

- 필요에 따라 짧은 시간을 단위로(예를 들어 프로세서를 시간당 또는 스토리지를 날짜당) 사용하고 비용을 지불하면 되고, 사용할 필요가 없으면 자원을 더 이상 사용하지 않을 수 있다.

클라우드 컴퓨팅 시스템은 다음과 같이 크게 세 가지 다른 레벨에서의 서비스를 제공한다.
  - Infrastructure as a Service(IaaS): IaaS는 하드웨어와 소프트웨어, 장비 등을 제공하여 사용자가 이를 사용하여 사용량에 따라 요금을 지불하면서 소프트웨어를 작동시킬 수 있도록 하는 환경을 제공한다.
  - Platform as a Service(PaaS): 사용자가 자신이 원하는 기능의 어플리케이션을 구축, 테스트, 설치할 수 있도록 하는 높은 수준의 통합 환경을 제공한다.
  - Software as a Service(SaaS): 사용자가 인터넷을 통하여 특정한 소프트웨어를 사용하고 이 소프트웨어의 사용량에 따라 요금을 낼 수 있도록 하는 서비스이다.

2. 클라우드 컴퓨팅의 중요성

클라우드 컴퓨팅의 중요성은 다음과 같이 정리할 수 있다.

첫째, 클라우드 컴퓨팅은 디지털경제 2.0의 시기에 이미 그 서비스가 시작되었지만, 2020년을 전후한 지금부터 본격적인 활용이 시작될 것이기 때문이다. 스마트폰과 같은 이동성이 확보된 상태에서 일반 소비자들이 클라우드 컴퓨팅의 필요성을 느끼지 않는 것은 아니지만, 사물인터넷과 인공지능이 보편화되는 제4차 산업혁명기에 느끼는 필요성보다는 크지 않을 것이기 때문이다. 즉, 언제 어디서나 자신이 필요로 하는 정보나 지식에 접속하기 위해서, 그리고 필요로 할 때마다 어플리케이션이나 보안과 같은 서비스를 얻기 위해서, 모든 자원이 한 곳에 집중된 클라우딩 컴퓨터의 필요성을 더 절실히 느낀다는 것이다.

둘째, 전 항에서 본 바와 같이 빅데이터의 중요성은 더욱 커지지만 개별 기업이나 특정 단체가 스스로 그런 데이터를 보관하고 관리할 사이버 공간을 확보하기는 매우 어렵기 때문이다. 그래서 제4차 산업혁명의 시기에는 이 클라우드 컴퓨팅을 완벽하게 제공하는 기업이 시장의 주도권을 장악할 가능성이 많다. 그것은 특정 기업의 클라우드 컴퓨팅을 사용할 경우 디지털경제에서 말하는 고착 현상(Lock-in effect)가 발생할 가능성이 높기 때문이다. 한때, 사라져가는 기업으로

간주되었던 마이크로 소프트가 다시 시장의 관심을 받게 된 것도 바로 이 클라우
드 컴퓨팅 때문이다.

제4차 산업혁명의 분석 10   마이크로 소프트의 귀환[5]

악마가 되지 마라(Don't be evil). 지금의 구글을 만든 사시(社是)다. 구글은 당시의 마이크로소프
트(MS)를 악마의 제국으로 보았다. MS는 그 당시 막강한 자본력을 바탕으로 IT 시장을 지배하려
했고, 미 법무부와는 반독점 제소와 관련한 진흙탕 싸움을 했다. 악마는 당연히 비틀거렸다. 모바
일 혁명에 제대로 대처하지 못했고, 그래서 윈도우에 집착하느라 미래 먹거리를 찾지 못하는 죽은
회사라는 혹평을 들어야 했다. 그런 MS가 돌아왔다. 최근에는 한 달 337억 달러의 매출을 올리고,
시가총액은 애플을 넘어서 꿈의 1조 달러를 달성했다. 세계 1위다. 완벽한 제국의 역습이다. 그 가
운데는 클라우드 컴퓨팅 서비스를 제공하는 Azure가 있고, 윈도우에 대한 집착을 버리고 새 길을
개척한 Satya Nadella라는 CEO가 있다. 제4차 산업혁명이라는 어지러운 변화에 무엇이 중요한지
를 파악하고 그것을 위해 MS 전체를 바꾼 것이다.

비행기, 즉 항공산업의 가장 큰 미래 경쟁자는 무엇일까? 놀랍게도 자율주행차다. 미국의 한 여
론조사 업체는 비행기로 두 시간 걸리는, 하지만 자동차로 10시간 걸리는 두 지역의 이동에 대
한 운송수단 선호조사를 했다. 결과는 놀랍다. 두 시간 정도의 비행거리에서는 공항을 오가는 시
간, 지루한 검색과 소지품 검사 등에 시달리기 보다는 차 안에서 원하는 것을 마음대로 할 수 있는
자율주행차를 선호한다는 것이다. 그러면 이 자율주행차는 자동차 산업에는 호재일까? 그렇지 않
다. 지금 자동차 산업은 자동차라는 하드웨어를 만드는 제조업체에서, 서서히 운송 수단을 제공하
는 서비스 업체로 변해가고 있다. 사람들이 자동차를 소유해야 할 이유가 없다는 것이다. 자율주
행차가 더 호화롭게 변하면 호텔과 관광산업에도 영향을 미친다. 비싼 돈 주고 호텔에 묵기보다는
잘 정비된 리무진 같은 차 안에서 즐기면서 목적지까지 간다는 것이다.

이런 변화는 한 두 기업과 산업에 국한되지 않는다. 정말 두려운 것은 이 변화의 속도가 너무 빠
르고, 이 변화의 폭이 너무 크고, 이 변화로 영향을 받는 영역이 너무 광범위하다는 것이다. 기업
과 산업의 사례를 들었지만 국가도 예외가 아니다. 가장 대표적인 것이 인도다. 인도는 생체 정보
까지 포함한 개인정보를 하나의 디지털 플랫폼에 등록시키는 아드하르(Adhaar)라는 생체 인식 디
지털 ID 계획사업을 추진하고 있다. 현재 등록자 수는 12억 명을 넘어섰다. 신원 확인은 기본이고
이를 통해 금융, 헬스 케어, 유통, 심지어는 농업분야의 혁신까지 기대하고 있다. 말 그대로 코끼
리가 움직이고 있다.

이 어지러운 변화의 핵심은 디지털 변혁(digital transformation)이다. 개인, 기업, 사회, 국가가
디지털 기술을 기초로 혁명에 가까운 변화를 해야 한다는 것이다. 이것은 성공하기 위한 조건이
아니라, 생존하기 위한 조건이다. 돌아온 악마인 MS는 클라우드 시스템인 Azure 운영체제(OS:
Operating System)으로 윈도우 대신 리눅스(Linux)를 더 많이 사용하고 있다. 한 때 MS를 악마라고
지칭했던 구글이 오히려 이런 MS의 융통성을 배우려 한다. 느리게 움직이던 코끼리는 거대한 플랫
폼을 만들어 빠르게 움직이는 디지털 코끼리로 변하고 있다. 모두 스스로를 바꾸려 한다.

---

5 아시아 경제 2019년 8월 30일에 실린 저자의 칼럼을 부분 인용.

제 3 부

제4차 산업혁명에 따른 사회·경제적 변화

제1장

모든 것이 합쳐진다:
융합, 그리고 융합

　제4차 산업혁명이 광범위하게 진행될수록 가장 많이 보여지는 것은 융합이다. 융합은 말 그대로 서로 이질적인 것, 혹은 다소 유사한 것이 하나로 합쳐져 서로의 경계를 구분할 수 없음을 의미한다. 뒤에서 자세히 설명하겠지만 이런 융합은 초기에는 기기, 기술, 중기에는 기업과 산업, 최종적으로는 교육과 제도로까지 이어진다. 본 장에서는 이 융합 현상을 조금 자세히 설명한다. 이 책의 제1부에서 미리 설명했지만 제4차 산업혁명은 디지털경제의 연장선 상에서 일어난 것이다. 그래서 본문에서는 설명의 편의를 위해 디지털경제 3.0과 제4차 산업혁명을 적절히 혼용하기로 한다.[1]

제 1 절　초기의 융합: 디지털경제 1.0과 2.0[2]

　위에서 말한 바와 같이 융합은 기술, 기기, 기업 산업에 국한된 것이 아니라, 최종적으로 교육과 제도의 영역에서도 일어난다. 이런 융합은 디지털경제의 모든 시기에 걸쳐 진행되고 있는 현상이다. 하지만 디지털경제 3.0(제4차 산업혁명)의 시대에서는 이제 융합은 더 이상 새로운 상황이 아닌, 그저 일반적인 현상의 하나로 되고 있다. 융합하지 않고서는, 융합의 가능성을 발견하지 않고서는 기업이건 산업이건 생존하기기 어려워지기 때문이다. 그런 점에서 이 절에서는 디지털경제 3.0의 시대에는 융합이 매우 보편화되고 있다는 전제하에 융합의 일반적인 현

1　사실 제4차 산업혁명을 디지털경제 3.0이라 불러도 무방하다.
2　이 제1절과 제2절의 내용은 졸저(2016) 제16장 제2절을 확대, 수정 보완한 것이다.

배경	한국에서 홈플러스는 이 마트에 비하여 상대적으로 적은 점포를 가지고 있다. 한국인들은 자기들의 집 근처에서 쇼핑하는 습관을 가지고 있다. 상대적으로 더 편리하기 때문이다. 그 결과 홈플러스 (테스코)는 이마트에 비해 상대적으로 적은 점포를 가지고 있다는 한계를 극복해야 한다.
미션	우리는 점포 수를 늘리지 않고 한국의 이 분야에서 1등이 될 수 있는가? (Could we become No. 1 without increasing the number of stores?)
방법	상점이 시민들에게 다가가야 한다. (Let the store come to people) 1) 지하철에 설치된 제품 사진의 QR 코드를 스마트폰으로 스캔한다. 2) 스캔한 상품은 자동적으로 온라인 카트에 저장된다. 3) 온라인 구매가 끝나면 자동적으로 소비자의 집 앞으로 배달된다.
결과	이러 방법을 사용한 결과 10,287명의 소비자들이 스마트폰을 이용하여 쇼핑을 하였고 그 결과 매출은 130% 증가하였다. 그리고 신규 회원수는 76% 증가하였다.

상을 살피려 한다. 당연히 그 논의의 출발점은 디지털경제 1.0의 시대가 된다.

디지털경제 1.0의 시대 융합은 기기와 기술의 융합이라는 형태로 시작되었다. 특히 이런 융합은 IT산업 내에서 컴퓨터, 통신, AV 등 전자기기 간의 융합을 중심으로 전개되어 왔다. DVD 콤보(DVD+VCR), 복합기(팩스+프린터+복사기), 복합형 캠코더(캠코더+디지털카메라+MP3) 카메라폰, MP3폰, 캠코더폰, TV폰, PMP(개인용 멀티미디어 플레이어: MP3+AV기기) 등이 그 사례들이다. 돌이켜 보면 이런 종류의 기기 혹은 기술의 융합은 소비자에게는 엄청난 충격으로 다가왔다. 휴대폰에 카메라가 처음을 부착되었을 때 소비자는 전화기로 사진을 찍을 수 있다는 사실을 하나의 충격으로 받아들였다.

디지털경제 2.0의 시대로 접어들면서 이런 융합은 온라인과 오프라인의 융합, 그리고 기업 혹은 산업의 융합이라는 형태를 띠기 시작한다. 온라인과 오프라인 융합의 대표적인 사례는 홈플러스가 서울의 지하철에 온라인과 오프라인을 융합한 매장을 선보인 것이다. 〈표 1-1〉은 스마트폰을 이용해서 온라인과 오프라인이 어떤 방식으로 융합될 수 있는지를 보여준다.

이와 함께, 기술의 발전이 고도화되면서 기업간 혹은 산업간 융합이라는 새로운 현상이 나타나기 시작한다. 금융과의 융합에 따른 U-금융(인터넷 및 모바일 금융), 방송과의 융합에 따른 쌍방향 AV 서비스, 자동차와의 융합에 따른 E-Car, 건설과의 융합을 통한 U-Building 등이 그 대표적 사례이다.

디지털경제 3.0의 시대에는 이런 융합 현상이 더 심화되게 된다. 이런 융합현상이 심화될 때 어떤 일이 발생하는 가를 경제적 측면과 사회적 측면으로 나누어 설명하기로 한다. 우선 경제적 측면에서는 다음과 같은 일이 발생하게 된다.

첫째, 기업과 산업 간의 융합이 일어나는 것을 넘어서 기업과 기업과의 경계 혹은 산업과 산업과의 경계가 사라지는 일이 발생하게 된다. 제2부에서 논의된 자율주행차가 보편화될 경우 이 자율주행차를 만드는 회사는 더 이상 자동차회사로 분류되기 어렵다. 나아가, 또 이런 회사는 자동차 산업의 일원으로도 분류되기 어렵다. 과거와 같은 자동차 산업의 패러다임으로는 이 자율주행차를 정의할 수 없기 때문이다. 지금까지 개발된 모든 기술이 이 자율주행차에 포함되어, 자동차산업, IT산업, 소재산업 등 모든 첨단기술이 이 자율주행차에 집약되기 때문이다.

둘째, 역설적으로 IT는 더 이상 중요하지 않게 된다. 이것은 현재의 문명사회에서 전기가 가지는 역할을 살피면 왜 IT가 더 이상 중요하지 않게 되는 가를 이해할 수 있다. 현재의 문명사회는 전기가 없으면 그 기능을 멈춘다. 그 정도로 중요하다. 하지만, 어느 누구도 전기의 중요성을 힘주어 강조하지 않는다. 비슷한 이유로 디지털경제 3.0이 보편화되는 사회에서는 IT는 더 이상 중요하지 않게 된다. IT는 현재의 전기와 같은 위치를 차지하게 되어, 언제 어디서나 원하기만 하면 IT에 접속할 수 있기 때문이다.

셋째, 융합현상이 광범위하게 진행될 경우 새로운 경제적 조류 혹은 트렌드가 탄생하게 된다. 가장 대표적인 것이 공유경제라는 개념이다. 사실 공유경제라는 그 개념 자체는 전적으로 새로운 것이 아니다. 공유경제란 특정자원이나 제품을 한 개인이나 단체가 소유하지 않고, 누구나 필요할 때 적절한 대가를 지불하고 그 자원이나 제품을 사용하는 것을 의미하기 때문이다. 하지만, IT와 인터넷이 이런 제품과 자원에 대한 공급과 수요의 미스매치를 적절히, 실시간으로 해결할 수 있었기 때문에 공유경제는 디지털경제 3.0 시대의 새로운 현상으로 각광을 받게 된다. 앞서 제1부에서 본 바와 같이 미래학자 제러미 리프킨은 기술의 발전으로 한계생산비 제로의 시대에 진입하게 되고, 그 결과 공유경제가 급속히 확산될 것이라 주장한다.

융합이 가속화될 때 더 큰 변화가 발생하는 것은 이런 경제적 측면이 아니라 다음과 같은 사회적 측면일 수 있다.

첫째, 가장 중요한 변화로서 온라인과 오프라인의 결합이라는 융합 현상이 현실세계와 가상세계의 결합이라는 형태로 다가오게 된다. 이런 융합현상의 최종 단계는 제임스 카메룬 감독이 만든 아바타라는 영화의 마지막 장면으로 설명할 수 있다. 주인공은 마비된 양쪽 다리를 가지고 있는 현실의 육체를 버리고, 나비족과 교류할 수 있는 아바타로 살기를 선택하게 된다. 현실의 세계를 보완하기 위해 만든 가상현실이 이 주인공에게는 자신이 살아가는 실제의 세계로 등장하게 된다. 이런 현상이 보편화될 때 사회적으로 '도대체 무엇이 현실인가'라는 질문이 등장할 수 있다. 다시 말해, 디지털경제 3.0의 융합현상이 가져오는 변화는 우리가 살고 있는, 우리가 현실이라고 믿고 있는 사실(fact)에 대한 근원적인 통찰로 이어질 수 있다. 장자가 말한 호접몽(胡蝶夢)이 구체적 의미를 띠기 시작하는 것이다.

둘째, 이런 디지털경제 3.0의 시대에는 교육과 대학에 대한 근본적인 성찰이 요구된다. 현재와 같은 교육방식 혹은 교육시스템은 다가오는 디지털경제 3.0의 시대에는 전혀 의미를 가지지 못할 수 있다. 가장 많은 변화가 요구되는 분야는 대학의 학부제도이다. 지금처럼 학과와 학과, 단과대학과 단과대학이 저마다의 영역을 주장하는 시스템은 융합의 시대에는 전혀 비효율적이다. 그러니 서로 자기 영역을 주장하는 관행을 없애고, 말 그대로의 융합교육을 실시하는 것이 바람직하게 된다. 전문적인 교육은 대학원에서 시행하는 것이 마땅하고, 학부 교육은 융합의 관점에서 학생들에게 종합적인 사고를 하도록 시행되는 것이 바람직하게 된다(제4부에서 자세히 설명될 것이다).

셋째, 이런 사회에서는 직업과 직장에 대한 개념도 바뀌게 된다. 우리는 제 1 부에서 산업사회와 디지털사회를 비교하면서 이런 개념의 변화를 이미 언급한 바 있다. 즉, 고정된 근무시간을 가지는 직장이 자유시간 근로제, 재택근로자, 파트파임 근로자의 형태로 변할 것임을 시사하였다. 하지만 이런 근로 시간에 대한 변화보다는, 일과 직업 자체에 대해 더 근원적인 변화가 있게 된다. 즉, 직장이 아니라 직업이 중요하게 되고, 심지어는 그 직업 자체도 고정된 것이 아니라 나이의 변화에 따라 기술의 변화에 따라 또 변하게 된다는 것이다.

넷째, 이런 사회에서는 당연히 개인, 사회, 국가의 경쟁력 구조에도 변화가 일어나게 된다. 제4부에서 자세히 설명되겠지만, 이 시기에서 개인, 사회, 국가의 가장 중요한 경쟁력 원천은 감성과 개별성이 될 수도 있다. 이 책에서는 이런 특징을 '매혹'이라는 단어로 정리하였다.

꽃보다 할배. 70이 넘은 할배들은 여행 중 밤마다 수많은 알약을 먹는다. 정말 한 웅큼이다. 하지만, 이제 이런 수고를 하지 않아도 된다. 영국 노팅햄대학(Notthingham University)은 수많은 알약을 하나의 캡슐에 담아 '인쇄(print)'하고 있다. 그리고 그 인쇄된 알약들은 각기 정해진 시간에 정해진 양만큼 흡수되어 약으로 기능하게 된다. 재미있는 것은 이런 개인화된 의료(personalized medicines)를 가능하게 하는 것이 3D 프린터라는 것이다. 그래서 약을 만드는 것이 아니라 인쇄한다고 말한다. 의료분야에 이용되는 3D 프린터의 최종 목표는 이식 가능한 신체 기관이나 조직을 개인의 특성에 맞게 '인쇄'하는 것이다. 귀나 팔 같은 외부기관뿐 아니라 간이나 위장 같은 내부기관까지 '인쇄'하려 한다. 그 뿐 아니다. 새로 개발된 약의 임상실험으로 3D 프린터로 인쇄한 인간의 장기를 이용하게 된다면 신약 개발의 비용은 대폭 줄어들게 된다. 이런 현상이 말하는 것은 무엇일까? 그렇다. IT, 의료, 바이오의 결합, 아니 융합이다.

이런 융합 현상이 단지 의료분야에서만 두드러질까? 아니다. 사실상 모든 산업에서 일어나고 있다. 이제 다 안다. 스마트폰을 만들던 애플은 한 때 2020년 이후 전기자동차를 시장에 내어 놓을 계획을 발표한 바 있다. 비록 2020년 현재 이런 계획이 가시화된 것은 아니지만, 미국의 블룸버그 통신은 이런 애플의 계획에 대해 다섯 가지 이유로(풍부한 자금력, 모바일 디바이스의 설계, 풍부한 전문인력, 전 세계적 판매망, 생산의 글로벌화) 실현가능성이 있다고 평가한 바 있다. 2014년 바이오(Vaio) 브랜드마저 포기하고 하드웨어 부문의 사업을 철수한 소니마저, 자율주행차 시장에 진출할 계획을 검토한 바 있다. 구글은 이미 2010년부터 무인자동차를 개발해 왔다. 자동차산업의 애플로 주목받고 있던 테슬라는 잔뜩 긴장하고 있다. 전혀, 경쟁의 상대로 부상하지 않을 것 같던 애플, 소니, 구글이 경쟁상대로 떠오를 수 있기 때문이다. 누가 아는가? 전혀 엉뚱한 기업이 이 시장에 진출할 수도 있다. 청소기를 만들던 다이슨도 한 때 이 시장에 진입할 가능성을 검토한 바도 있다.

세계 굴지의 검색엔진이고, 조만간 자율주행차를 만들 구글이 자동차 보험을 판매한다고 한다. 미래의 일이 아니다. 2015년 1월 10일 구글은 미국 26개 주에서 자동차 보험을 판매할 수 있는 면허증을 발급받았다. 그러니 구글은 보험회사다. 맞는가, 틀렸는가? 심지어 최근 방한한 요우커들은 알리바바가 만든 알리페이(alipay)를 통해 한국을 누비고 다닌다. 면세점과 편의점에서의 결제는 기본이고, 지하철과 마을버스까지 이용 가능하다. 이런 알리페이의 한국 경쟁자는 누구인가? 알리페이를 만든 알리바바는 금융기관인가 전자상거래업체인가? 모든 산업은 이제 서로 경쟁 상대이고, 모든 기업은 잠재적인 경쟁자다.

이런 산업의 융합이 더 진행되게 되면 산업의 모든 영역이 가상공간과 결합되게 된다. 가장 대표적인 것이 미국에서 진행 중인 CSP(Cyber-Physical System)이다. 이 프로젝트는 물리적 시스템인 기존 공정과 IT의 가상적 시스템을 하나로 융합한다. 여기에는 기업뿐 아니라, 운송, 전략망, 의료 및 헬스케어, 국방 등 거의 모든 산업 분야가 포함된다. 그러니 이 시스템이 완성되면 거기에는 그저 효율적인 하나의 산업만 자리하게 될 뿐이다. 이보다 조금 규모가 작은 것이 제조업의 혁명을

---

3 부산일보에 게재된 저자의 칼럼(2015년 3월 2일)을 현재에 맞게 수정 보완.

목표로 한, 이미 우리가 제2부에서 살펴본, 스마트 공장(smart factory) 이다. 독일이 만든 이 계획에는 사물인터넷, 위치정보, 보안, 클라우딩 컴퓨터, 빅데이터, 3D 프린팅, 심지어 증강현실까지 거의 모든 IT기술이 포함되어 있다. 어떤가? 이 정도 되면 산업의 경계를 구분하는 것은 정말 아무런 의미가 없다는 것이 뼈저리게 다가오지 않는가? 우리에게 남은 과제는 이 산업의 융합이 가져올 결과를 내다보고 그것에 대처할 방안을 세우는 것이다.

🤖 제4차 산업혁명의 분석 12 소니, 자동차를 만들다

앞서 '제4차 산업혁명의 분석 11'에서 소니가 자율주행차 시장에 진입할 가능성을 언급하였다. CES 2020에서 이런 가능성은 현실로 나타났다. 아직 양산 단계에 접어든 것은 아니지만 "비전 에스"라는 자율주행차 콘셉트카를 만들었다. 당연한 이야기지만 이 자율주행차는 전기자동차다. 주지하는 바와 같이 소니가 어떤 회사인가? 그 소니가, 애초의 사업영역과 전혀 관계없는 자동차를 만든 것이다. 사업과 산업의 경계는 이로서 또 하나 무너진 셈이다.

아래 그림은 이런 비전 에스의 모습을 나타낸 것이다.

소니의 비전 에스

주: CES 2020에서 소니가 출시한 비전 에스 자동차.
자료: 저자 촬영.

제 2 장

경제는 어떻게 변하는가? 1:
직업과 고용의 변화

인간 노동의 위상 변화

제4차 산업혁명의 시기에 가장 두드러진 변화는 인간의 노동에 대한 인식이다. 〈표 2–1〉은 시대에 따른 경제학적 생산함수의 변화를 정리한 것이다. 주지하는 바와 같이 Y라는 생산물을 만들기 위해서는 K라는 자본과 L이라는 노동력, 그리고 자본과 노동을 아우르는 F라는 기술적 전제가 필요하다. 이게 전통적인 생산함수다. 하지만 디지털 경제시대에는 이런 생산함수에 하나의 생산요소가 첨가된다. I라고 하는 정보 혹은 지식이다. 디지털경제 시대에는 정보재라는 새로운 재화도 부각될 정도로 정보와 지식의 중요성은 커진다. 피터 드러커는 이런 사회적 추세를 반영하여 1959년 지식노동자(knowledge laborer)이라는 개념을 만들어내기도 했다.

디지털경제 3.0이 더 진전되고 제4차 산업혁명이 가속화되면 이런 생산함수에는 어떤 일이 발생할까? 그렇다. 〈표 2–1〉에서 보는 바와 같이 L이라는 노동이 생산요소로서 포함되지 않게 된다. 이것은 분명 지나친 단순화이다. 아무리 자본과 정보가 중요한 생산요소라고 해도 인간의 개입이 전혀 불필요하지는 않기 때문이다. 하지만, 인간의 노동이 과거와는 달리 더 이상 중요한 생산요소로서 기능하지 않게 된다. 무엇 때문일까? 짐작하는 바와 같이 인공지능과 로봇의 발달 때문이다.[1]

---

[1] 인공지능과 로봇의 도입이 노동에 미친 영향을 연구한 저작의 하나로는 Baldwin(2019)을 들 수 있다. 그는 글로벌라이제이션과 로보틱스를 결합한 '글로보틱스'라는 용어를 사용하여 로봇과 인공지능의 효과를 상징적으로 제시하고 있다. 그는 가상회의와 실시간 자동언어 번역을 통해 기업들

- 기존의 생산함수(1990년대까지)
  $$Y=F(K, L)$$
- 디지털경제시대의 생산함수(현재)
  $$Y=F(K, L, I)$$
- 포스트 디지털경제시대의 생산함수(15~20년 후)
  $$Y=F(K, I)$$

제 2 절　직업의 변화

인공지능과 로봇의 변화에 따라 직업에는 어떤 변화가 일어날까? 그것은 개략적으로 다음과 같이 정리할 수 있다.

첫째, 로봇이 인간의 단순노동을 대신하여 단순히 물리적인 힘을 필요로 하는 직업 분야는 더 이상 인간에게 유용하지 않다. 제2부 로봇을 설명하는 부분에서 제조업 1만명당 로봇 보급 대수는 2016년에는 한국이 세계에서 가장 높았고, 2018년에는 싱가포르에 이어 두 번째로 높았음을 이미 설명하였다. 이미 제조업 분야의 생산현장, 특히 중후장대(重厚長大)형 생산 현장에서 인간이 설 자리는 줄어들고 있고, 앞으로는 더욱 더 줄어들 것이다. 이 분야에서 남아있는 직업은 이들 로봇을 종합적으로 관리, 감독하는 분야이다. 이런 직업은 육체적 힘이 아니라 고도의 첨단지식을 필요로 한다.

둘째, ANI가 발전하고, AGI도 어느 정도의 기술 수준에 이르게 되면 인간의 직업은 더욱 더 위협받게 될 것이다. 자율주행차가 보급되면 각종 차량의 운전사는 더 이상 자신의 직업을 유지할 수 없게 될 것이다. 가장 위협을 받는 운전자는 택시, 버스, 화물트럭 운전자가 될 것이다. 이와 관련 엘론 머스크는 "앞으로 20년, 전 세계 노동력의 12~15%가 실업상태에 빠지게 될 것"이라고 말하며 일자리에 관한 한 현재는 매우 위험한 상황이라고 주장하고 있다.

그러면 의사, 법률가, 공인회계사와 같은 전문직은 안전한 것일까? IBM의 WATSON이라는 인공지능 기반 의사는 실시간으로 전세계의 의료정보, 의료논문, 임상경험을 업데이트할 수 있고, 더 많은 데이터를 기반으로 환자의 사진을

─────────────────

이 보다 저렴한 가격으로 필요로 하는 노동력을 전 세계에서 찾을 수 있을 것이라고 말한다. 그 결과 노동과 직업에 대해서는 급격한 변화가 일어날 것이며, 그것은 결국 사회를 변화시킬 것이라고 한다. 자세한 것은 그의 책을 참조하기 바란다.

판단하고 그 결과 인간 의사보다 월등하게 진단하고 처방을 할 수 있게 된다. 나아가 수술을 할 수 있는 인공로봇까지 결합된다면 의사와 같은 전문직도 결코 안전하지 않다. 물론 이런 경우에도 환자와의 감성적 교류와 소통은 주로 인간 의사가 맡을 수밖에 없고, 환자를 간호하는 영역에서도 간호사의 역할이 줄어드는 것은 아니다. 하지만 지금과 같은 형태로 의사라는 직업이 존중받을 가능성은 줄어들게 된다.

법률가는 어떤가? 법률가의 기본적 책무는 방대한 법 조문과 그 조문에 근거한 판례를 기반으로 특정 사건에 대한 전문적 조언을 하는 것이다. 시시각각 변하는 방대한 법 조문과, 국내외의 판례를 실시간으로 수집하고 분석할 수 있는 것은 인공지능이 인간보다 뛰어나다. 이 경우 역시 법률가의 역할이 완전히 줄어드는 것은 아니다. 하지만, 현재와 같은 보수, 사회적 지위, 권위를 유지하기는 어려울 것이다. 공인회계사도 마찬가지다. 기업이나 기업 그룹의 방대한 연결 자료를 관련 회계규정에 의해 판단하는 것은 고도의 정확성을 요구한다. 이 역시 인간보다 인공지능이 더 잘할 수 있는 분야이다.

이런 직업의 변화를 두 그림을 통해 다시 설명하기로 한다. 각각 WEF(World Economic Forum)에서 2016년과 2018년에 발표한 것이다.

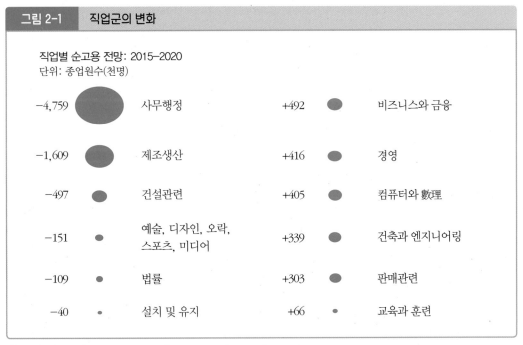

그림 2-1　직업군의 변화

직업별 순고용 전망: 2015–2020
단위: 종업원수(천명)

−4,759		사무행정	+492	비즈니스와 금융
−1,609		제조생산	+416	경영
−497		건설관련	+405	컴퓨터와 數理
−151		예술, 디자인, 오락, 스포츠, 미디어	+339	건축과 엔지니어링
−109		법률	+303	판매관련
−40		설치 및 유지	+66	교육과 훈련

자료: WEF(2016), "The Future of Jobs," pp. 1–157, 〈Figure. 6〉

[그림 2-1]은 2016년 WEF(World Economic Forum)이 발표한 직업군의 변화를 나타낸 것이다. 4년 전의 예측이라 지금과는 그 정확성에서 다소 차이가 날 수 있지만 그 변화의 방향은 동일하다고 판단된다. 이 그림에서 보는 바와 같이 가장 많이 영향을 받는 직업군은 일반 사무직과 행정적(Office and Administrative)이다. 인공지능, 특히 ANI가 발달할수록 단순한 사무직과 행정직에 종사하는 사람들의 수는 줄어들 수밖에 없다. 그 다음 제조업(Manufacturing and Production)이다. 위에서 언급한 바와 같이 인공지능과 로봇이 널리 보급될수록 이 부문의 일자리는 줄어들 수밖에 없다. 그 다음 건설(Construction and extraction), 예술, 법률 등의 순서로 일자리가 줄어든다. 반면 늘어나는 일자리도 없지 않다. 비즈니스나 금융부문(Business and Financial Operation), 경영(Management), 컴퓨터(Computer) 등의 분야이다. 이들 직업군은 제4차 산업혁명이 진행될수록 그 변화의 방향이 바뀔 수도 있다. 그러나 한 가지 분명한 것은 새로운 직업과 일자리가 생겨나지 않는 것은 아니지만, 그 생겨난 일자리보다는 사라지는 일자리가 더 많을 것이라는 점이다.

[그림 2-2]는 향후 기업들이 어떤 기술들을 더 많이 채택하고 활용하려고 하는지를 그 우선 순위를 정리한 것이다. 기업들이 이런 기술들을 더 많이 채택할 경우 이런 기술들을 활용할 수 있는 지식을 가진 전문직업은 성장할 가능성이 있는 반면 그렇지 않은 직업은 쇠퇴할 가능성이 있다. [그림 2-2]에서 보는 바와 같이 2022년까지 85%의 기업들이 빅데이터를 활용할 계획을 가지고 있다. 그 다음, 사물인터넷과 앱을 기반으로 한 마케팅 기술을 도입하려고 한다.

그 다음 순위로는 머신러닝과 클라우드 컴퓨팅을 언급하고 있다. 지금까지 언급한 기술들은 기업들의 70% 이상이 활용하거나 채택하려고 한다. 그 다음으로 중요하게 여겨지는 기술은 디지털무역, 가상현실, 암호화폐 등이다. 착용하는 전자기기, 블록체인, 3D 프린팅이 그 뒤를 잇고 있다. 그림에서 보는 바와 같이 기업들이 채택하거나 활용하려고 하는 기술들은 제2부에서 이미 언급한 것들이다. 한 가지 주의해야 할 것은 이 그림에서 보는 바와 같이 로봇의 비중이 상대적으로 낮게 나와 있다. 이것은 로봇이 중요하지 않다는 말이 아니라, 이 그림의 기반 연도인 2022년까지 기업의 비즈니스 최전선에 로봇을 활용할 정도로 아직 관련 기술이 충분히 발전하지 않을 수 있음을 시사한다. 하지만 그런 상대적 열위의 상태에서도, 휴머노이드 로봇의 채택비율이 23%를 나타내고 있는 것은 향후 관련 로봇의 활용 가능성이 매우 크다는 것을 나타낸다.

셋째, 그러면 어떤 직업이 앞으로의 변화에도 불구하고 살아남을 수 있을까? 여기서 제시되는 것은 필자의 개인적인 견해이다. 하지만 제4차 산업혁명의 변화

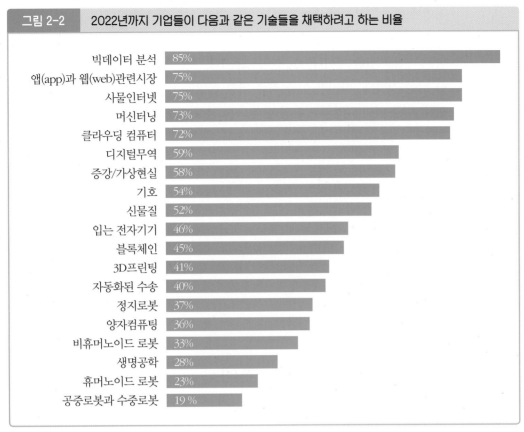

그림 2-2 　2022년까지 기업들이 다음과 같은 기술들을 채택하려고 하는 비율

빅데이터 분석	85%
앱(app)과 웹(web)관련시장	75%
사물인터넷	75%
머신러닝	73%
클라우딩 컴퓨터	72%
디지털무역	59%
증강/가상현실	58%
기호	54%
신물질	52%
입는 전자기기	46%
블록체인	45%
3D프린팅	41%
자동화된 수송	40%
정지로봇	37%
양자컴퓨팅	36%
비휴머노이드 로봇	33%
생명공학	28%
휴머노이드 로봇	23%
공중로봇과 수중로봇	19 %

자료: World Economic Forum(2018).

를 볼 때 상당한 타당성을 가진다고 생각된다.

우선 통찰력, 판단력, 공감을 전제로 하는 직업은 여전히 각광을 받을 것이다. AGI가 발달되어 인간을 완전히 뛰어넘는다 하더라도 인간의 마음을 휘어잡고, 감동의 소용돌이를 만들어내는 통찰력과 판단력 그리고 공감능력은 인간이 인공지능에 비해 좀 더 우위를 가지는 부분이다. 여기에 해당되는 직업으로는 정신과 의사, 상담가 등을 들 수 있다.

가치와 비전을 제시하는 직업 역시 인공지능이 감히 넘볼 수 없는 부분이다. 대표적으로는 종교인이 이 범주에 포함될 수 있다. 그 다음, 융합을 바탕으로 한 창조적인 직업, 가장 대표적으로는 예술가들 역시 이런 범주에 포함될 수 있다.

물론 한 가지 전제가 있다. 이들 직업들이 어느 한 순간, 일시에 사라지고, 일시에 각광을 받는 그런 일은 없을 것이다. 단지, 직업들의 변화 속도는 과거보다 더 빠를 것이고, 그 속도에 대처하지 못하면 지금의 젊은이들은 미래에 자신의 직업에 대해 근본적인 후회를 하는 일도 발생할 수 있을 것이다.

또, 위에서도 잠시 언급했지만 사라지는 직업이 있다면 그에 못지않게 각광을 받는 직업도 있을 것이다. IT, 인공지능, BT, 보안 분야 등의 직업은 여전히 각광을 받을 것이다. 하지만 이들 직종 역시 끊임없는 재교육과 훈련이 수반되어야 한다. 이들 분야 직업과 기술의 변화 속도 역시 매우 빠르기 때문이다.

제 3 장

경제는 어떻게 변하는가? 2:
공유경제

제 1 절 공유경제의 개념과 의의

1. 공유경제의 개념

공유경제에 대한 구체적이고 명확한 정의는 없다. 다만 한 소비자가 사용하지 않는 자신의 자산을 적절한 대가를 받고 다른 소비자가 사용하도록 허락하는 형태의 경제라는 통상적 개념으로 이해할 뿐이다.

이런 점에서 공유경제는 다음과 같이 정의할 수도 있다[1]: "특정 서비스의 수요자'와 '그 특정 서비스를 창출하는 유휴자산'을 보유한 '공급자'간의 '시장거래'를 'ICT 플랫폼'이 중개하는 경제." 이런 정의에는 다음과 같은 요소가 포함된다. 첫째, 특정 서비스에 대한 수요와 공급이 있어야 한다. 둘째, 그 특정 서비스를 제공할 수 있는 유휴자산의 공급이 있어야 한다. 셋째, 시장기능을 통해 그 특정 서비스의 수요와 공급을 조절하도록 한다. 넷째, 그 수요와 공급이 ICT를 이용한 플랫폼을 통해 이루어져야 한다.

[그림 3-1]은 이런 정의를 간략히 그림으로 표시한 것이다. 여기에서 보는 바와 같이 가장 중요한 것은 특정 서비스에 대한 수요와 공급, 그 수요와 공급을 연결하는 시장의 기능이다. 이런 방식으로 공유경제를 이해하면 사회주의적 무상공유, 공정무역운동, 전통적 중개업 등과 구별할 수 있다. 사회주의적 무상공유, 공정무역 등은 일종의 비영리거래이므로 공유경제에 포함되지 않는다. 둘째,

---

1 여기서의 공유경제의 개념은 김민정 외(2016), 제1장을 참고함.

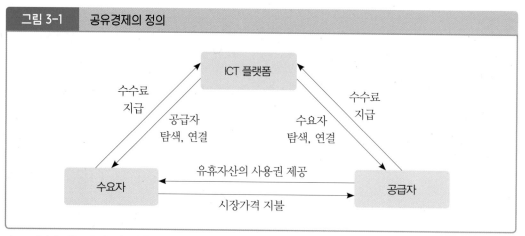

| 그림 3-1 | 공유경제의 정의 |

자료: 김민정 외(2016), [그림 1-1]을 인용.

ICT 기술을 이용해서 수요자와 공급자를 실시간으로 연결하기 때문에 전통적 중개업 역시 공유경제의 법위에 포함되지 않는다. 셋째, 중개거래가 아니면 공유경제가 아니다. 예컨대 다수의 차량을 보유한 뒤 차량을 렌털하는 업체는 위의 정의에 따르면 공유경제가 아니다. 넷째, 그 거래 대상이 서비스여야 한다. 예컨대, 에어비앤비처럼 스스로 방이나 호텔을 소유하지 않고 숙박 서비스를 제공한다면 공유경제에 포함되지만, 같은 숙박 서비스를 제공하더라도 주택이나 오피스텔을 매입하여 관련 숙박 서비스를 제공한다면 공유경제에 포함되지 않는다.

2. 공유경제의 의의

이런 공유경제가 제4차 산업혁명의 시기에 왜 중요해질까? 그 이유는 다음과 같이 정리할 수 있다.

첫째, 중개의 대상인 서비스가 정보 통신을 이용한 플랫폼을 이용하여 거의 실시간으로 거래될 수 있다는 것. 바로 이것이 공유경제가 제4차 산업혁명의 시기에 중요하게 인식되는 가장 큰 이유이다. 즉, 사물인터넷과 같은 형태의 고도로 연결된 사회가 아니고서는 이런 공유경제가 생겨날 수 없다는 것이다.

둘째, 공유경제는 현재의 경제적 거래행위에 대한 단순한 보완재 역할을 하는 것이 아니라 대체재 역할을 할 수도 있다. 공유경제의 경제적 효과와 전망이 아직 구체적으로 드러나지 않은 상태에서 공유경제에 대한 장밋빛 전망을 제시하는 것은 합리적이지 않다. 하지만 제4차 산업혁명이 성숙되면 공유경제는 단순히 현재의 경제적 거래에 대한 보완 기능을 넘어서서, 새로운 형태의 경제적 거래행위로 자리잡게 될 수도 있다. 제1부에서 살핀 제러미 리프킨 역시 이런 전망을 하고 있다.

이에 대한 간단한 예를 들어보자. 우리는 제2부의 자율주행차에 대한 분석을 하면서 현재의 자동차 제조업체들이 운송서비스 공급자(transportation-service provider)로 전환될 가능성을 언급하였다. 현재 자동차 제조업체들은 이런 전환 가능성에 대비하기 위하여 차량 공유업체에 대한 투자를 늘리거나, 직접 이 분야에 뛰어들고 있다. 만약 자동차 제조업체들이 이런 방향으로 바뀐다면 공유경제라는 새로운 트렌드가 미래 산업 혹은 경제의 새로운 주류가 될 수도 있다.

셋째, 공유경제가 확산되면 새로운 사업이나 비즈니스를 설계함에 있어 초기에 많은 자본이나 인력을 필요로 하지 않게 된다. 필요한 것은 소비자들이 필요로 하는 서비스에 대한 아이디어와 그 아이디어를 구체화할 정보 통신 플랫폼이다. 즉, 과거 창업을 위해서는 시장을 설득할 수 있는 최소한의 기술적 기반과 그것을 상업화할 수 있는 구체적 플랜을 필요로 했다면, 공유경제 하에서는 소비자의 긍정적 반응을 유도할 수 있는 창의적 아이디어가 더 중요해진다. 공유경제는 제4차 산업혁명의 시기에 창조적 혁신을 유도할 수 있는 긍정적 인센티브로서 작용한다.

제 2 절　공유경제의 발전과 경제적 효과

1. 공유경제의 발전

1) 개　요

현재 공유경제는 다양한 분야에서 시행되고 있다. 〈표 3-1〉은 그 대표적 사례들을 모은 것이다. 이 표에서 보는 바와 같이 빈 집, 유휴차량, 여유자금, 유휴 공간, 여유 시간들에 대해 수요자와 공급자를 연결하는 공유경제가 발전하고 있다. 아마 시장에서 가장 높은 인지도를 가지고 있는 것은 빈 집을 공유하는 에어비앤비와 유휴차량을 공유하는 우버일 것이다.

공유경제의 전체 규모를 추정하는 것은 쉬운 일이 아니고 아직 공식적인 집계

분야	유휴자산	수요자	공급자	해외 대표 플랫폼
숙박	빈집, 남는 방	게스트	호스트	에어비앤비(Airbnb), 원파인스테이(Onefinestay)
차량	유휴차량, 여유시간	승객	차량 소유주	우버(Uber), 튜로(Turo), 겟어라운드(GetAround)
금융	여유자금	자금수요자	투자자	렌딩클럽(Lending Club), 조파(Zopa), 킥스타터(Kickstarter)
공간	유휴공간, 유휴매장	공간 사용자	공간 보유자	리퀴드스페이스(LiquidSpace), 피어스페이스(Peerspace)
재능	여유시간, 노동력, 지적 자산	재능 수요자	재능 보유자	태스크래빗(TaskRabbit), 업워크(Upwork)

자료: 김민정 외(2016), p. 25에서 인용.

그림 3-2　대표적 공유경제 사례인 에어비앤비

자료: 네이버에서 상업적 이용가능 이미지 검색, https://blog.naver.com/statz/220744899997

도 이루어지지 않고 있다. 조금 오래된 자료이긴 하지만 PWC(2014)는 전 세계 공유경제 기업들의 수익이 2013년에 150억 달러였지만, 2025년까지 3,350억 달러로 증가할 것이라고 예측하고 있다. [그림 3-3]에서 보는 바와 같이 2025년 경이면 공유경제의 규모는 전통적 대여경제의 규모와 비슷해지지만, 2013년에서 2025년까지 전통적 대여경제가 증가하는 속도보다 20배 정도 빠르게 증가하고 있다.

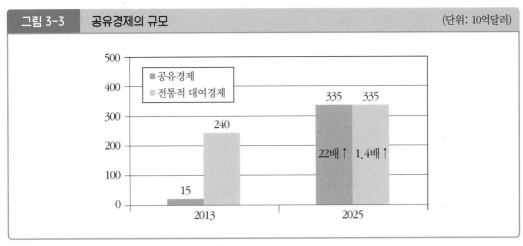

| 그림 3-3 | 공유경제의 규모 | (단위: 10억달러) |

자료: PWC(2014)의 자료를 김민정(2017)에서 재인용.

2) 차량공유 서비스의 사례: 한국은 어디쯤 가고 있나?

공유경제의 대표적인 사례는 앞서 말한 바와 같이 숙박공유업체인 에어비앤비와 차량공유업체인 우버이다. 차량공유 서비스의 현황을 간략히 살피고 한국은 어디쯤 와 있는지 검토할 것이다.

〈표 3-2〉는 대표적인 해외 차량공유 서비스 업체의 현황을 정리한 것이다. 아래 표에서 보는 바와 같이 가장 먼저 설립된 공유업체는 우버이다. 2009년 3월에 설립된 이래 100억에 가까운 누적운행수를 기록하고 있으며, 그 기업가치도 1,200억 달러로서 다른 해외 차량공유 서비스와 비교해서도 압도적이다(2018년 11월 기준). 투자 역시 가장 많은 268억 달러를 유치했으며 가장 많은 국가, 가장 많은 도시에 진출하고 있다.

다음으로 흥미를 끄는 것은 중국 베이징에서 설립된 디디추싱이다. 2012년에 설립되었음에도 불구하고, 중국에서 널리 사용된다는 이유로 가장 많은 사용자를 확보하고 있다. 이에 따라 기업가치와 투자규모도 우버에 이어 2위를 달리고 있다. 가장 흥미로운 기업은 그랩이다. 그랩은 2012년 6월 말레이시아에서 출시하여 동남아 최대의 도시를 대상으로 서비스를 제공하고 있다. 그랩은 택시뿐 아니라, 오토바이, 리무진 등을 포괄하고 있는데 그 성장성을 반영하여 2014년 본사를 싱가포르로 옮겼다. 그랩은 그 성장 가능성을 인정받아 2019년 초 손정의의 비전 펀드로부터 14억 6,000만 달러를 투자받기도 했다.

이처럼 미국과 중국뿐 아니라 동남 아시아에서도 해외 차량공유 서비스는 번창하고 있다. 이런 차량공유 서비스는 그 자체로서도 효과적인 비즈니스 모델이

구분	우버	디디추싱	리프트	그랩	고젝(Go Jek)
본사(설립일)	미국 샌프란시스코 (2009년 3월)	중국 베이징 (2012년 6월)	미국 샌프란시스코 (2012년 6월)	싱가포르 (2012년 6월)	인도네시아 자카르타(2010)
사용자(명)	7,500만	5억 5,000만	2,300만	3,600만	2,000만
누적운행수(회)	100억		1억	20억	
진출현황	63개국 600개 도시	중국, 대만, 멕시코, 호주, 일본	미국, 캐나다	동남아 7개국	동남아 5개국
기업가치(달러)	1,200억	520억	151억	110억	50억
투자규모(달러)	268억	210억	67억	66억	21억
서비스 종류	우버이츠, 우버포비즈니스, 우버프레잇 등	디디택시, 디디익스프레스, 디디프리미어	리프트, 리프트라인, 리프트럭스 등	그랩 택시, 그랩카, 그랩셰어	고카, 고라이드, 고센드

주: 2018년 11월 기준.
자료: 하이투자증권 리서치센터의 자료를 중앙일보 2019년 5월 21일의 기사에서 인용.

지만, 향후 더 큰 사업 혹은 산업으로 연결될 가능성을 가지고 있다. 그것은 이 차량공유 서비스를 통해 축적된 데이터를 이용해, 자율주행차와 같은 운송서비스로 진출할 전략과 방향을 결정할 수 있기 때문이다. 미국에서 시작된 리프트는 2019년 7월 구글에서 분사한 웨이모와 손잡고 '자율주행 공유 서비스'를 시작한다고 발표했다. 주목해야 한다. 단순한 자율주행 서비스가 아니고, 일반적인 공유 서비스가 아닌 양자를 결합한 서비스를 출시한 것이다. 리프트가 축적한 승객의 데이터가 없이는 불가능한 사업이다.

차량 공유 서비스에 관한 한 한국은 갈라파고스라는 우려가 나오기도 한다. 그만큼 관련 서비스를 시작하기 어렵다는 말이다. 자율주행과 관련한 서비스는 국내에서도 개발 가능하지만, 여기에 공유 서비스를 더하기 위해서는 해당 분야의 빅데이터가 필요한데 국내에서는 이를 축적할 수가 없다. 현대자동차, SK 텔레콤 등의 기업이 해외의 차량 공유 서비스 업체에 투자하고 있는 것은 역설적으로 이런 빅데이터를 확보하기 위해서다. 한국은 개인정보 보호의 벽과 차량 공유 서비스의 벽에 부딪혀 아직 갈라파고스를 면치 못하고 있다.

2. 공유경제의 효과

공유경제가 경제 전체에 미치는 거시경제적 효과를 연구하는 것은 조금 더 긴

분석 대상		이화령 · 김민정 (2016)	Zervas et al. (2016)	Neeser (2015)
분석 대상	객실 수입	-0.16^{**}	-0.39^{***}	-0.06
	숙박료	-0.13^{***}	-0.19^{***}	-0.12^{**}
	객실 이용률	-0.04	-0.05^{*}	-0.02
분석 지역		한국	미국 텍사스 주	노르웨이, 핀란드, 스웨덴
분석 기간		2010~2014	2008. 1~2014. 8	2004. 1~2015. 5

주: 1) 분석대상별 수치는 분석대상을 종속변수로 하고 에어비엔비 리스팅 수를 설명변수의 하나로 포함시켜서 회귀분석한 결과에서 계산된 값으로, 에어비엔비 리스팅 수가 10% 증가할 경우 각 종속변수가 몇 % 변화하는지를 나타냄.
  2) ***, **, *는 각각 1%, 5%, 10% 수준에서 유의함을 의미.
자료: 김민정(2017), 〈표 4〉를 인용.

시간을 필요로 한다. 충분한 자료의 축적에는 많은 시간이 필요하기 때문이다. 여기서는 에어비앤비라는 숙박공유의 경제적 효과를 간략히 살피기로 한다.

〈표 3-3〉은 그 분석기간이 상당히 오래된 것이다. 그래서 계량적 분석 계수 (coefficient)의 크기보다는 그 방향성에 주목하는 것이 바람직할 것이다. 〈표 3-3〉에서 보는 바와 같이 국내외의 모든 분석에서 에어비앤비와 같은 숙박공유의 도입은 객실수입, 숙박료, 객실 이용률에서 부정적인 영향을 미쳤다. 통계적 유의 수준에서 볼 때 가장 확실한 것은 숙박료에 대한 것이다. 즉, 숙박공유의 도입은 기존의 호텔 산업 숙박료에 부정적인 영향을 미쳤다는 것이다. 하지만, 분석기간을 달리할 경우 이런 분석의 결과가 다르게 나타날 가능성을 전적으로 배제할 수는 없다. 하지만, 숙박공유가 확산될수록 기존 호텔산업에 전반적으로 부정적인 영향을 끼칠 것이라는 사실은 쉽게 예측할 수 있다.

에어비앤비의 추계에 따르면 에어비앤비의 한국 국내경제 파급효과는 2018년 12억 달러(1.4조원)에 달한다고 한다. 한국은 에어비앤비의 경제적 파급효과에서 상위 30개국 중 16위를 차지하고 있다. 게스트 한 명의 하루 소비액은 16만원 정도이며, 한국에 있는 에어비앤비를 이용한 방문객 수는 290만 명에 이른다고 한다.[2]

즉, 한국에서의 에어비앤비의 경제적 효과는, 아직 에어비앤비가 다른 나라에 비해 충분히 활성화되어있지 않다는 점을 감안할 때, 상당히 긍정적이다. 〈표 3-4〉에서 보는 바와 같이 경제적 파급효과가 큰 나라들은 모두 선진국들로서, 한국은 앞으로 좀 더 큰 효과를 기대할 수 있는 여지가 있다.

---

2 https://news.airbnb.com/ko/에어비앤비가-한국에-미친-경제적-파급효과-작년-한/

에어비앤비의 경제적 파급효과(주요국별, 2018년, 억 달러)

순위	국가	파급효과
1	미국	338
2	프랑스	108
3	스페인	69
4	이탈리아	64
5	영국	56
6	호주	44
7	캐나다	43
8	일본	35
9	멕시코	27
10	포르투갈	23
15	네덜란드	13
16	한국	12
24	덴마크	6.54
25	스위스	6.51

주: 호스트 수입과 게스트 소비 추정액을 바탕으로 분석.
자료: 에어비앤비, 뉴스룸을 기본으로 재정리.

제 3 절　공유경제의 발전을 위한 문제점

　　이런 공유경제의 발전에 낙관적인 전망 만이 존재하는 것은 아니다. 다른 모든 경우와 같이 공유경제의 발전과 확산을 위해서도 많은 과제가 존재한다. 그런 과제는 앞서 살펴 본 공유경제의 정의와 밀접한 관련을 가지는 것으로, 그 중요 과제는 세 가지로 나눌 수 있다([그림 3-4] 참조).

　　우선 가장 중요한 과제로 등장하는 것은 정보의 비대칭성이다. 수요자는 제공되는 서비스의 질을 알기 어렵고, 공급자는 자신의 서비스 수요자의 특성을 파악하거나 관찰하기 어렵다. 예컨대, 에어비앤비의 경우 숙박의 수요자는 공급되는 객실 혹은 방이 어느 정도 청결한지, 혹은 주위 환경이 어떤지 구체적인 정보를 파악하기 어렵고, 방을 빌려주는 공급자는 수요자가 부적절한 행동을 하지 않을지 알기 어렵다.

　　둘째, 사후처리의 불확실성이다. 수요자와 공급자가 플랫폼을 통해 특정 서비스 거래에 합의하더라도 여전히 불확실성이 존재한다. 특정 서비스를 제공하는

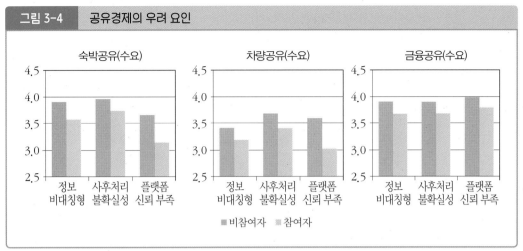

그림 3-4　공유경제의 우려 요인

주: 1) 각 우려요인에 대해서 얼마나 심각하게 생각하는지 1(전혀 그렇지 않다)~5(매우 그렇다) 사이에 선택하도록 한 결과
참여경험 유무에 따른 평균값을 나타냄. 실제 설문 시 각 우려요인은 공유경제 분야와 참여유형별로 구체화하여 질문
함.
2) 분야별로 공유거래와 기존거래 간에 선택의 자율성이 주어지거나 높을 것으로 예상되는 참여유형(숙박공유와 차량
공유는 수요, 금융공유는 공급)에 대해서 결과를 제시함.
3) 수요 측 결과인 경우에는, 각 분야에 수요자로 참여한다고 가정했을 때 수요자로서의 우려요인에 대한 인식을 수요
자로 참여해 보지 않은 경우(비참여자)와 참여해본 경우(참여자)로 나누어 비교함(공급 측에 대해서도 마찬가지).
자료: 김민정(2017), [그림 3]을 인용.

유휴자산에 예기치 못한 문제가 발생할 수 있기 때문이다. 우버의 경우 교통사
고, 에어비앤비의 경우 자산 손괴, 금융 공유의 경우 채무불이행 등이 대표적이
다. 이런 문제들을 처리할 수 있는 법과 제도가 정비되지 않을 경우, 수요자와 공
급자간의 분쟁 해결은 장기간이 소요될 수 있고, 심한 경우 그 공유 서비스의 추
가 공급이 불가능해지는 문제가 발생할 수도 있다.

셋째, 플랫폼에 대한 신뢰 문제이다. 특정 서비스를 주고받는 과정에서 수요자
는 플랫폼에 서비스의 대가를 지불하고, 공급자 역시 플랫폼에서 서비스를 제공
한 대가를 받게 된다. 이런 과정에서 필수적인 것은 플랫폼의 신뢰다. 이 신뢰 문
제는 다시 두 가지로 나눌 수 있다. 하나는 그 플랫폼 자체의 신뢰로서, 그 플랫
폼을 운영하는 인원들의 도덕적 해이와 관련된다. 또 다른 하나는, 플랫폼이 기
반을 둔 온라인 공간이 해킹과 같은 불법적인 침해를 당하는 경우이다.

[그림 3-5]는 이런 세 가지의 문제가 각각의 공유경제에서 어떤 형태로 드러나
는지를 정리한 것이다. 그림에서 보는 바와 같이 금융공유의 경우에는 플랫폼에
대한 신뢰, 차량공유의 경우에는 사후처리의 불확실성, 숙박공유의 경우에도 사
후처리의 불확실성이 가장 큰 문제로 드러났다.

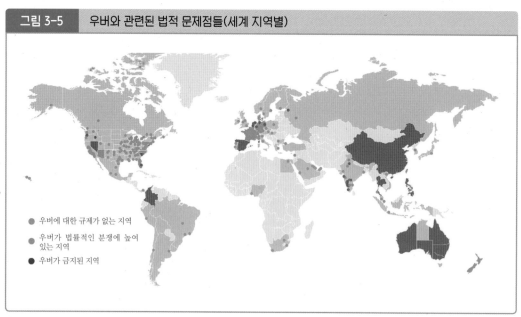

| 그림 3-5 | 우버와 관련된 법적 문제점들(세계 지역별) |

● 우버에 대한 규제가 없는 지역
● 우버가 법률적인 분쟁에 놓여 있는 지역
● 우버가 금지된 지역

자료: google의 재사용이미지에서 검색. wikipedia, http://www.taxi-deutschland.net/images/presse/Infografik_Uber-legal-issues_EN_v12_RGB_2015-02-06_final.jpg

이상과 같은 문제 외에도 각 공유경제의 세계적 기준이 일치하지 않기 때문에 오는 문제도 심각하다. 지금과 같이 전 세계가 실질적으로 연결되어 있는 상태에서 여러 국가들이 다른 기준을 적용하는 경우, 한 국가에서는 합법적인 행위가 다른 나라에서는 불법으로 간주될 수 있고, 그 반대의 경우도 발생한다. 위 그림은 우버의 경우를 예로 든 것이다. [그림 3-5]에서 보는 바와 같이 옅은색으로 표시된 지역은 우버의 운행에 아무런 제약이 없는 반면, 중간색으로 표시된 지역은 우버의 운행에 법적인 문제가 있으며, 짙은색으로 표시된 지역은 우버의 운행이 금지되고 있다.

에어비앤비의 경우도 마찬가지다. 지역에 따라 등록이 필요한 경우, 허가가 필요한 경우, 양자가 다 필요한 경우, 양자 모두가 필요 없는 경우가 있다. 또, 방을 제공할 수 있는 연간 일수에 대해서도 무제한에서부터 60일까지 매우 다양한 기준이 적용되고 있다. 또, 이에 따른 세금 문제도 아직 국제적으로 공통된 기준이 없는 상태다.

공유경제가 발전되고 더 확산되기 위해서는 이런 분야에 대한 국제적으로 일치된 규정이 필요할 수도 있다.

제 4 장
산업은 어떻게 변하는가?

디지털경제 3.0이 심화되고 제4차 산업혁명이 본격적으로 진행되면 산업에서는 다음과 같은 변화가 일어날 것으로 전망된다.

첫째, 앞서 융합과 관련한 설명에서 언급했지만 기술의 융합으로 모든 산업의 경계가 점차 사라지게 될 것이다. 이런 현상은 모든 산업의 IT화라는 형태를 띨 것이다. 앞서 말한 바와 같이 자율주행차의 보급으로 자동차산업과 IT산업의 구분이 의미가 없어진다는 것이 가장 대표적인 예가 될 것이다. 그래서 궁극적으로는 앞서 언급한 바와 같이 IT는 중요하지 않다(IT does not matter)는 역설이 성립할 수 있게 된다. 산업의 경계가 약화되면서 이런 융합은 구글이 보험과 같은 금융 산업으로 진출하고, 통신 산업이 금융 산업으로 진출하고, 애플이 신용카드를 발급하는 등 '이종 산업으로의 진출을 통한 융합'의 형태를 띠게 될 것이다. 산업 간의 무한 경쟁이 시작된다는 것이다. 그리고 그 속도 또한 빨라질 것이다.

둘째, 산업 간의 무한 경쟁이 가속화되면서 제조업의 서비스화 경향이 더 가속화될 것이다. 자율주행차의 보급으로 자동차 산업과 IT 산업의 경계가 사라짐을 이미 설명했다. 하지만 이 융합된 자동차 산업은 과거에 비해 서비스 기능을 더 많이 내포하게 될 것이다. 그 서비스화 경향은 세 가지 형태로 나타난다. 1) 하드웨어인 자동차를 생산하는 원재료 구입, 생산, 유통, 판매 등 모든 과정에서 과거와는 비교할 수 없게 IT, 인터넷, 데이터의 비중이 커지게 된다. 스마트 팩토리가 운영되는 과정을 보면 이런 경향을 확인할 수 있다. 2) 세계를 무대로 한 기업일수록 SCM(Supply Chain Management), CRM(Consumer Relationship Management)이 글로벌화되고 그런 과정에서 다시 인터넷과 데이터의 비중이 커지게 된다. 3) 국내외를 불문하고 제품에 포함된 서비스의 비중이 증가하게 된다. 특히 이 서비스에는 정보와 지식에 근거한 서비스가 더 많이 포함된다(이와 관련된 것은 제5장에서 자세히 설명될 것임).

셋째, 두 번째 경향의 가속화로 서비스 산업의 비중이 증대될 것이다. 제조업의 서비스화로 기존 서비스 산업의 영역이 확대됨은 물론, IT의 활용을 통한 서비스(IT enabled services)의 비중이 증대될 것이다. 이 IT의 활용을 통한 서비스에는 연구, 회계, 컨설팅, 컨텐츠, 디지털 재화, 정보처리, IT processing 등의 분야가 포함된다. 즉, 과거에는 서비스로 간주될 수 없었던 영역들이 IT와 인터넷 기술의 발달을 매개로 점차 그 비중을 확대해 간다는 것이다. 이와 관련해서는 제5장의 디지털무역과 관련하여 자세히 설명할 것이다.

넷째, 리쇼어링(Reshoring)으로 인해 중간재 교역이 위축되고, 글로벌 밸류체인에도 변화가 발생할 것이다. 3D 프린팅과 스마트 팩토리의 보급으로 인해 선진국 기업이 본국으로 회귀하는 경향이 있음을 제2부에서 언급한 바 있다. 이에 따라 생산기지로서의 개도국의 비중이 위축되고 개도국 경제발전에도 부정적 영향이 있음을 이미 설명하였다. 그 부정적 영향을 하나 더 설명해야 한다. 이런 경향이 지속되면 선진국은 최초의 원자재만 수입할 뿐 그 이후의 모든 생산과정은 본국에서 진행될 수 있게 된다. 따라서 과거 최종재를 만들기 위해서는 세계 각국의 중간재 교역이 매우 큰 비중을 차지했는데 점차적으로 그 중간재 교역이 줄어들 가능성이 증가한다.

 제4차 산업혁명의 분석 13 애플의 글로벌 밸류체인[1]

애플 아이폰의 뒷면에는 이 아이폰의 원산지와 관련해 다음과 같은 문구가 쓰여 있다: Designed by Apple in California, Assembled in China.

자료: 저자 촬영.

---

1 저자 작성.

이 말은 무엇을 의미할까? 애플은 아이폰의 디자인 만을 담당할 뿐 아이폰을 직접 생산하지는 않는다는 말이다. 어디서 생산할까? 대부분 중국에서 생산한다. 정확히 말하면 조립한다. 왜 조립이라는 표현을 쓸까? 애플은 아이폰에 들어가는 각종의 부품을 세계 각국으로부터 가장 저렴한 가격으로 사들인다. 예컨대, 디스플레이는 삼성 혹은 LG로부터 사들이고, 이미지 센서는 소니, 배터리는 삼성과 중국의 업체로부터 사들인다는 것이다. 공통점은 무엇일까? 이런 부품들을 생산하는 여러 업체가 있기 때문에 가장 저렴한 가격으로 이들 부품을 사들여, 중국에서 가장 저렴한 인건비를 이용해 조립한다는 것이다. 다시 말해 애플은 아이폰과 관련한 글로벌 밸류체인을 아주 정교하게 구성하고 있다는 것이다.

과거 미국과 중국이 무역분쟁을 벌일 때 팀 쿡 애플 CEO는 트럼프 대통령에게 미국으로 수입되는 애플 아이폰에 대해 관세를 부과하지 말아달라고 부탁한 일이 있다. 아이폰은 미국내에서 생산되지 않기 때문에, 중국에서 조립된 제품을 미국으로 들여와 팔 수밖에 없는데, 미국과 중국의 무역분쟁으로 중국이 미국으로 수출하는 제품에 일괄적으로 관세를 부과하면, 미국에서 팔리는 아이폰의 가격은 상승할 수밖에 없다는 것이다. 팀 쿡의 말이 재미있다. 이렇게 가격이 올라가게되면 삼성전자의 갤럭시 스마트폰과의 경쟁에서 불리하게 된다는 것이다. 글로벌 밸류체인을 이용해 막대한 이윤을 올리면서, 경쟁과 불경쟁의 개념을 편리하게 이용한 것이다.

결론을 말하자. 글로벌 밸류체인은 국제무역의 비교우위 이론에 근거한 것이다. 애플은 디자인과 설계를 하고, 부품은 가장 저렴하게 구입하고, 조립 역시 가장 인건비가 저렴한 곳에서 함으로써 경제적 효율성을 올릴 수 있다. 이 글로벌 밸류체인은 이런 국제 무역거래가 부당하게 훼손되지 않는다는 믿음을 전제로 한다. 이런 글로볼 밸류체인에 대한 믿음이 훼손될 수 있을까? 한국의 경우 이런 믿음이 훼손된 경험을 한 일이 있다. 무엇이냐고? 잘 생각해 보기 바란다.

다섯째, 현재는 국경을 넘나드는 대규모 글로벌 기업들이 세계 경제와 무역에 매우 큰 영향을 미치고 있지만, 앞으로는 소규모의 글로벌 기업(Micro-Multinations)들이 등장할 가능성이 커지게 된다. 그것은 과거 글로벌 기업들은 대규모의 공장을 유지함으로써 생산비용의 비교우위를 가질 수 있었지만, 인터넷과 3D 프린팅 스마트 팩토리의 보급으로 반드시 대규모의 공장을 유지할 필요가 없게 되었다. 그래서 현지에서 필요로 하는 만큼 소규모의 공장 규모를 유지함으로써 현지의 수요에 충분히 효과적으로 대응할 수 있게 되었다. 또, 현지에 공장을 유지하지 않더라도 해외직구라는 형태로 국경을 넘는 B2C 거래가 활성화됨으로써 반드시 대규모의 기업을 유지해야 할 필요성은 줄어들게 되었다. 따라서 앞으로는 창업부터 글로벌 시장을 목표로 하더라도 그 크기를 소규모로 유지하는 기업들의 탄생이 더 유망할 수도 있게 되었다.

여섯째, 앞으로는 플랫폼을 장악하는 기업들이 그 산업 혹은 경제 전체의 헤게

모니를 장악하게 될 것이다. 이런 현상은 먼 미래의 일이 아니라, 지금 현재 세계 경제에서 벌어지고 있는 일이다. 구글, 페이스북, 아마존, 알리바바, 이베이, 넷플릭스, 에어비앤비, 우버, 트위터. 이들 기업의 공통점은 현재 압도적인 플랫폼을 가지고 있거나 앞으로 더 큰 영향력을 가진 플랫폼을 가지게 될 것이라는 점이다. 이 플랫폼 기업들의 특징은 무엇일까? 가장 두드러진 특징은 우선 이들 기업은 손으로 만질 수 있는 제품들을 생산하는 기업들이 아니라는 점이다. 그럼에도 불구하고 이들 기업들은 하드웨어를 만드는 세계적인 IT기업보다 더 큰 시가총액을 자랑하고 있다. 그것은 시장이 이들 기업의 미래 성장성과 가치를, 전통적인 IT 하드웨어 기업보다 더 높이 평가하고 있음을 의미한다. 오래된 역사를 가진 기업들이 더 오래 지속될 것이라는 믿음은 헛된 것이다.

일곱째, 최종적인 산업의 변화이다. 디지털경제가 성숙하고 제4차 산업혁명의 인프라가 더 보급될수록 산업들은 융합의 단계를 지나 인공지능과 사물인터넷을 기반으로 한 플랫폼 그룹으로 재편되게 될 것이다. 이에 따라 제조업과 비제조업, 하드웨어 업체와 소프트웨어 업체의 구분도 앞으로 의미가 없게 될 것이다. 이러한 산업재편을 필자는 '초융합'이라는 용어로 설명하려 한다. 초융합이란 산업이 경계가 없이 서로 융합하는 단계를 넘어서 '유사한 서비스를 제공하는 플랫폼으로 통합'하게 되는 것을 의미한다. 이것은 산업과 산업의 융합이 단지 산업의 경계를 허무는 것이라면, 초융합은 이미 경계가 사라진 이들 산업이 플랫폼을 중심으로 재편되는 것을 의미한다. 간단한 예를 들자. BMW, 현대자동차와 같은 자동차 하드웨어 기업들은, 스스로의 사업모델을 재편하는 혁신적인 활동을 하지 않는다면, 향후 운송서비스를 제공하는 종합적인 플랫폼에 종속된 하청기업 혹은 종속기업으로 편입될 수 있다는 것이다. 지금은 설마 그런 일이 발생할리 없다고 부정할지 모른다. 하지만, 자동차 업체가 계속해서 하드웨어 생산에만 집중한다면 이들 업체는 우버의 하청업체로 전락할 가능성을 전적으로 배제할 수 없다. 이런 현상은 제4부에서 설명할 프레카리아트 계층의 출현으로 이어질 것이다.

🤖 제4차 산업혁명의 분석 14　구글은 망하지 않을 것인가?[2]

2020년 현재 세계에서 가장 각광을 받고 있는 IT기업 주의 하나가 구글이다. 검색엔진으로 시작했지만, 누구도 지금 구글을 검색엔진에 특화된 기업으로 생각하지 않는다. 오히려 인공지능, 자

2　저자의 분석임.

율주행차 등 제4차 산업혁명의 중심에서 세계를 향해 맹위를 떨치고 있다. 이런 구글이 망할 수 있다고 한다면 어떻게 생각해야 할까? 아니 그런 가능성이 있을까? 필자는 그럴 수 있다고 생각한다. 그 이유는 다음과 같다.

주: 실리콘밸리에 있는 구글 캠퍼스와 구글의 네 가지 색채로 만든 자전거의 형상.
자료: 저자 촬영.

첫째, 인문학적 통찰력이다. 세상 모든 것은 흥망성쇠를 거듭하는데 구글 역시 이 법칙의 예외가 될 수 없다. 시기의 차이는 있을지언정 언젠가는 노키아처럼, 코닥처럼 그 이름 역시 사라질 것이다. 하지만 그 시기를 정확히 말하기는 어렵다.

둘째, 구글 역시 쇠퇴의 길로 접어든다면 그 역시 외부 환경의 변화보다는 내부의 변화에 기인한 바가 클 것이다. 구글이 하나의 벤처기업으로 창업의 길을 내달릴 때 그들이 내건 구호는 '사악하지 말자(Don't be evil)'는 것이었다. 이 구호는 당시의 마이크로 소프트를 향한 것이었다. 당시 마이크로 소프트는 자신의 독점적 지위를 강화하기 위하여 시장에서 유망한 벤처기업을 인수합병하고 있었고, 구글은 이 마이크로 소프트의 움직임을 일종의 사악한 행동으로 생각했던 것이다. 그런 구글이 이제 스스로 시장에서 다른 벤처기업 혹은 IT기업에 의해 독점적 지위를 유지하기 위해 과거의 마이크로 소프트와 같은 행동을 하는 것이 아닌가 하는 의심을 받고 있다. IT기업의 경우 독점과 경쟁은 끝없는 화두가 될 수밖에 없고, 지금 세계적인 독점력을 자랑하는 구글은 그 독점이라는 반작용의 연장선상에서 기업이 분할되거나 혹은 쇠퇴하는 과정을 겪을 수도 있다.

셋째, 구글의 사업 모델 때문에 구글 역시 쇠퇴의 길을 걸을 수 있다. 구글을 이용한 검색엔진에 세계의 모든 사람이 열광할 때, 그 열광한 이유 중의 하나는 수수료나 기타 경제적 대가를 지불하지 않고 이 성능 좋은 검색엔진을 사용할 수 있었다는 것이다. 하지만, 검색은 공짜일까? 그렇지 않다. 공짜라고 생각하는 것은 하나의 착각에 불과할 따름이다. 검색하면서 구글에 알지 못하게 제공하는 자신의 개인정보, 자신의 취향이 바로 검색을 사용하면서 지불하는 대가다. 처음에는 이 대가가 그다지 중요하지 않았다. 까짓, 이름 하나 알려지면 어때! 하지만, 구글이 축적하는 개인정보의 양이 증가할수록 이 개인정보는 빅데이터로 새로운 산업, 새로운 사업의 원천이 되어갔다. 그리고 어느 날, 눈을 뜨고 보니 자신도 모르는 사이에 구글이 세상에서 자기를 가장 잘 아는 기계 혹은 그 무엇이 되어 있었다. 자율권이 상실된 것이다. 이것은 단지 개인정보 보호의 문제로 여길 수 있으나 사실 이것은 개인정보 보호를 뛰어넘는 제4차 산업혁명기의 새로운 산업의 성장과 발전을 위한 전제조건이 되어갔다. 조금 단순화시켜 말한다면 내 개인정보를 모아 사업을 하는 것이다. 개인정보에 대한 인식이 코페르니쿠스적 전환을 거쳐 그 수집, 활용, 매매에 엄격한 규제가 내려진다면 구글은 심각한 위기에 직면할 수 있다. 빅데이터의 중요성 때문에 그 정부를 규제한다는 것이 쉬운 일이 아닐 수 없으나 개인정보 활용에 대한 역작용이 발생한다면 결코 불가능한 시나리오는 아니다.

넷째, 구글의 미래를 어둡게 예측할 수 있는 가장 중요한 이유는 구글이 자리잡고 있는 그 기반, 즉 인터넷의 특성에 기반한 것이다. 주지하는 바와 같이 인터넷은 개방성을 기초로 한 것이다. 아무런 차별없이 누구나 인터넷에 접속할 수 있고, 멀리 떨어진 개인이나 기업에 자유롭게 정보와 지식을 보낼 수 있고, 시간과 공간을 넘어 소통할 수 있다. 인터넷이 이런 개방성을 계속 유지한다면 구글의 미래는 어둡지 않을 수도 있다. 하지만, 인터넷을 통해 금융거래가 이루어지면서, 그것도 초기와 같이 단순한 송금과 예금 확인 같은 종류가 아니라, 대규모의 프로젝트, 혹은 한 기업이나 산업의 미래를 좌우할 정도의 금융거래가 이루어진다면 전혀 다른 이야기가 전개될 수 있다.

지금 무슨 이야기를 하는 것일까? 그렇다 보안 이야기다. 온라인 상에서 이루어지는 모든 금융거래가 그 거래의 안전성, 확실성이 보장되지 않으면 지금 우리가 알고 있는 온라인 금융거래는 사라진다. 한 번이라도 온라인 상에서 회복불가능한 대규모의 금융사기 혹은 금융거래의 불안정성이 발생한다면 온라인 금융거래는 치명상을 입는다. 금융기관과 IT기업이 수많은 자원을 투입하여 보안 문제에 대처하고 있지만 100% 안전한 보안은 있을 수 없다. 창과 방패의 우화를 들지 않더라도 100%, 완벽히 안전한 보안은 없다.

제4차 산업혁명으로 인해 인터넷의 기능이 개방성을 넘어 보안을 강조하는 지점으로 넘어서게 되면, 개방성을 기본으로 발전해온 구글에는 비상이 걸릴 수 밖에 없다. 너무 성급한 결론이 될 수 있을지 모르나, 개방성과는 다른 특성을 가진 인터넷 망이 필요하고 그 인터넷 망을 개발하고 발전하는데 구글이 성공하지 못한다면 구글의 미래는 밝지 않을 수 있다.

개방성과는 다른 특성을 가진 인터넷 망이 있을 수 있을까? 우리는 여기에서 제2부에서 검토한 블록체인을 떠 올릴 수밖에 없다. 블록체인 기술이 더 발전하여 새로운 인터넷 망으로 연결된다면 제4차 산업혁명기 기업과 산업의 변화는 더 어지러울지 모른다.

제 5 장

무역과 통상은 어떻게 변하는가?[1]

제4차 산업혁명이 디지털경제의 발전을 기반으로 했다는 것은 이미 제1부에서 충분히 설명을 했다. 그래서 제4차 산업혁명은 경제일반, 산업과 기업에 영향을 주는 것 이상으로 국제간의 무역에도 깊은 영향을 주게 된다. 무역에 주는 영향은 주로 IT와 인터넷, 그리고 향후 인공지능의 발전이 거래되는 상품에 주는 영향, 그 상품이 거래되는 방식에 대한 영향, 그 상품과 거래되는 방식을 다루는 국제규범에 미치는 영향으로 구분될 수 있다.

이 장에서는 이런 기본적인 인식을 바탕으로 디지털경제 3.0 혹은 제4차 산업혁명의 발전이 무역과 통상에는 어떤 영향을 미치는지 개략적으로 살피려 한다. 그 주요 키워드는 디지털무역과 빅데이터이다.

제 1 절　디지털경제의 심화와 무역의 변화

1. 인터넷의 활용이 무역을 어떻게 변화시키나?: 거래되는 상품과 거래되는 방식

디지털경제의 발전 그 중에서도 인터넷의 발전은 국제무역에 큰 변화를 불러일으키고 있는데, 거래되는 상품의 구성 혹은 특징의 측면에서 다음과 같은 변화가 발생하고 있다.[2]

1　이 장의 내용은 졸고(2018 b)를 기반으로 수정 보완한 것이다.
2　자세한 것은 Morvan(2016)을 참조.

첫째, 법률, 엔지니어링, 금융과 같은 전문 서비스의 거래 비중이 커지고 있다. 과거에는 불가능했던 서비스가 이제는 디지털경제와 인터넷의 발전으로 국경을 넘어 이동할 수 있게 되었기 때문이다. 이런 서비스를 '디지털기술의 발달로 인해 가능한 서비스(digitally-enabled services)'라고 표현한다. 또, 이런 전문 서비스의 거래 비중이 커질 뿐 아니라 이런 성격을 가지는 서비스의 종류와 범위가 더 확대되고 있다.

둘째, 디지털경제의 발전은 상품과 서비스의 구분을 없애고 있다. 소프트웨어가 CD에 담겨 거래될 때는 상품무역이지만 그것이 인터넷을 통해 온라인으로 배달될 때는 서비스 무역(디지털재화의 거래)에 포함된다. 디지털경제가 발전되면서 당연히 이런 디지털재화의 거래는 더욱 증가하고 있다.

셋째, 인터넷의 발전은 저가 상품(low value goods) 혹은 소규모의 상품(small packet) 무역을 증가시킨다. 그것은 과거와 달리 중소기업도 인터넷에 접속하여 자신의 물품을 팔 수 있는 기회가 증가했기 때문이다.

넷째, 인터넷의 발전은 개도국으로 하여금 과거에 비하여 더 손쉽게 국제무역에 참여할 수 있는 기회를 제공한다. 인터넷을 통해 개도국 역시 글로벌 소비자에게 접근할 수 있는 기회가 늘어나고 또 무역에 수반되는 거래 비용을 절감할 수 있기 때문이다.

디지털경제의 발전은 상품이 거래되는 방식에도 변화를 초래하고 있다. 가장 먼저 위에서 언급한 것처럼 디지털재화가 온라인을 통해 전송되고 있으며 그 비중은 더 커지고 있다. 둘째, 무역거래에 정보를 효과적으로 활용함으로써 상품의 전송과 수송에 따르는 비용을 줄이게 되었다. 재화와 서비스에 체화된 정보를 의미하는 디지털래퍼(digital wrapper)가 대표적이다. 예컨대, 액센튜어의 보고에 따르면 RFID를 장착할 경우 휴렛 패커드와 BMW는 상품 수송과정에서의 손실이 각각 11%, 14% 줄어들었음을 보고하고 있다.[3] 또, 사물인터넷(IoT)의 센서는 운송과정의 효율성을 증가시킴으로써 국제무역에 따르는 비용을 더 감소시키는 효과를 가져온다. 셋째, 이런 방식이 보편화되면서 과거와는 달리 상품과 서비스와 관련된 데이터가 매우 중요한 위치를 차지하게 되었다.

---

3 Meltzer(2016) 참조.

2. 데이터는 왜 중요한가?: 무역 거래 전 과정에서의 변화

이런 무역거래의 과정에서 데이터의 중요성은 더 강조되고 있다. 그 가장 중요한 이유는 국제무역이 국제 가치체인(global value chains)과 밀접한 관련을 가지기 때문이다. 다시 말해, '거래되는 상품을 어느 지역에서 어느 정도 어떤 방식으로 생산하느냐'(이것이 국제 가치체인이다)가 국제무역의 성과를 좌우하기 때문이다. 이런 국제 가치체인을 가능하게 하는 것이 인터넷과 그 인터넷을 통해 전달되는 정보, 즉 데이터이다. 즉, 상품의 생산을 전 세계적으로 조정하고, 디자인과 연구개발을 조화시키며, 물류 네트워크와 공급망을 유기적으로 연결하여, 그 결과 상품의 생산과 운송, 소비를 효율적으로 연결하기 위해서는 이와 관련된 데이터의 국가간 이동이 필수적이라는 것이다. 또, 거래되는 상품을 효과적으로 홍보하고 거래처를 찾기 위한 노력은, 인터넷이 광범위하게 보급된 지금, 다양한 플랫폼을 통해 이루어진다. 페이스북, 에어비앤비, 알리바바 등이 대표적이다. 이런 플랫폼을 통한 효과적인 마케팅과 효율적인 거래처 검색을 위해서라도 이와 관련된 데이터 즉 정보의 자유로운 이동과 이용이 보장될 필요가 있다.

또, 사물인터넷(IoT: Internet of Things)의 자유로운 활용에 의한 운송비용 감소와 그로 인한 국제무역거래의 확대를 위해서도 이와 관련된 데이터의 자유로운 이동과 이용이 보장될 필요가 있다. 상품과 서비스의 경계가 점차 희미해지는 지금 이런 데이터 이용에 대한 함의는 매우 중요해지고 있다. [그림 5-1]은 1980년대

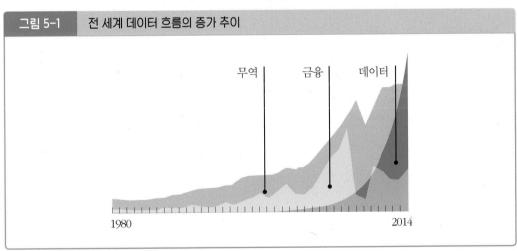

| 그림 5-1 | 전 세계 데이터 흐름의 증가 추이 |

자료: Mckinsey의 자료를 인용한 CRS의 Figure 1을 재인용[4]

---

4 Fefer et als. (2017) 참조.

와 비교하여 데이터의 국제간 흐름이 얼마나 증가하고 있는지를 보여주고 있다.

제 2 절 ## 디지털무역의 개념과 의의

1. 디지털무역의 개념

디지털무역은 〈표 5-1〉과 같이 다양하게 정의될 수 있다. 이 표에서 보는 바와 같이 미국 ITC는 디지털무역의 개념을 배송(delivery)에만 국한시킴으로써 디지털무역을 과거의 전자상거래처럼 좁게 인식하고 있다. 미국 BEA(Bureau of Economic Analysis)는 "디지털 기술을 적용함으로써 가능한(digitally enabled)" 산업이라는 표현을 사용함으로써 디지털경제의 발전이란 측면을 부각시키기는 하나, Lund와 Manyika의 지적처럼 실제 이런 산업이 의미하는 바가 명확하지 않고, 또이와 관련된 통계자료를 입수하는 것도 쉽지 않다. 그래서 디지털무역에 관한한 미국의 CRS(Congressional Research Service) 정의가 제일 현실을 반영한 것으로 보여진다. 그것은 상품과 서비스의 주문, 생산, 그리고 배송 과정 모두를 포괄하기 때문이다. 특히 생산을 포함한 것은 디지털경제가 무역에 미치는 영향을 생산 부문에까지 확장했다는 점에서 인상적이다. 하지만 여기서의 생산은 smart factory와 같은 제조업 혁명을 의미하는 것이 아니라 글로벌 가치체인을 관리하기 위해

📖 ≫ 표 5-1　디지털무역의 정의

기관	정의
미국 USITC	the **delivery** of products and services over either fixed−line or wireless digital networks
미국 BEA	Trade from **"digitally enabled"** industries as part of digital trade, whether the trade was actually delivered digitally or not
미국 CRS	US domestic commerce and international trade in which the Internet and Internet−based technologies play a particularly significant role in **ordering, producing, or delivering** products and services
OECD	Try to use the definition of US BEA but found that it is very difficult to identify **"digitally enabled"** industries
S. Lund and J. Manyika	Cross−border data flows to measure the trend of digital trade, which reflects the direct exchange of digital goods as well as digitally enabled exchanges of physical goods, services, finance and even labor

자료: Lund(2016)의 Box1을 중심으로 재정리.

그림 5-2　디지털무역의 구체적 사례와 디지털무역의 범위

자료: 위의 그림은 Fefer et als.(2017)에서 인용, 아래 그림은 필자 작성.

제조업체가 필요로 하는 관련 정보의 흐름을 의미한다. 이 정의에서 가장 중요한 것은 생산까지 포함한 디지털무역의 모든 과정에 암묵적으로나마 데이터의 사용과 이동이 전제되어 있다는 점이다.

　이런 개념은 [그림 5-2]에서 보는 바와 같이 디지털무역은 클라우드 서비스의 이용, 새로운 제품을 생산하기 위한 3D 프린팅의 사용과 소프트웨어의 다운로드, 투자금 유치를 위한 클라우드 소싱, 자신의 디자인을 제조업자에게 보내기

위한 전자적 전송, 제품을 운송하는데 필요한 RFID의 이용, 제품 광고에 필요한 SNS의 활용, 마케팅을 위한 온라인 플랫폼의 활용, 제품에 대한 소비자의 피드백 등을 포괄한다.

이처럼 디지털무역은 상품의 주문과 배송만을 대상으로 하는 전자상거래를 포괄하는 개념이며, 전자상거래까지 포괄하여 기업의 혁신과정 전체를 의미하는 e-business보다 더 큰 개념이다. 그림에서 보는 바와 같이 e-business는 한 기업의 혁신과정을 강조하는 것이라면 디지털무역은 그것을 넘어 글로벌 무역에서의 주문, 생산, 배송의 모든 과정에서의 디지털 혁신을 의미한다.

2. 디지털무역의 추이와 영향

[그림 5-3]에서 보는 바와 같이 2014년 당시 아시아태평양 지역의 B2C 시장이 가장 크며, 북아메리카와 서유럽이 그 다음 규모를 자랑한다. 2020년에도 이 순서는 바뀌지 않는다. 국경 간 전자상거래 시장은 2014년과 비교할 때 2020년에는 매우 빠른 속도로 성장하고 있다. 한 연구에 의하면 2020년의 경우 국경간 B2C 거래는 전체의 29.3%에 이를 것이라고 한다.[5] [그림 5-3]에는 나와 있지 않지만

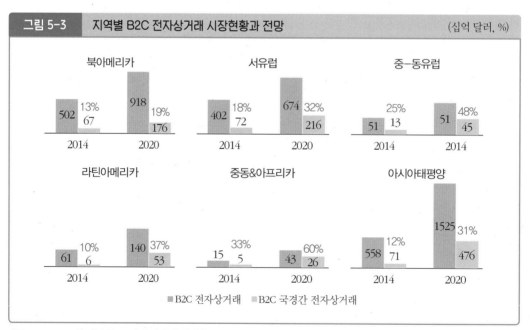

| 그림 5-3 | 지역별 B2C 전자상거래 시장현황과 전망 | (십억 달러, %) |

자료: Accenture의 자료를 Kim(2017)에서 재인용.

5 Min et als.(2016) 참조.

B2B의 규모는 B2C의 거의 4배를 차지한다는 점에서 국가 간 B2B 전자상거래 규모는 더 확대될 것으로 예측된다.

디지털무역은 이런 B2B와 B2C의 국경 간 거래를 모두 포함한다는 점에서 그 규모는 계속하여 증대될 것으로 예측된다. CRS는 2014년의 경우 온라인에서의 국가 간 전자상거래는 전체 전자상거래의 10~15%에 달하고, 미국의 경우 같은 해 디지털 서비스가 미국 서비스 거래의 절반 이상을 차지하고 있는 것으로 추정하고 있다. 또, 디지털무역은 2011년에 미국 GDP를 3.4~4.8% 가량 증가시키고, 미국의 실질임금은 4.5~5.0%, 미국의 총고용은 240만 명 증가시킨 것으로 추정되고 있다.[6]

제 3 절 ## 디지털무역의 활성화를 위한 국제논의

1. 국제간 디지털무역을 방해하는 것은 무엇인가?: 개요

이와 같은 디지털무역의 활성화를 위해서는 다음과 같은 문제 혹은 쟁점에 대한 국제논의가 필요하다.

첫째, 국경 간 무역제품에 대한 관세부과 문제다. 기본적으로 디지털재화의 국경 간 거래에 대해서는 무과세의 원칙이 지켜져야 하고, 소규모 유형 재화에 대해서도 관세를 부과하지 않는 방안 등이 고려될 필요가 있다.

둘째, 디지털재화의 국경 간 거래 활성화를 위해서는 소프트웨어, 컨텐츠 등에 대한 지적재산권이 충분히 보호되어야 한다.

셋째, 소비자 보호, 분쟁해결, 결제 시스템 등에 대한 소비자의 편의성을 확보하기 위한 조치가 필요하다.

넷째, 가장 중요한 것으로서 국경 간 정보(데이터)의 이동에 대한 포괄적인 국제논의가 필요하다. 여기에는 국제간 제약 없는 정보이동과 소비자 정보 보호의 조화, 데이터 관련 현지화(localization)의 요구 등의 문제가 있다. 처음 세 가지 문제에 대해서는 비교적 국제적으로 공감대가 형성되어 있고, 다소 이견이 있는 문제들도 어떤 방향으로 해결해야 할지 개략적으로 윤곽이 드러나고 있다. 하지만, 가장 중요한 네 번째 문제에 대해서는 아직 그 해결방향의 윤곽이 드러나지 않고

---

6 Fefer et als.(2017) 참조.

많은 쟁점사항이 있다는 점에서 조금 더 구체적인 국제논의가 필요하다.

2. 국경 간 데이터 이동, 무엇이 문제인가?

디지털무역과 관련 국가 사이를 이동하는 데이터에는 세 가지 종류가 있다. 첫째, 정보데이터와 기업데이터가 있다. 이런 데이터는 기업의 생산, 마케팅, 판매, 고객 서비스와 밀접한 관련을 가진다. 디지털무역을 정의할 때 '생산'과 관련된 부문이 바로 이런 데이터를 의미한다. 둘째, 디지털 기술을 사용함으로써 거래가 가능해진(digitally enabled) 서비스와 상품과 관련된 데이터다. 앞서 언급한 디지털 래퍼(digital wrapper)가 이런 범주에 속한다. 셋째, 디지털재화의 수출입에 포함되는 데이터이다. 이런 데이터는 데이터 그 자체가 바로 수출입의 대상이 된다. 이 중 세 번째 범주에 대해서는 무관세라는 국제적 공감대가 형성되어 있으며, 이런 데이터의 국가 간 이동은 그리 큰 갈등을 불러일으키지 않는다. 그리고 두 번째 범주에 속하는 데이터 역시 서비스와 상품에 체화되거나 서비스와 상품의 큰 부분을 차지함으로써 묵시적으로라도 국경 간 이동이 허용되는 것이 바람직하다는 공감대를 형성하고 있다.

가장 문제가 되는 것은 바로 첫 번째 범주에 속하는 데이터이며, 이와 관련된

》표 5-2 빅데이터에 대한 주요국의 인식

국가	도입내용
미국	– 범부처 차원에서 빅데이터 7대 R&D 전략과 18개 세부과제를 제시하여 미래 빅데이터 환경 변화에 대응 – 빅데이터 기술개발과 의사결정 도구 R&D 지원, 빅데이터 인프라 강화, 개인정보 보호와 윤리적 접근 추구, 빅데이터 인력 확충과 협력 생태계 구축
EU	– 유럽 내 통합 디지털 플랫폼을 기반으로 데이터 접근·분석·활용 강화를 통한 새로운 데이터 비즈니스 창출 – 데이터 접근권 강화, 기술 표준 제정, 법적 책임 명확화, 개인정보보호규정 제정으로 데이터 삭제권, 정보 이동권, 프로파일링에 대한 권리 등 개인정보 보호 강화와 합법적 데이터 유통 동시 추구
일본	– 5대 신성장 전략분야에 데이터를 활용한 기반 구축 – 새로운 사회의 인프라로서 데이터 기반을 구축하고 데이터 활용을 향한 제도 정비, 교육·인재 역량강화, 혁신 벤처 선순환 시스템 구축
중국	– 10개 이상 글로벌 빅데이터 선도기업, 500개 응용서비스 기업 육성 – 데이터 개방 확대, 플랫폼·오픈소스 기술 지원, 빅데이터 전문 SW 수준 향상, 전문 인재의 공급, 데이터 거래소 등 생태계 조성

자료: 이정재(2019), "데이터 경제와 국가기술혁신체계(NIS)의 역할," KISTEP 3차 NIS 정책 콜로키엄 발표, 2019. 6. 27.

가장 큰 쟁점들은 데이터의 소유권 문제(데이터 현지화 문제)와 정보 보호 문제이다. 많은 나라들은 자국에서 생산된 데이터는 자국의 소유물로 간주하려 한다. 또, 데이터를 생산하기 위해서는 자국에 반드시 컴퓨터 업체나 현지 지사를 설립하도록 요구한다. 〈표 5-2〉는 이런 빅데이터에 대한 주요국의 인식을 정리한 것이다. 여기서 보는 바와 같이 중국은 자국에서 발생한 데이터를 해외에 송출할 경우에는 반드시 허가를 받아야 한다고 규정하고 있다. 유럽의 주요국 역시 빅데이터의 수집과 이용에 상당한 규제를 가하고 있다.

이런 빅데이터를 분석할 경우 반드시 강조되는 것이 개인 정보 보호에 관한 것이다. 사실 빅데이터의 많은 부분이 개인들의 일상적 활동과 관련한 것이므로, 여기서 개인들의 정보를 제거하고 익명성을 보장하는 것이 매우 중요한 문제로 부각된다. 〈표 5-3〉은 이런 개인 정보 보호에 관한 주요국의 인식을 간략히 정리한 것이다. 표에서 보는 바와 같이 유럽, 미국, 일본 등은 동의 없는 개인 정보 수집을 금지하고 있는 반면, 한국은 아직 이에 대한 규정이 없다. 2019년 말에 이런 개인정보와 관련된 법안이 상임위 차원에서 논의된 바 있다.[7] 표에서 보는 바와 같이 한국은 주요한 사항들에 대해 다른 나라들에 비해 상대적으로 제도의 정비가 뒤떨어진 상태에 있다.

📖 》》 표 5-3 **개인 정보 보호에 관한 주요국의 인식**[8]

구분	한국	유럽	미국	일본
① 정보주의 '동의'없는 개인정보 수집·집적	규정 無	GDPR 규정 有 (비식별화, 암호화)	개별법에 규정 有	개인정보보호법 有 (익명가공정보)
② 수집·집적한 개인 정보 데이터셋의 사용·수익·처분	규정 無	규정 無 경쟁법에서 인정	규정 無 경쟁법에서 인정	규정 無
③ 저작물에서 데이터 추출	규정 無	EU 저작권 규칙 有 (학술·연구 등 비영리목적에만 가능)	판례 有 ('공정이용'이면 영리목적도 가능)	저작권법 有
④ 데이터베이스 권리	저작권법 有	EU지침 有	판례 有 (편집저작물 인정)	저작권법 有

자료: 이종주(2019), "데이터 소유권 동향," 월간 SW 중심사회, 2019. 10, pp. 26-35.

---

7 2019년 12월 다소 수정된 형태로 국회를 통과하였다.
8 여기서 제시된 사항 중 한국에 대한 것은 2019년 말 국회를 통과한 정보3법으로 인해 다소 변경된 점이 있을 수 있다. 하지만 이 표가 지적하는 것은 다른 선진국에 비해 한국의 관련 법 정비가 매우 뒤처져 있었다는 것이다.

하지만, 플랫폼 기업들은 데이터의 국가 간 이동을 통해 사업을 하고, 글로벌 제조업체들은 생산의 효율화(현지 생산, 재고의 효율화, 소비자의 기호 반영 등)를 위해 다양한 국가에서 만들어진 데이터를 필요로 한다. 그러므로 데이터의 자유로운 국가 간 이동이 보장되지 않고서는 디지털무역의 실질적인 증가를 기대하기 어렵다. 데이터의 국가 간 자유로운 이동과 관련된 또 다른 문제는 개인 정보보호와 관련된 것이다. 디지털경제가 발전할수록 개인의 특성이나 기호에 맞춘 서비스나 상품의 발매가 필요한데 이를 위해서는 개인정보의 자유로운 활용이 필요하다. 하지만, 개인정보의 보호를 위해 개인정보의 자유로운 이용이 제약되고 있다.

3. 디지털무역 활성화를 위한 국제논의: 개요

이 같은 문제가 있기 때문에 디지털무역 활성화를 위한 국제규범의 재정비를 위해서는 다음과 같은 방향으로의 국제논의가 필요하다.

첫째, 현재의 WTO 관련규정을 적용할 수 있는지의 여부를 조금 더 자세히 분석할 필요가 있다. 현재 WTO의 GATT는 상품무역을 규율하고 있고, 서비스는 GATS가 규율하고 있다. 그래서 디지털무역과 관련 GATT혹은 GATS에서 규정하고 있는 원칙들이 어떻게 적용되어야 하는지 혹은 적용될 수 있는지를 검토할 필요가 있다. 디지털무역의 경우 서비스의 비중이 커지고 서비스무역이 더 중요해진다는 점에서 GATS의 제 원칙들, 즉 시장접근, 무차별대우 등이 어떤 방향으로 적용되어야할지 검토할 필요가 있다. 예를 들어, 디지털무역의 발전을 위해서는 서비스 시장개방이 네거티브 리스트 방식으로 이루어지는 것을 검토해야 하며, 서비스 무역과 관련된 네 가지 거래 모드도 다시 검토할 필요가 있다. 또, 디지털경제의 새로운 축으로 등장한 첨단 IT 제품에 대해서는 ITA 규범을 확대하는 것이 바람직하지만, 새로이 등장하는 서비스, 혹은 재화와 서비스가 혼재하는 상품의 경우에는 어느 규범을 어느 정도 적용해야 할지 검토할 필요가 있다.

둘째, 이런 조치로도 미흡할 경우 새로운 디지털무역협정(Digitl Trade Agreement)을 체결할 필요성을 고려해야 한다. 가장 대표적인 것이 서비스 무역협정(TiSA: Trade in Services Agreement)의 체결이다. 또, 양자간 FTA를 통해서 이런 문제에 대한 새로운 규범을 제정할 필요성을 검토할 필요가 있다. 사실, 지금과 같이 다자간 무역질서가 효과를 발휘하지 못할 경우에는 그 차선책으로서 양자간 FTA나 지역간 FTA를 통해 디지털무역에 대한 규범을 정립할 필요가 있다. 현재

한미 자유무역협정과 TPP에서의 디지털무역(데이터 이동)관련 조항

구분	한미 FTA	TPP
국경을 넘는 데이터 전송	- 금융기관이 정상적인 업무를 수행하기 위해 필요한 데이터 처리작업(data processing)을 위해 국경을 넘어 데이터를 전송하는 것을 허락함	- TPP 국가들은 서비스 공급업자 (혹은 투자업자)들이 사업을 위해 국경을 넘어 데이터를 전송하는 것을 허락해야 하며, 이런 목적을 위해 해당 TPP 국가에 컴퓨터 시설이나 사업장을 설치하지 않아도 됨
시장개방	- 전자적 정보(electronic information)의 국경간 이동을 방해하는 부적절한 장벽을 부과하지 않도록 노력함	- TPP 국가들은 서비스 무역에 대해서는 네거티브 리스트의 방식으로 시장을 개방함
디지털재화 무관세	- 디지털재화의 무역에 관세(customs fee)를 부과하지 않음	- 디지털재화(소프트웨어, e-book, 오디오, 비디오, 비디오 게임 등)의 온라인 거래에 대해서는 관세를 부과하지 않음
차별대우 금지	- 국내 디지털재화 생산업자와 비교하여 유사한 디지털재화 수입업자를 차별하지 않음	- 서비스 공급업자는 TPP 어느 국가의 현지에 주재하지 않고서도(local presence) 서비스를 공급하거나 사업을 할 수 있음
기타	- 전사상거래에 있어서의 사기적 관행을 방지하기 위하여 관련 국가간 소비자 보호기관 과의 협력을 강화	- TPP 국가의 서비스에 대한 시장접근은 전자적으로 전송되거나 시행된 서비스에 대해서도 적용됨

자료: Meltzer(2016), Porges et als.(2016)을 중심으로 재정리.

발효중인 한미 FTA에는 〈표 5-4〉와 같이 디지털무역과 관련된 많은 규정을 포함하고 있으며, 곧 최종적으로 발효될 TPP(Trans-Pacific Partnerships)[9] 역시 디지털무역과 관련된 많은 규정을 포함하고 있다. 이들은 디지털무역의 활성화를 위한 기본원칙들을 제시하고 있다.

셋째, 디지털무역과 관련된 문제를 효율적으로 해결해 나가기 위해 정부, 민간단체, NGO와 유기적인 협력을 할 수 있는 방안을 모색해야 한다. 앞서 논의한 바와 같이 디지털무역의 활성화를 위해서는 데이터의 자유로운 이동과 활용이 전제되어야 하지만, 이와 관련해선 개인 정보의 보호라는 또 다른 원칙이 있기 때문에 이 양자를 적절히 조화할 수 있는 새로운 방안을 모색할 필요가 있기 때문이다. 따라서 정부 차원의 논의만으론 부족할 수 있고, 그 부족한 부분을 민간단체나 NGO가 메꿀 수 있다는 것이다.

---

9 이것은 미국이 초기의 TPP에서 탈퇴함에 따라 그 명칭이 포괄적·점진적 환태평양 경제동반자 협정(CPTPP: Comprehensive and Progressive Agreement for Trans-Pacific Partnerships)으로 변경되었다.

디지털경제의 심화는 국제무역의 주문, 생산, 배송이라는 전 과정에 심대한 영향을 미친다. 서비스 무역의 비중이 증대되고, 상품과 서비스의 구분이 희미해지며, 상품에 부착되는 정보와 서비스의 비중이 커지게 된다. 미국의 CRS는 이런 흐름을 충분히 이해하면서 디지털무역을 잘 정의하고 있다. 그리고 디지털무역의 국제적 활성화를 위해서는 기존의 전자상거래 활성화를 위한 관세, 비관세 조치의 철폐도 중요하지만, 그 바탕에 놓여있는 데이터의 자유로운 국가 간 이동과 이용이 전제되어야 한다. 하지만, 데이터 현지화(localization) 요구와 개인정보 보호는 이런 이동과 이용에 제한을 가하고 있다. 이런 문제를 효과적으로 해결하고 디지털무역의 활성화를 위해서는 기존의 GATT, GATS와 같은 WTO 규범을 잘 활용하고, 이런 노력으로도 충분하지 않을 경우 새로이 부각되는 문제를 해결하기 위한 새로운 서비스무역 협정의 체결을 검토할 필요가 있다. 한국은 현재 발효되고 있는 한미 FTA에 디지털무역의 활성화를 위한 좋은 규정과 원칙들을 가지고 있기 때문에 향후 이런 규정과 원칙의 확대를 위해 한중 FTA와 같은 양자간 협정, TPP, WTO와 같은 다수국간 협정 혹은 디지털무역협정(Digital Trade Agreement)과 같은 다자간 협정에 적극 참여하는 방안을 검토할 필요가 있다.

🤖 **제4차 산업혁명의 분석 15   구글에 지도 정보를 제공해야 하나?[10]**

구글 어스(earth). 아마 이 단어가 무엇을 의미하는지 모르는 사람은 없을 것이다. 인공위성을 이용한 지구 전체의 위치 서비스는 놀라움을 금치 못한다. 하지만, 2005년. 한국정부는 매우 불편한 입장을 토로했다. 구글 어스에 청와대는 물론, 국방부, 기무사령부 등 주요 보안시설이 위성사진의 형태로 제공된 것이다. 한국 정부는 당연히 모자이크 처리를 요청했으나 받아들여지지 않았다. 구글은 글로벌 스탠다드를 주장하며 이 요청을 무시했다.

2010년. 구글은 한국 정부에 지도 반출을 신청했다. 이번에는 한국 정부가 거부했다. 구글이 신청한 정밀 지도 정보가 위성영상 정보와 결합하면 보안 시설 위치를 특정하기가 쉬워지기 때문이라는 이유를 들었다.

2016년. 구글은 다시 지도 반출을 요청했다. 포켓몬 고라는 증강현실 게임의 한국 출시와 관련하여 정확한 지도가 필요하다는 이유를 들었다. 한국 정부는 조건부로 허가하겠다는 입장을 밝혔

---

10 저자의 분석임. 분석에 나오는 몇 가지 연도와 내용은 머니투데이 2019년 10월 21일의 기사를 참고함.

다. 그 조건이란 전 세계에 서비스하는 구글의 영상 정보에서 대한민국의 보안시설 정보를 모자이크 처리하고, 한국에 이와 관련된 구글 서버를 설치해야 한다는 조건이었다. 이번에는 구글이 거부의 입장을 밝혔다.

2019년. 국방부로부터 제출받은 자료에 따르면 구글 위성지도에 노출된 군사보안시설은 우리나라 군사 전체 보안시설의 40%에 달하는 것으로 나타났다. 이런 군사보안시설의 위치와 현황은 일종의 비밀에 해당된다. 구글 위성지도에는 이런 비밀이 그대로 드러난 셈이다.

전 세계를 상대로 영업을 하는 다국적 기업, 특히 IT 플랫폼의 경우에는 세계 모든 나라의 정확한 지도 정보를 필요로 한다. 우리가 흔히 사용하는 구글 맵의 편리성을 돌이켜보면 이런 정보의 필요성을 실감한다. 하지만, 한국과 같은 경우 지정학적, 정치적 특수성 때문에 정확한 지도 정보의 필요성에 공감하면서도, 국가 안보라는 특수성을 분명히 감안해야 할 필요가 있다. 구글은 글로벌 일관성을 내세운다. 어떻게 해야 하는가?

제 6 장

경쟁력의 원천은 어떻게 변하는가?[1]

제 1 절 　미래학자의 전망

　제4차 산업혁명이 만개하게 되면 그 경제 혹은 사회는 어떤 모습을 띠게 될까? 누구도 그 미래의 모습을 정확히 예측할 수 없을 것이다. 여기서는 미래학자 몇 사람의 견해를 소개하는 것으로 이런 미래의 사회를 그리기로 한다. 물론 이 미래학자들이 디지털경제와 제4차 산업혁명을 염두에 두고 미래의 모습을 그린 것은 아니지만, 결과적으로 그들이 그린 미래의 모습은 제4차 산업혁명이 만개할 때의 모습과 너무 흡사하다. 그래서 이들 미래학자들이 경쟁력의 원천으로 무엇을 강조했는지를 검토할 것이다.

　박영숙 등(2007)은 앞으로 다가올 미래 사회와 관련 다음과 같이 네 학자의 주장을 소개하고 있다.[2]

　먼저 어니스트 스턴버그(Ernest Sternberg)를 들 수 있다. 그는 Icons' economy 라는 책에서 디지털경제의 관점에서 바라보는 정보화 사회라는 개념은 이미 일반화된 것이라고 말한다. 그래서 정보화 사회라는 관점에서 경제를 바라보는 것으로는 더 이상 새로운 것을 만들 수 없다고 주장한다. 그래서 새로운 경제원동력으로서 이미지(image)를 들고 있다. 그는 "이 새로운 경제 원동력은 정보가 아

1　이 장은 졸저(2016)의 제17장의 내용을 기본으로 필요에 따라 요약하고 확대하는 형태로 전면 수정 한 것이다.

2　아래 제시되는 네 미래학자의 견해는 박영숙 · 제롬 글렌 · 테드 고든, 『전략적 사고를 위한 미래예측』, 교보문고, 2007, pp. 75-78에서 발췌 인용한 것이다.

니라 이미지(image)이다. 이제 중요한 생산자원은 의미(meanings)이며, 생산은 상품에 이야기(story)와 이벤트(event)가 첨가될 때 가치를 지닐 수 있으며, 능률이란 시의 적절한 의미의 전달을 뜻하고 명성이 부의 기초가 되며, 경제적 영향력은 컨텐츠를 지배하는 자들에 의해 좌우된다."고 주장한다.

어니스트 스턴버그가 주장한 컨텐츠의 중요성은 롤프 옌센(Rolf Jensen)을 통해서도 확인할 수 있다. 그는 The Dream Society라는 저서를 통해 우선 "우리가 미처 적응하기도 전에 정보화 사회의 태양이 지고 있다."고 주장하고 있다. 이것은 정보화 사회가 이미 일반화된 것이라고 말하는 어니스트 스턴버그의 견해와 일치한다. 그는 또 "우리는 지금 제5형태의 사회를 맞이하고 있는데 이것이 바로 드림 소사이어티이다. 정보화 사회는 그 스스로가 자동화에 의해 폐기처분될 것"이라고 주장한다. 즉 정보화 사회는 드림 소사이어티로 진화한다는 것이다. 이런 생각은 전자산업과 관련된 세 번의 물결이라는 그의 생각과 연결된다. 그는 "제1의 물결이 하드웨어, 제2의 물결이 소트트웨어, 제3의 물결은 컨텐츠가 될 것이다. … 오늘날 우리는 문자의존의 사회에 살고 있지만 드림 소사이어티의 주된 매체는 그림이 될 것이다."고 결론짓는다. 컨텐츠의 중요성은 공감을 할 수 있지만 드림 소사이어티의 주된 매체가 그림이라고 하는 것은 조금 엉뚱하다. 지금은 문자, 사진, 그림을 넘어 동영상 나아가 가상현실이 주된 매체가 되는 단계까지 와 있기 때문이다.

이런 견해와는 달리 조셉 파인과 제임스 길모어(Joseph Pine and James Gilmore)는 The Experience Economy라는 책에서 체험의 중요성을 강조한다. 그들은 "체험(experience)은 이전에 명확하지 않았던 새로운 경제 산출방식의 한 장르로 나타날 것이다." 라고 주장한다. 그들이 체험을 중요하다고 생각한 것은 정보가 더 이상 중요한 생산요소가 될 수 없다는 인식에 기반을 둔 것이다. 그들은 "정보는 더 이상 새로운 경제의 근간이 될 수 없으며, 체험이 부와 일자리를 창출할 수 있는 새로운 미래 경제의 기반이 될 것이다." 라고 말한다. 그들의 주장과 같이 체험이 미래 경제의 기반이 될지는 확실하지 않지만, 정보가 더 이상 새로운 경제의 근간이 될 수 없다는 것은 분명해 보인다.

한편 버지니아 포스텔(Virginia Postel)은 The Substance of Style이라는 책을 통해 미래 사회 제품 선택 기준이 과거와는 다르게 변하고 있다는 것을 말하고 있다. 그는 "우리는 지금, 시대의 전환점에 서 있다. … 최근의 문화, 경제, 기술적 변화는 개인적 표현의 가치와 미적 가치관의 중요성을 증대시켰고, 제품의 선택 기준을 기능(function)에서 외양(look)과 느낌(feel)으로 이동시켰다. 기능의 시대는 그

수명을 다해 외양과 느낌에 기능이 종속되어 가고 있으며 이제는 디자인이란 개념을 넘어 감각과 정서적 매력이 접목된 스타일(style)이 생산과 소비를 좌우하는 시대가 도래했다."고 말하고 있다. 그는 기능 대신 스타일의 중요성을 강조하고 있는데, 이런 입장은 체험을 강조한 조셉 파인과 제임스 길모어, 그림을 강조한 롤프 옌센, 이야기와 이벤트를 강조한 어니스트 스턴버그의 견해와 크게 다르지 않다.

이상과 같은 네 학자의 견해를 정리하면 〈표 6-1〉과 같이 요약할 수 있고 표에서 드러나는 특징들은 다음과 같이 정리할 수 있다.

첫째, 네 미래학자는 미래 사회의 모습을 구체적으로 묘사하기보다는 이 미래 사회를 지배할 새로운 트렌드, 혹은 경쟁력의 원천을 이야기하고 있다.

둘째, 미래 사회 경쟁력의 원천, 혹은 미래사회 트렌드의 핵심은 지금 모두 중요하다고 생각하고 있는, 디자인, 상상력, 창의성 등을 거론하고 있지 않다. 버지니아 포스텔은 디자인의 시대를 넘어 스타일의 시대가 온다고 주장하며, 어니스트 스턴버그는 상상력과 창의력보다는 이야기와 이벤트의 중요성을 말하고 있다.

셋째, 그래서 현재의 관점에서 공감을 표할 수 있는 것은 꿈의 사회에서 롤프 옌센이 주장한 컨텐츠 정도일 것이다.

넷째, 의미, 체험, 스타일 등은 앞으로 다가올 미래사회가 어떤 형태의 사회가 될 것인지, 혹은 어떤 요소가 중요하게 평가될 것인지를 시사하고 있다. 이것은 미래사회를 준비하기 위해서는 과거와 과거의 경쟁력에 얽매이지 말고, 전혀 다른 패러다임을 지향해야 한다는 것을 의미한다. 새로운 패러다임은 개인의 특성과 중요한 관련을 가지는데, 이 점은 다음 제2절과 제4부 제6장에서 조금 자세히 검토하기로 한다.

》 표 6-1 네 미래학자의 미래와 관련된 주된 개념

미래학자 이름	저서	주된 개념
어니스트 스턴버그	Icons' Economy	의미(meanings), 이야기(story), 이벤트(event)
롤프 옌센	The Dream Society	컨텐츠(contents), 그림 (picture)
조셉 파인과 제임스 길모어	The Experience Economy	체험(experience)
버지니아 포스텔	The Substance of Style	스타일(style)

CES 2020에서 삼성이 하나의 구호로 제시한 것은 두 가지다. 첫 번째는 '경험의 시대(Age of Experience)'이고, 또 다른 하나는 '할 수 없는 것을 하라(Do what you can't)'이다. 할 수 없는 것을 하라는 것은 혁신과 자기 발전에 대한 비전을 제시한 것이라면, 경험의 시대는 삼성이 자신의 사업 방향에 대한 목표를 제시한 것이다.

경험(experience). 많이 들어본 말이 아닌가? 그렇다. 본문에서 지적한 바와 같이 조셉 파인과 제임스 길모어가 다가오는 미래의 경쟁력 원천으로 제시한 것이다. 그들은 말한다: "정보는 더 이상 새로운 경제의 근간이 될 수 없으며 체험이 부와 일자리를 차지하는 새로운 미래 경제의 기반이 될 것이다."

삼성이 제시한 경험의 시대는 무엇을 말하는 것일까? CES 기조연설에 나선 대표이사는 경험의 시대에 대해 다음과 같이 언급한다: "대부분의 사람들은 제품을 구매할 때, 제품의 소유 자체가 아니라 그 제품이 가져다주는 편리함, 안정, 즐거움 등 삶의 긍정적 경험을 기대한다." "경험의 시대에는 다양한 개인의 라이프스타일에 따라 공간을 변화시키고 도시를 재구성해야 한다."[4]

이 말이 의미하는 바는 다음 세 가지로 평가할 수 있다. 첫째, 삼성은 자신이 만드는 제품의 경쟁력을 제시함에 있어 과거처럼 정보, 디자인의 중요성을 강조하지 않았다. 이 말은 정보나 디자인이 중요하지 않다는 말이 아니라 이미 언급할 필요가 없을 정도로 기본적인 요소가 되었다는 것이다. 둘째, 새로운 경쟁력의 원천 혹은 요소로서 그 제품에 대한 경험을 제시했다. 이것은 본문에

주: LVCC(Las Vegas Convention Center)의 North Hall 벽면에 새겨진 삼성의 구호들과, 삼성이 CES 2020에서 소개한 인텔리전트 로봇 볼리.
자료: 저자 촬영.

---

3 저자의 분석임.
4 이 내용은 삼성전자 뉴스룸에서 가져옴.

서 지적한 경험이 미래의 경쟁력 기반이 될 것이라는 언급과 정확히 일치한다. 삼성이 어떤 경로로 이런 인식에 이르렀는지는 알지 못하나 그 방향은 맞다고 평가하지 않을 수 없다. 셋째, 삼성은 이 경험의 시대를 제시하는 것에 그치지 않고 그것이 공간을 변화시키고, 도시를 재구성하는 방향으로 나아가야 함을 시사하고 있다. 다시 말해, 최종 목표는 사람이 거주하는 일하는 집과 사무실이라는 공간의 재구성, 그런 사람들이 모여 있는 도시의 재구성이다.

삼성은 이런 경험의 중요성을 제시하면서 인텔리전트 로봇인 볼리(앞의 사진 참조)를 시현했다. 사람을 따라 다니면서 사람이 지시하는 대로 가정의 모든 제품들을 조정하는 것이다. 이 볼리는 현지에서 많은 인기를 끌었지만, 아직 완성된 제품은 아니다. 하지만, 앞으로 모든 제품이 나아갈 방향을 제시한 점에서 의의가 크다.

디지털경제의 시대에 그토록 강조한 정보와 지식은 이제 하나의 인프라로 자리잡았다. 그 위에 경험과 체험을 입히지 않고서는 미래에 생존하지 못한다.

제 2 절 새로운 경쟁력의 원천은 무엇인가?

이 절에서 제시되는 모든 경쟁력 요인들은 디지털경제가 시작된 뒤 모든 디지털경제 전반에 걸쳐 유효한 것들이다. 나아가 제4차 산업혁명기에도 이들의 유효성은 변하지 않을 것이다. 다시 말하면, 이 절에서 설명하는 소프트웨어, 컨텐츠, 디자인은 제4차 산업혁명기에도 경쟁력의 기본으로 작용하게 될 것이라는 점이다.

1. 하드웨어에서 소프트웨어로

아이리버는 세계 최초로 mp3 플레이어를 만들었다. 세계 최대의 시장인 미국에 이 제품을 팔아 한 때는 미국 시장을 석권하기도 했다. 하지만, 애플의 아이팟이 나오자 아이리버가 만든 mp3 플레이어는 더 이상 팔리지 않았다. 무엇이 문제였을까? 아이리버 제품이 아이팟이 밀린 이유는 매우 분명하다. 아이리버는 mp3 플레이어라는 하드웨어 제품을 팔았지만, 아이팟은 하드웨어 제품과 함께 그 하드웨어에서 사용할 음악을 함께 팔았다. 나아가 그 음악을 판매할 아이튠스라는 장터도 온라인 상에 만들었다. 아이리버가 하드웨어를 더 멋있게 만드는데 주력할 때 애플은 그 하드웨어와 관련된 컨텐츠와 소프트웨어를 더 멋있게 만드는데 힘을 모았다.

그래서 이렇게 말할 수 있다: "디지털경제가 시작되면서 초기에는 특정제품을 만드는 기술력과 관계되는 하드웨어가 중요하지만, 시간이 지나면 그 하드웨어와 조화를 이루는 소프트웨어가 더 중요하게 되었다." 이것은 하드웨어를 만드는 기술력이 중요하지 않다는 말이 아니라, 어느 정도의 시간이 지나면 하드웨어를 만드는 기술은 보편화되어 하드웨어를 만드는 기술 경쟁력이 제품의 경쟁력이 되기 어렵다는 것을 의미한다. 삼성과 애플의 스마트폰을 추격하는 화웨이와 샤오미를 생각해 보면 알 수 있다.

그래서 디지털경제가 시작되면서 초기의 경쟁력은 하드웨어를 잘 만드는 기업이 가지게 되었지만, 디지털경제가 발전하면서 그 경쟁력의 원천은 하드웨어에서 소프트웨어로 이동하게 되었다. 디지털경제 1.0이 만개하던 시대에 PC 산업을 주도한 것은 PC라는 하드웨어를 만드는 Dell이 아니라 OS를 보급한 MS였다. 디지털경제 2.0 시대를 열었던 아이폰은 초기에는 그 하드웨어적인 특성이 주목을 받았다. 하지만 아이폰이 보급될수록 스티브 잡스가 강조했던 것은 네 모서리가 부드러운 곡선 형태로 된 사각형의 디자인, 그리고 아이콘 배열로 대표되는 아이폰의 초기 화면, 휴리스틱스와 바운스 백 기술로 대표되는 소프트웨어였다. 더 나아가 앱 스토어라는 모바일용 소프트웨어 장터가 아이폰을 특별한 것으로 만들었다. 그래서 아이폰의 경우 지금 하드웨어와 소프트웨어가 절묘한 조화를 이루고 있다.

디지털경제 2.0을 거쳐 디지털경제 3.0, 그리고 제4차 산업혁명을 바라보는 지금 경쟁력 원천으로서의 하드웨어의 중요성이 다시 부각되고 있다. 이것은 상대적으로 다시 하드웨어의 중요성이 그 전 시기와 비교해 증가하고 있다는 것을 의미한다. 예컨대, 자율주행차를 만들기 위해서는 각종 센서와 그 센서에 담길 반도체의 성능이 우수해야 한다. 그러니 디지털경제 3.0 혹은 제4차 산업혁명의 초기에는 하드웨어가 각광을 받을 가능성이 있다. 반도체를 만드는 삼성전자와 SK하이닉스가 현재 각광을 받는 것은 이런 측면에서 이해할 수 있다.

그러니 하드웨어와 소프트웨어와의 관계는, 반드시 이런 형태는 아닐지라도, 다음과 같이 순환한다고 할 수 있다. 디지털경제 어느 시기건 그 시기가 처음 시작될 때는 하드웨어의 중요성이 부각되지만 그 시기가 본격화되면 소프트웨어의 중요성이 부각된다.

- 하드웨어가 중요하다: 디지털경제 1.0 시대의 초기; HP, DELL, 노키아
- 소프트웨어가 중요하다: 디지털경제 1.0 시대의 본격화; MicroSoft

- 하드웨어가 중요하다: 디지털경제 2.0의 초기; 애플
- 소프트웨어가 정말 중요하다: 디지털경제 2.0 초기; 애플
- 소프트웨어와 하드웨어의 조화가 중요하다: 디지털경제 2.0 후반기; 애플, 삼성
- 다시 하드웨어가 중요하다: 디지털경제 3.0와 제4차 산업혁명; 삼성?
- 다시 소프트웨어가 중요하다: 디지털경제 3.0와 제4차 산업혁명의 본격화; 아마존, 구글?

2. 디자인과 상상력

디자인이란 무엇인가? 넓은 의미의 디자인은 어떠한 목적을 위하여 세심한 주의를 기울여 짜는 계획(planning)이나 설계(dessin)를 의미하며, 더 구체적으로는 시각예술에서의 스케치(sketch) 또는 편안한 일상생활을 위한 인공적인 환경이나 그러한 환경행위를 만드는 모든 조형행위를 의미한다.

디지털경제 2.0의 시대를 지나 이런 디자인이 가지는 중요성은 이미 널리 알려져있다. 소비자들은 이제 기능을 보고 제품을 고르는 단계를 뛰어넘어 제품이 주는 기쁨과 정신적인 효용을 보고 구매를 한다. 바로 여기에서 디자인이 새로운 가치를 창출하는 핵심 요소로 작용한다. 그래서 기업의 입장에서는 디자인은 일종의 발명이요, 기업의 구세주다. 네덜란드 필립스사는 "제품의 성공 여부는 디자인이 80%를 차지한다"며 일찍부터 디자인의 중요성을 강조했고 IBM사 역시 "좋은 디자인이 훌륭한 비즈니스"라고 밝힌 바 있다.

하지만, 디자인이 가지는 중요성을 뛰어넘어 그것을 무형의 지적재산권으로 고양시킨 기업은 애플이다. 애플은 trade dress라는 개념을 응용하여 자사의 제품을 하나의 이미지, 하나의 특성으로 부각시켰다. 그래서 제품을 만든 뒤 디자인을 하는 것이 아니라, 디자인을 먼저 한 뒤 거기에 제품의 기능을 적용시키는 형태의 생산을 지속해 왔다. 새롭게 무엇을 추가하는 것이 아니라, 불필요한 것을 배제하는 마이너스 디자인은 이런 환경에서 태어난 것이다.

디지털경제 시대에 디자인이 가지는 의미와 중요성은 정말 중요하다. 하지만 여기서는 단지 디자인의 중요성을 강조하기 보다는, 디자인이 어떠한 사고기반 하에서 어떤 상상력을 기조로 해 태어났는지 혹은 태어날 수 있는지 그 사례를 살피기로 한다. 상상력을 기반으로 하지 않고서는 진정한 디자인은 불가능하기 때문이다. 세계의 다양한 디자인 중, 여기서는 특히 북유럽, 그중에서도 핀란드

그림 6-1	babybjorn의 디자인

자료: 네이버 CCL에서 검색, http://blog.naver.com/naviz?Redirect=Log&logNo=100096988186
　　　http://blog.naver.com/laurel13?Redirect=Log&logNo=50181555249

의 디자인 사례 몇 가지를 소개하기로 한다. 그것은 강소국이라는 이름이 의미하는 바와 같이 이들 국가가 처해있는 사례가 한국과 매우 유사하기 때문이다. 그것은 한국이라는 국가가 디지털경제와 제4차 산업혁명의 시기에 번영을 누리는 길 중의 하나는 '디자인과 상상력'이라는 인식과도 그 맥을 같이 한다. 이제 몇 가지 디자인을 간단한 설명과 함께 제시하기로 한다.

　이유식을 시작하는 아이의 식사가 거의 끝날 쯤이면 주변은 온통 전쟁터를 방불케 한다. 음식을 담은 그릇은 쏟아지기를 여러 번 반복하고 유아의 입 주변은 음식물로 뒤범벅이 된다. 이 같은 근심 걱정을 떨쳐 주는 제품이 세잎 클로버 처럼 생긴 그릇과 수저이다. 스웨덴 에르고노미 디자인(ergonomie design)이 디자인하고, 베이비 비욘(babybjorn)이 생산하는 이 제품은 그냥 둥글기만 한 그릇보다 아이가 훨씬 더 수월하게 숟가락질을 할 수 있고 쉽게 엎어지지 않는다. 이 회사는 아이는 뒤로 업어야 한다는 고정관념을 깨고 부모의 심장박동을 느낄 수 있도록 앞으로 안게 만든 '베이비 캐리어'도 생산하고 있다. 특히 이 캐리어는 한국의 많은 부모들에게 알려져 한국에서도 대중적으로 사용하고 있다([그림 6-1] 참조).

　핀란드에 있는 어느 매장을 가더라도 눈에 가장 잘 띄는 곳에는 주름진 형태의 크고 작은 제품들이 놓여있다. 뭔가를 담는 그릇 같기도 하고 장식품 같기도 한데 알바 알토(Alvar Alto)가 디자인했다며 무척 비싸다([그림 6-2] 참조).

그림 6-2 Alvar Alto의 디자인

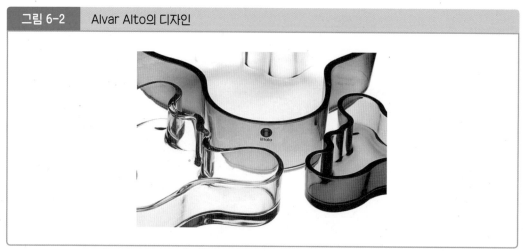

자료: 네이버 CCL에서 검색, http://blog.naver.com/kvikini?Redirect=Log&logNo=110116398400

　　이 제품을 가만히 보고 있으면 호수의 물결처럼 움직이는 것 같다. 이는 핀란드의 국보급 건축가이자 디자이너로 한 시대를 풍미했던 알바 알토라는 작가가 1937년 디자인한 '사보이 꽃꽂이' 라는 공예품이다. 약간 투박하다는 느낌도 받지만 핀란드 호수의 영감이 가미되어 그 작품에 진가를 발휘하게 된다. 핀란드의 알바 알토(Alvar Alto)는 시대를 초월해 솔직하고 담백한 북유럽 디자인의 상징으로 간주되고 있다.

　　북유럽 디자인은 오래 봐도 질리지 않는 외형미, 기능성, 수수함과 담백함, 재

그림 6-3 Bang & Olfusen의 디자인

자료: 네이버 CCL에서 검색, http://blog.naver.com/luric?Redirect=Log&logNo=110186972365

질의 특성을 잘 구현하는 등의 특징을 가지고 있는데 현재 이들 디자인은 '신 모더니즘'으로 각광을 받고 있다. 솔직하고 담백한 디자인이고 북유럽 디자인이 외형의 아름다움을 배제하는 것은 아니다. 오히려, 약간 부족한 것이 좋다는 인식하에 장식을 최소화하는 데 초점을 둔다.

솔직함이 묻어 나오는 디자인을 보여주는 기업으로 뱅 앤 올루프센(Bang & Olufsen)을 들 수 있다. 그들은 연간 6억 달러를 넘는 매출을 올리는 일류 기업이지만 회사에서 나오는 모든 제품은 알루미늄과 검정색의 조합을 띈 심플함을 표면에 드러내고 있다. 그들의 디자인 철학은 '갈수록 불확실한 시대에 가족 같은 평온함과 안정감을 주는 제품'이다. 이처럼 살아있는 디자인을 위해 그들은 전속 디자이너를 단 한 명도 고용하지 않고 오직 프리랜서만을 고집하고 있다. 조직에 물들면 창의성이 떨어진다고 생각하기 때문이다([그림 6-3] 참조).

3. 부각되는 컨텐츠의 힘

제4차 산업혁명의 모체가 되는 디지털경제를 횡단면적인 관점에서 분석한다면 그 구조는 컨텐츠(Contents)－플랫폼(Platform)－네트워크(Network)－기기(Instrument)로 구성된다고 할 수 있다. 즉, 혁신적인 기기(스마트 폰)를 가지고 LTE와 5G망을 통해서(네트워크) 애플의 iOS 위(플랫폼)에서 음악이나 영화(컨텐츠)를 감상하는 것이 전형적인 디지털 소비자의 행위가 된다는 것이다. 기업 역시 과거에는 이 네 단계 중 하나에 특화해서 사업을 해 왔지만 이제는 생태계라는 측면에서 이 네 가지를 모두 아우르는 사업구조를 중점적으로 추진해 나가고 있다. 이 네 가지 혹은 네 단계는 디지털경제의 지속적 발전을 위해 매우 중요하다. 그리고 이들을 동시에 발전시키기 위해서는 이들의 발전을 개별적으로 추진하기보다는 한 부서나 기관에서 종합적으로 발전시키는 것이 유리하다.

하지만, 디지털경제의 경쟁력이라는 관점에서 볼 때 새롭게 각광을 받고 있는 것은 바로 컨텐츠라고 할 수 있다. mp3를 생산하는 아이리버가 애플의 아이팟에 밀린 이유도 바로 이 컨텐츠의 부족 때문이다. 그리고 애플이 디지털경제 2.0의 시기에 시장을 압도한 이유 중의 하나도 하드웨어와 함께 컨텐츠와 같은 소프트웨어를 적절하게 공급했기 때문이다. 플랫폼을 만들고 네트워크를 확장하고 혁신적인 기기를 만드는 것이 중요하지 않은 것은 아니지만, 그 위에 충분한 컨텐츠가 제공되지 않는다면 결코 디지털경제, 그리고 제4차 산업혁명기의 경쟁에서 우위를 차지할 수 없다. 제2부에서 분석한 바와 같이 자율주행차의 광범위한 보급이 이루어질 경우, 최종적인 승자는 바로 이 자율주행차의 플랫폼에 컨텐츠를 제공하는 기업이 될 수 있음을 설명하였다.

제4차 산업혁명의 분석 17 한국의 컨텐츠 산업 현황과 발전방향

컨텐츠 산업에 포함되는 영역은 크게 영화, 음악, 방송, 게임으로 나눌 수 있다. KAIST의 분석[5]에 의하면 2015년의 경우 영화산업의 경우 CJ CGV가 영화산업으로는 처음으로 글로벌 순위 17위(경쟁력 기준, 매출액 기준으로는 19위)에 진입하였다. 방송의 경우 세계 20위권에는 한국의 어느 방송사도 포함되어 있지 않다. 한국의 컨텐츠 산업 중 가장 높은 경쟁력을 보이는 분야는 음악 산업이다. 경쟁력을 기준으로 할 경우 한국의 음악 산업은 세계 20위권에 4개의 기업이 포함되어 있다: SM entertainment(4위, 매출액 기준으로는 13위), Loen entertainment(6위, 매출액 기준 14위), YG entertainment(10위, 매출액 기준 19위), CJ E&M(15위, 매출액 기준 16위). K-pop으로 불려지는 한국 음악이 가지는 경쟁력의 일단을 확인할 수 있다. 게임 산업의 경우 한국 기업은 세계 20위권에 3개의 기업이 포함되어 있다. 경쟁력을 기준으로 할 경우 Nexon(6위, 매출액 기준 10위), NHN entertainment(9위, 매출액 기준 20위), NC Soft Corporation(15위, 매출액 기준 17위) 등 세 기업이 포함되어 있다. 이 컨텐츠 산업을 충분히 육성해 나간다면 반도체-자동차-스마트폰을 잇는 한국의 신성장 산업이 될 수 있을 것이다.

컨텐츠 산업의 육성방안을 이 자리에서 논의하는 것은 적절하지 못할 수도 있다. 그 자체가 하나의 장으로서 깊은 분석을 필요로 하기 때문이다. 그러나 한 가지만 강조하자면, 과거와 같이 '국내에서 검증을 받은 제품을 세계로 가져가는' 것이 아니라 '바로 세계를 무대로 제품을 만드는 방식'이 되어야 한다. 국내와 국외 시장을 구분하는 어리석음을 더 이상 반복하지 않아야 한다. 음악 부문은 신인가수나 새로운 걸그룹 혹은 보이그룹을 만들 때 이미 세계 시장을 염두에 두고 있다. 드라마 부문 역시 그런 추세로 나가고 있다. 2016년 봄, 중국과 한국에 하나의 열풍을 불러 일으킨 '태양의 후예'라는 드라마는 중국과 아시아 시장을 염두에 두고 사전제작의 형태로 제작되었다. 게임 부문은 일찍이 세계를 무대로 제품을 만들어 왔다.

이런 컨텐츠 산업의 육성과 관련 또 하나 관심을 가져야 하는 것은 더욱 더 거세지는 중국의 영향에 어떻게 대처해 나가야 하는 것이다. 턴센트와 같은 중국의 기업들은 한국 컨텐츠 산업의 경쟁력을 알기에 관련 기업의 지분을 확보하는 방안으로 한국에 진출하고 있다. 문제는 이런 추세를 어떻게 하면 위기가 아니라 기회로 활용할 수 있는가 하는 점이다. 다른 산업도 마찬가지지만, 한국의 컨텐츠 산업에 있어서도 중국은 반드시 넘어서야 할 대상으로 떠오르고 있다.

---

5 여기서의 분석이란 KAIST 정보미디어센터가 발간한 『KAIST 글로벌 엔터테인먼트산업 경쟁력 보고서 2015』를 의미한다. 이 단락의 주요 정보는 바로 이 보고서를 참조한 것이다.

1. 체험과 스토리의 힘

디지털경제 3.0의 시대에는 외부에서 주어지는 지식과 정보에 반응하는 수동적인 태도보다는 스스로 지식과 정보를 만들어가는 능동적인 태도가 더 중요하게 부각된다. 이런 능동성은 네트워크의 진화와 밀접한 관련을 가진다. 즉, 주어진 정보보다는 더 확장된 네트워크를 통해 자신이 스스로 그 정보를 확인하고 만들어 간다는 것이다. 이런 태도를 호모나랜스라는 개념을 통해 설명하기로 한다.

호모나랜스는 라틴어로 '이야기하는 사람'이라는 뜻으로, '생각하는 사람'인 호모사피엔스(Homo Sapiens)와 반대되는 개념이다. 미국의 영문학자 존 닐(John Niels)이 1999년 "인간은 이야기하려는 본능이 있고 이야기를 통해 사회를 이해한다"고 주장하면서 이 용어를 처음 사용했다. 이 견해에 따르면 사람은 생각할 때가 있고 이야기할 때가 있는데 지금은 생각할 때보다 이야기할 때라는 것이다. 즉, 인터넷이 발달함에 따라 호모나랜스의 특징인 말하고자 하는 욕구가 두드러지게 나타나게 되는데 이런 호모나랜스의 디지털경제 버전이 이른바 디지털 수다쟁이라는 것이다.

제일기획은 '2008년 신디지털 소비자 디지털 호모나랜스와 디지털스토리 텔링'이라는 보고서[6]를 통해 호모나랜스의 특징을 다음과 같이 발표한 바 있다. 첫째, "나"를 이야기 중심으로 해 적극적으로 자신을 표현한다. 둘째, 잘 알려진 이야기보다는 소소하게 숨겨져 있는 자신만의 이야기를 찾아다닌다. 이를 '적극적인 탐험자'라 한다. 셋째, 해당 상품의 홈페이지보다 소비자들이 이야기를 나누는 공인된 사이트인 'We Media' 즉, 제품리뷰사이트의 소비자상품평을 더 신뢰한다. 넷째, 호모나랜스들이 만들어 내는 이야기는 완전히 새로운 것은 아니라 디지털공간에서 만난 이야기를 재조합해 자신의 이야기로 재창조해 간다. 그래서 이들은 이야기의 '재가공자'이다.

그러면 기업은 이런 호모나랜스를 어떻게 잡을 수 있을까? 호모나랜스를 잡기 위한 가장 좋은 방안은 바로 "디지털 스토리 텔링"이다. 이제 기업은 정보를 큰

6　이 보고서는 제일기획이 주최한 '2008 디지털 리더스 포럼'에서 발표된 것으로 2008년 8월과 9월에 걸쳐 2달간 서울 및 수도권에 거주하는 15세에서 44세 남녀 600명을 대상으로 조사한 것이다. 아래 내용은 이 보고서를 참조한 것이다.

소리로 일방적으로 외치기 보다는 호모나랜스의 관심을 끌만한 '이야기'를 만들어 다가가야 한다. 당연히 이런 이야기는 그들의 이성보다는 감성을 자극하는 형태가 되어야 한다. 이런 방법을 디지털 스토리텔링(Digital Storytelling) 마케팅이라고 한다.

과거 아날로그 시대 소비자들은 완벽한 모습의 브랜드 그 자체를 선호했다. 그래서 그 완벽한 브랜드에는 소비자가 개입할 수 있는 여지가 없었다. 하지만 디지털공간에서 소비자들은 텍스트, 사진, 애니메이션, 동영상, 3차원 그래픽 등 다양한 형태로 이들 브랜드를 시시각각 패러디하고 변화시킨다. 이제 소비자들은 과거와 달리 완벽한 브랜드보다는 그들의 감성과 교감할 수 있는 브랜드를 선호한다. 개별 체험과 스토리 텔링은 그래서 더 중요해진다.

2. 개인과 개별성의 존중

1) 디지털경제의 발전과 제3의 세계화

IT와 인터넷을 기반으로 한 디지털경제가 발전되면서 경제활동에서 거리는 큰 의미를 가지지 않게 되었다. One click away라는 말이 시사하는 바와 같이 단지 마우스를 클릭함으로써 지구 저 편의 상대방과 연결이 가능하게 되었다. 세계화는 이를 두고 하는 말이다. 하지만, 디지털경제 3.0과 제4차 산업혁명이 본격적으로 개화할 경우 세계화는 새로운 단계로 접어들게 된다. 결론부터 말하면 제4차 산업혁명이 본격화될수록 세계화가 거의 완성단계에 접어든다는 것이다. 이런 세계화는 제3의 세계화라고 할 수 있다. 그러면 제3의 세계화란 무엇일까?

경제사적 관점에서 볼 때 세계화는 크게 세 단계로 구분할 수 있다. 첫 번째 세계화는 19세기 이후 구미 선진국이 아시아와 아프리카 그리고 중남미를 식민지로 삼았던 시기를 들 수 있다. 이 시기의 세계화는 제1차 산업혁명을 계기로 경제적 강국으로 등장한 국가에 의하여 일방적으로 시행되었다. 식민지화가 이런 성격을 대변하는 것이다. 그래서 강한 국가가 약한 국가를 강제적으로 편입하는 이런 세계화의 성격은 수탈과 강압이라고 할 수 있다. 두 번째 세계화는 20세기 들어서 기업에 의해 주도된 세계화를 의미한다. 첫 번째 세계화가 국가에 의해 주도된 것이라면 두 번째 세계화는 다국적기업에 의해 주도된 것으로 이들 기업은 국가라는 장벽을 넘어서 자신들의 사업영역을 확대해 나갔다. 이 시기의 세계화는 기업이 주된 매개체라는 점에서 첫 번째 세계화와 같은 수탈과 강압의 성격은 그리 강하지 않았다. 하지만, 이윤추구라는 기업의 냉혹한 속성이 작동하지 않을 수 없었다. 선진기업의 개도국에 대한 투자, 혹은 같은 선진국 사이의 투자라는 외형을 띠면서 이들은 국가가 가지는 힘을 무력화시켜 나갔다.

세 번째 세계화는 인터넷과 IT를 매개로 한 세계화를 의미한다. 이런 세계화는 그 이전의 세계화와는 달리 개인이 세계화의 주체로 등장한다. 실물공간과는 구별되는 온라인 공간, 혹은 사이버공간에서 개인들은 그 이전과는 비교할 수 없는 자유를 누리면서 자신들의 영역을 확대해 나가기 시작한다. 정보접근에 대한 제약은 말할 수 없이 완화되었고, 국가가 가지는 통제는 그 이전과 비교하여 현저히 줄어들게 되었고, 자신의 창의력과 아이디어를 무기로 새로운 사업을 시작하는 것은 그 이전과 비교하여 매우 쉽게 되었다. 물론 이런 시기의 세계화에는 기업들도 나름대로의 혜택을 입지 않는 것은 아니다. 그렇지만 이 세 번째 세계화에서 가장 큰 역할을 하는 것은 개인이라고 할 수 있다. 인류 역사상 최초로 개인은 개별자 혹은 단독자로 표현될 수 있는 주체적인 지위를 획득하게 된다. 철학적 혹은 정신사적 차원에서 개별자 혹은 단독자를 주장하는 사례는 없지 않았으나, 경제적 영역에 이르기까지 개별자 혹은 단독자의 지위를 가지게 된 것은 이 시기가 처음이라고 할 수 있다. 이런 개별자 혹은 단독자의 지위가 가능하게 된 것이 바로 디지털경제 3.0과 제4차 산업혁명기의 가장 큰 특징이다.

2) 개인과 개별성의 존중

이런 사실에서 새로운 경쟁력의 원천이 부상하게 된다. 그것은 다름 아닌 '개인의 부활', 달리 말하면 '개별성의 존중'이다.

이제 다가오는 제4차 산업혁명의 시대에 사람은 다른 사람과의 무차별적인 동조를 벗어나 스스로 개별자로 설 수 있는 지위를 획득하게 된다. 대중의 요구에 자신의 욕구를 억지로 조화시킬 필요가 없으며, 타인이 제공한 지식과 정보에 휘둘리지 않을 수 있으며, 일방적인 광고와 선전에 세뇌될 필요 또한 없어지게 된다. 그는 스토리텔링을 통해 스스로 지식과 정보를 만들어 내며, 그 과정을 통해 능동적인 프로슈머로서 기능하게 되며, 자신의 감성과 일치하는 상품만을 선별적으로 구입할 수 있게 된다. 그래서 인간이 스스로 가지는 그 고유의 개별성이 더 가치있게 떠오르게 된다.

이런 개별성이 존중되게 되는 것은 그렇지 않고서는 디지털경제 3.0이 더 이상 발전될 수 없기 때문이다. 그래서 지식과 정보가 중요하지 않은 것이 아니고, 디자인과 상상력이 중요하지 않은 것은 아니지만, 그와 함께 개인이 가지는 개별성이 존중되지 않고서는 더 이상 경제 자체가 발전하는 것이 어렵게 된다. 이것을 기업의 입장에서 보면 이제 어떤 상품을 만들더라도 개인이 가지는 개별성, 그 개별성을 바탕으로 한 감성적 교류가 전제되어야 한다는 것을 의미한다. 따라서 20세기 이후 포디즘을 바탕으로 한 대량생산 방식의 시대는 사라지고, 각 개인의 특성과 개성을 기반으로 한 거의 완벽한 차별적 생산방식의 시대가 도래하게 된다. 경제학적 특성으로 말할 때 거의 완벽한 '롱테일 이코노믹스'가 실현되는 것이다.

제 4 부

결론: 어떻게 준비할 것인가?

제 1 장

제4차 산업혁명을 어떻게 볼 것인가?

제 1 절 들어가는 질문: 축복인가, 저주인가?

2010년 2월, 영국의 BBC는 '사이버 혁명: 우리는 무엇을 창조했는가? (The Cyber Revolution: What have we created)'라는 특집 프로그램을 방송하였다. 왜 하필 2010년에 이런 프로그램이 방영되었을까? 스티브 잡스의 애플이 아이폰을 출시하여 스마트 혁명(디지털경제 2.0)의 불길을 당긴 것이 2007년이다. 그러니, 2010년이면 그 혁명이 본 궤도에 오르기 시작한 시점, 즉 사람들이 스마트 폰에 열광하기 시작한 시점이다. 그 시점에서 BBC는 인터넷이 어떤 과정을 통하여 누구에 의해 만들어진 것인지 차근차근 설명하면서, 이 인터넷이 세계의 경제, 사회, 정치에 어떤 영향을 미치고 있는지 그리고 앞으로 어떻게 전개될지를 다방면으로 검토한 것이다.

이 특집 프로그램의 부제(副題)는 새겨들을 만하다. 그것은 다음과 같다: '상호 연결된 우리의 디지털 세계는 축복인가, 저주인가? (Is our wired digital world a blessing or curse?)'

BBC가 의도한 것은 디지털경제 2.0에 의해 세계가 본격적으로 연결되기 시작한 시점에서 IT와 인터넷의 영향을 돌이켜보고자 한 것이다. BBC의 이에 대한 결론은 무엇일까? 축복일까, 저주일까? 이 질문과 이 질문에 대한 답은 현재 진행형이다. 어느 시점을 경계로 해서 분명히 답할 수 있는 문제가 아니라는 것이다.

디지털경제 3.0 혹은 제4차 산업혁명의 와중에서 우리는 비슷한 질문을 던질 수 있다. '앞으로 10년에서 15년, 제4차 산업혁명의 물결은 우리에게 축복일까, 저주일까?' 필요하다면 이 질문에 포함된 10년 혹은 15년을 20년으로 바꾸어도 좋다. 충분히 긴 시간 프레임을 가지고 이 질문을 검토할 필요가 있기 때문이다. 또, 이 질문을 좀 더 구체화시켜도 좋다. '인공지능과 로봇이 보편화된 미래의 세계는 우리에게 축복일까, 저주일까?' 제3부에서 살펴본 바와 같이 제4차 산업혁명은 모든 기술, 기기, 기업, 산업, 직업, 현실과 가상공간에 융합의 특성이 나타나게 한다. 그리고 인간의 노동은 갈수록 소외되고, 인공지능과 로봇은 인간에게 가능한 직업의 영역을 축소시키고, 공유경제의 발전으로 제조업은 서비스화되고 플랫폼 기업의 영향력이 커지는 가운데, 현재의 무역 시스템은 디지털무역으로 재편된다. 이런 미래는 축복인가, 저주인가?

제4차 산업혁명의 분석 18　축복인가, 저주인가?[1]

　　2019년. 홍콩에서의 정치사회적 갈등이 절정에 달할 무렵. 홍콩의 시위대가 반드시 챙겨야 하는 물건으로 마스크와 우산이 거론되었다. 왜 마스크와 우산이 필요할까? 경찰 카메라나 거리 곳곳(특히 스마트 가로등)에 설치된 CCTV에 사진을 찍히는 것을 피하기 위해서다. 얼굴이 드러난 사진이 찍혀지면 AI를 활용한 안면인식 기술에 의해 순식간에 신원이 드러나기 때문이다. 홍콩정부가 시위를 막기 위해 꺼낸 법안도 '복면 금지법'이다. 누가 데모를 하는지 알아야 되겠다는 것이다. 홍콩의 일부 시위대는 이런 조치에 대응하기 위해 CCTV와 스마트 가로등을 부수기도 했다.

　　천망(天網). 중국어로는 톈왕이라 불리는 이 시스템. 하늘의 그물이라는 의미를 가진 이 시스템은 범죄 용의자 추적을 위해 만들었지만 약 2억대의 CCTV를 통해 국민의 일거수 일투족을 감시한다. 이 천망의 목표는 다양한 안면인식 데이터베이스를 구축하여 13억 중국인 누구의 얼굴이라도 3초 안에 90%의 정확도로 식별하는 것이 목표라고 한다(머니투데이 2019년 10월 8일).

　　안면인식 시스템은 양 날의 칼이다. 안면인식 시스템을 위해 거리 곳곳에 설치된 CCTV는 범죄자의 추적을 용이하게 하고, 그래서 범죄 발생을 감소시키는 효과를 발휘한다. 하지만, 그와 같은 정도로 의도치 않게 개인의 사생활을 하나 하나 파악하는 효과도 발휘한다. CCTV만 있다고 이런 시스템이 발전하는 것은 아니다. 카메라에 노출된 사람이 누구인지 파악하기 위해서는 개인정보의 확보가 필수적이다. AI를 통해 누구인지를 파악하기 위해서는 개개인에 대한 정보가 필요하기 때문이다. 개인정보 누출이나 사생활 보호에 민감한 서구 유럽사회에서는, 바로 이런 문제 때문에 안면인식 시스템에 호의적이 아닌 분위기도 감지된다. 하지만, 중국에서는 이에 대한 문제의식이 아직 높지 않다.

　　안면인식 시스템은 제4차 산업혁명의 산물임은 분명하다. 이것은 축복인가, 저주인가?

1　저자의 분석임.

기술진보, 산업혁명 그리고 생산성 향상

제1부에서 설명한 바와 같이 새로운 기술진보가 산업혁명의 이름을 얻기 위해서는 최소한 사회 전반의 실질적인 생산성 향상, 그리고 사회 전반의 패러다임 변화가 있어야 한다.

지금 진행되고 있는 제4차 산업혁명은 사회 전반의 실질적인 생산성 향상을 가져왔는가? 아직 이 질문에 대해서는 그다지 긍정적인 답변이 나오지 않는다. 2020년의 시점에서 볼 때 2008년의 세계적 금융위기의 여파가 완전히 치유되지 않은 가운데, 미국을 제외하고서는 본격적인 경기회복의 기미가 보이지 않기 때문이다. 하지만 '제4차 산업혁명의 분석 3'에서 본 바와 같이 새로운 기술진보가 보편화되더라도 그것이 실질적인 생산성 향상으로 연결되기 위해서는 상당한 시간이 필요할 수 있다. 그래서 제4차 산업혁명의 효과에 대해서도 같은 답변을 할 수도 있다. 사회 구성원이 실질적인 생산성 향상을 목격하고 그것에 의한 혜택을 보기 위해서는 조금 더 기다릴 필요가 있다는 것이다.

여기에서 다시 질문을 던진다. 가까운 미래(5년에서 10년 사이가 적당할지 모른다)에 우리가 기대하는 실질적인 생산성 향상을 볼 수 있다고 해도, 그 혜택이 한 사회를 이루는 모든 사람에게 공평하고 공정하게 돌아갈 것인가? 기술진보에 의한 생산성 향상과 그 결과의 분배는 전혀 다른 문제다. 인공지능과 로봇의 보편화로 생산성이 획기적으로 증대한다 하더라도, 인공지능과 로봇 때문에 직업을 잃은 사람들 혹은 조기에 퇴직을 하게 된 사람들에게는 그 혜택이 돌아가지 않을 수도 있다. 제1차 산업혁명의 시기에 러다이트 운동(기계파괴운동)이 일어난 것도 이런 맥락에서 이해할 수 있다. 우버나 타다와 같은 공유택시에 대한 저항이 일어난 것도 같은 맥락에서 이해할 수 있다. 로봇세에 대한 논쟁이 일어나는 것도 바로 이러한 이유에서이다. 그래서 새로운 산업혁명으로 한 사회 구성원 모두가 혜택을 받기 위해서는 기술진보와는 또 다른 사회적 제도를 필요로 한다. 그러므로 이 문제에 대해서만 말하자면, 제4차 산업혁명에 의한 생산성 향상이 사회 전체에게 혜택이 돌아가지 않는다면, 혜택을 보지 못한 계층에게는 저주로 다가올 것이고, 혜택을 독점하는 계층에게는 축복으로 다가올 것이다. 이 문제는 제4장에서 다시 자세히 검토될 것이다.

생산성 향상과 그로 인한 혜택의 배분 문제는 사회적 패러다임의 변화와 그로 인한 효과와 비교하면 차라리 사소한 문제일 수 있다. 제4차 산업혁명으로 인한 사회적 패러다임의 변화는 한 사회의 구조와 운영방향, 나아가 조금 더 크게 말하면 인류가 만들어온 문명에 대해 심각한 성찰을 필요로 하기 때문이다. 우리는 이 사회적 패러다임의 변화에 대해서는 시대적 성격과 시대를 대표하는 상품(제2장), 그리고 인간다운 삶의 보장(제3장)이라는 측면에서 자세히 설명할 것이다. 하지만 이 사회적 패러다임의 기본적인 특징이 무엇인지는 규정을 하고 가야 한다. [그림 1-1]에서 보는 바와 같이 제4차 산업혁명의 새로운 사회적 패러다임은 지능정보기술을 바탕으로 한 지능사회라고 볼 수도 있다. 특히 로봇과 인간의 공존, 기계가 인간의 사고를 대체한다는 것은 지금까지의 사회와는 전혀 다른 구조와 운영방향이 만들어질 수 있다는 것을 의미한다.

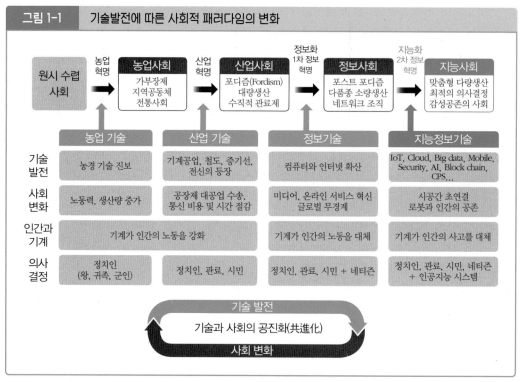

그림 1-1　기술발전에 따른 사회적 패러다임의 변화

자료: 서병조의 자료를 박상현(2017), "지능정보기술이 가져올 사회변화와 산업혁신," 월간 기술과 경영, 2017년 11월호, pp. 19-22, [그림 1] 재인용.

사회적 패러다임의 변화는 이것만이 아니다. 이런 지능사회라는 중립적인 개념 규정 하에서, 지금도 심각한 양상으로 진행되고 있는 부와 계층의 양극화가 더 빨라지고, 인류가 직면하고 있는 기후변화와 환경보호 같은 문제에 역설적으로 '인간이란 무엇인가?'와 같은 질문이 더해진다면 인류의 미래는 장담할 수 없다.

그러므로 이런 사회적 패러다임의 변화가 축복인지, 저주인지는 쉽게 평가할 수 없다. 부와 계층의 양극화를 완화할 수 있는 새로운 사회적 제도를 만들어내고, 기후변화와 환경문제에 제4차 산업혁명에 기반을 둔 새로운 기술을 활용할 수 있다면 그것은 인류 전체에 축복으로 다가올 것이다. 문제는 그런 사회적 제도와 방향에 대한 공감을 이끌어내고, 기후변화와 환경문제에 어떤 방법으로 전 세계의 공조를 이끌어내면서 새로운 기술을 적용할 수 있느냐는 여전히 풀기 어려운 과제이다.

또, 로봇과 인공지능이 인간과 공존할 수 있는 방향 혹은 그런 제도를 마련할 수 있다면, 나아가 로봇과 인공지능을 인간에게 유리한 방향으로만 활용할 수 있다면 그 역시 인류에게 축복으로 다가올 것이다. 하지만, AGI(Artificial General Intelligence)에 바탕을 둔 휴머노이드가 보편화되어 호모 사피엔스라는 인류의 생물학적 개념에 호모 로보티쿠스라는 새로운 개념을 적용해야 한다면, 그리고 이에 대한 대처를 미리 준비하지 않는다면 제4차 산업혁명은 우리에게 축복이 아니라 그 반대의 상태로 다가올 수도 있다.

제4절   한국, 어떻게 해야 하나?

지금까지 제4차 산업혁명을 기본적으로 어떤 관점에서 이해해야 하는지, 혹은 할 수 있는지 그 기본 입장을 정리해 보았다. 당연한 말이지만, 한국 역시 장기적인 관점에서 이런 거시적인 안목을 가져야 할 필요가 있다. 하지만, 이런 거시적이고 장기적인 문제에 집착하느라, 제4차 산업혁명의 강을 건너는 구체적인 과정에 대한 준비를 소홀히 해서는 안된다. 강을 건너지 않고서는 새로운 목적지로 갈 수 없기 때문이다.

그래서 정말 우리에게 필요한 것은, 이런 제4차 산업혁명의 물길에 어떻게 보다 더 적극적이고, 능동적으로 대처할 수 있는지 그 구체적인 방안을 모색하는 것이다. 물론 여기서 제시하는 것이 모든 세부적 정책방향을 포괄하는 것은 아니지만 최소한 앞으로 20년 우리가 지향해야 할 비전은 제시되고 깊이 논의되어야 한다.

이런 점을 염두에 두고, 다음 2, 3장은 이 장에서 논의한 제4차 산업혁명의 거시적 관점을 조금 더 자세히 설명하고, 4, 5, 6장은 우리가 지향해야 할 비전과 방향을 조금 더 구체적으로 제시하려 한다.

제4차 산업혁명의 분석 19   새로운 물결, 다가오는 2040년의 미래[2]

왜 2040년일까?

가장 먼저, 이때쯤 현재의 20~30세대가 우리 사회의 허리를 이루게 된다. 40세에서 50세의 나이. 전도양양하지 않은가? 하지만, 한국은 2017년에 이미 고령사회(65세 이상의 인구비율의 전체 인구의 14%를 넘는 것)에 진입했고 2040년경이면 초고령 사회(65세 이상 인구의 비율이 전체 인구의 20%를 넘는 것)에 진입한 지도 오래된다. 누가 누구를 부양하나? 우리는 다 노인이 아닌가? 그러니 한국 사회는 요동치지 않을 수 없다.

그렇지만 그런 변화는 앞으로 20년 이 세계가 경험하게 될 변혁과 비교하면 조족지혈일 수 있다. 지금은 느끼지 못할 수 있으나, 2040년이 되면 우리가 어떤 변혁의 강을 건너왔는지, 그리고 그 강을 잘 건너왔는지 그렇지 않은지 알 수 있게 된다. 변화와 혁명의 강이다. 단순한 인구구조의 변화가 아니라, IT와 인터넷을 바탕으로 한 새로운 기술과 산업의 변화, 지중해와 대서양을 거쳐 이제 개화되는 태평양 시대로의 전이, 그리고 이를 바탕으로 한 역사와 사회의 새로운 패러다임이 우리를 기다린다. 10년이라는 세월은 강산을 바꾸지만, 앞으로의 20년은 우리 삶을 송두리째 바꾸게 된다.

인류의 역사가 보여주듯이, 기본적으로 이런 변혁은 긍정의 기운을 띤다. 아니, 새로운 산업혁명, 세계 헤게모니의 변화, 패러다임의 변화가 기다리는 이 시기를 긍정의 마음으로 맞이해야 한다. 하지만, 그 변혁의 기미를 눈치채는 것과 그렇지 못한 것은 하늘과 땅의 차이이다.

건너야 할 우울한 5~6년

하지만, 그 무한긍정의 대변혁 시대로 접어들기 위해서는 앞으로의 고통스러운 5~6년을 견뎌야 한다. 엄동설한의 강 위를 건너야 한다.

무엇보다 먼저, 2008년에 시작된 국제금융위기가 아직 끝나지 않았다. 미국이 먼저 회복되고 있지만 미국의 회복만으로 세계 경제의 본격적인 회복을 기대할 수 없다. 세계 경제의 또 다른 축인 EU(특히 독일)와 일본은 제각각 디플레이션의 악몽과 잃어버린 20년의 꿈에서 아직 헤어나지 못하고 있다. 일본의 아베노믹스는 절반의 성공이라는 평가를 받고 있지만, 그것은 반대로 절반의 실패일 수도 있다. 게다가 러시아, 멕시코, 브라질 같은 신흥국은 유가 등 원자재 가격의 조정으로

---

2 이 글은 필자가 2015년 1월 1일 부산일보에 기고한 글을 현재에 맞추어 수정, 확대, 보완한 것이다.

새로운 금융위기의 움직임을 보이고 있다. 중국 역시 본격적인 경제회복보다는 수출위주의 경제를 내수위주로 변화시키는 구조조정의 와중에 있다. 그러니 대외의존도가 높은 한국으로선 만만치 않은 파도를 만난 셈이다.

이뿐 아니다. 패권전쟁으로 대표되는 미국과 중국의 무역전쟁은 잠시 휴전하는 듯하더니 다시 열전의 길로 가고 있다. 한국과 일본의 무역분규도 언젠가 과거의 일로 될 것이지만, 아베의 일본이 가는 길은 사뭇 불안하다. 미국과 북한의 핵무기 협상의 결과에 따라서는 한반도의 명운이 갈릴 수도 있다.

살얼음 위를 걷는 마음으로 향후 5~6년간(이게 짧으면 얼마나 좋을까) 구조조정에 나서지 않을 수 없다. 우울하지만 무한긍정의 미래를 바라보며 정치, 경제, 사회 심지어는 교육부문까지 구조조정에 나서야 한다. 구조조정을 어떻게 하느냐도 중요하지만, 그것을 어떤 방향으로 무엇을 염두에 두고 하느냐가 더 중요할 수 있다. 특히 이 변혁의 시기에는 그 방향설정이 구조조정의 성패를 좌우할 수도 있다.

무엇을 바라보고 가슴에 새겨야 할까?

누구나 다 안다고 한다. 하지만, 20년 뒤 지금 우리를 뒤흔들고 있는 제4차 산업혁명의 물길이 우리의 삶을 어떻게 바꿀지 조금이라도 진지하게 생각해 본 적이 있을까? 20년 전인 2000년 초, 초기 슈퍼컴퓨터의 성능을 능가하는 컴퓨터(스마트폰이 그렇다)를 우리가 매일 가지고 다닌다는 것을 상상할 수 있었을까? 아바타 영화의 마지막, '조 샐다나'가 연기한 '네이티 리'는 실제의 자기를 버리고 아바타인 나비족을 택한다. "에이 영화니까"라고 할지 모른다. 15년 뒤에는 우리가 현실이라고 부르는 이 삶에 만족하지 못한 나머지 가상공간에서 새로운 자기를 만들어 전혀 다른 삶을 살아가는 사람을 만날 수 있다. 허무맹랑할지 모르나, 오큘러스라는 새로운 게임기는 현실처럼 직접 체험할 수 있는 가상공간을 지금도 우리에게 제공한다.

무엇을 말하는 것일까? 지금 우리는 인공지능과 사물인터넷이 만들어가고 있는 새로운 산업혁명의 와중에 있다는 것이다. 그것은 단순히 조금 더 성능이 뛰어난 스마트폰을 만들고 인터넷 속도를 더 빠르게 하는데 그치는 것이 아니다. 제품과 서비스를 바꾸고, 산업을 바꾸고, 그래서 우리의 사회, 교육, 문화, 마지막으로는 우리 삶 자체를 바꾸는 것이다. 가령, 3D프린팅, 클라우드 컴퓨팅, 사물인터넷(IOT: Internet of Things) 등은 지금까지의 생산방식을 변화시켜, 결과적으로 상상력과 창의성을 넘어 개성과 감성을 강조하는 방향으로 우리의 교육에 일대 전환을 요구하게 된다. 실감이 나지 않을 것이다. 그렇다면, 2007년 1월 스티브 잡스가 샌프란시스코에서 출시한 아이폰이 우리 경제와 삶을 어떻게 바꾸었는지, 그리고 앞으로 어떻게 더 바꿀지 한 번 생각해 보라. 모바일 혁명이라는 말은 과장이 아니다.

그런데 한국은 무엇을 하고 있는가? 세계는 한국을 인터넷 속도가 세계에서 가장 빠른 나라로 칭송한다. 투 썸즈 업(two thumbs up: 최고다). 하지만, 거기까지다. 그 인터넷의 바다를 종횡무진 누비고 다니는 것은 누구인가? 애플, 구글, 아마존이다. 삼성전자가 하드웨어에서 괄목할 만한 성과를 내고 있지만, 소프트웨어와 컨텐츠에선 아직 게임이 안된다. 한 수 아래라고 봤던 중국이 이 인터넷의 세계에서 앞서 나간다. 마윈(Jack Ma)의 알리바바, 레이쥔(Lei June)의 샤오미는 각각

전자상거래와 스마트폰에서 발군의 성과를 내고 있다. 한국이 금융규제로 주춤하는 사이, 미국은 물론 중국마저 핀테크에서 앞서 나가고 있다. 언제 이렇게 성장했을까?

제4차 산업혁명에서 중국이 앞서나가는 것은 또 다른 배경이 있기 때문이다. 단순히 실리콘밸리를 모방한 중관촌이 북경에 있기 때문이라고 평가절하해서는 안된다. 그 거대한 산업혁명 밑에 또 다른 큰 흐름이 있다. 지중해와 대서양을 거쳐 이제 태평양의 시대가 눈 앞에 열리고 있고, 그 가운데에 일본이 아닌 중국이 있다는 것이다. 헤게모니의 변화다. G2의 시대가 가고 G1의 시기가 온다는 것은 알고 있지만 그것이 의미하는 바는 실감하지 못하고 있다. 20년 뒤, 중국은 지금까지 미국이 그렇게 해 온 것처럼 제법 현명하게 세계 변화의 흐름을 주도하고 있을까? 세계의 모든 나라가 중국으로 와 조공을 바친다는 소위 만방조래(萬邦朝來)라는 중국의 잠재의식이 어느 순간 튀어 오르지는 않을까?

아니 그보다는 한국은 현재 중천에 떠있는 미국과 FTA를 체결하고, 떠오르는 중국과도 FTA를 체결했으니 마음 놓고 있어도 될까? 여전히 큰 힘을 발휘하는 EU와도 FTA를 체결했으니 한국은 태평성대를 누릴 수 있을까? 미국이 빠진뒤 일본의 주도로 체결된 CP-TPP(Comprehnsive and Progressive Trans-Pacific Partnership; 환태평양경제동반자협정)에는 가입해야 할까? 하지 말아야 할까? RCEP(Regional Comprehensive Economic Partnership; 역내포괄적경제동반자협정)는 타결되었지만 일본과의 관계는 어떻게 재정립해야 할까? 여전히 우리 발목을 잡는 북한 문제에는 어떻게 대처해야 하고, 핵에너지라는 문제는 어떻게 풀어나가야 할까?

깨어서 그 물결을 지켜보고 준비하자

가장 필요한 것은 깨어있는 것이다. 산업혁명과 헤게모니의 변화, 그리고 이에 따른 패러다임의 변화가 언제 물밀 듯이 찾아와 우리를 넘쳐 누를지 모른다. 찾아올 신랑을 맞이하는 신부의 마음으로, 다가오는 2040년의 새 물결을 긍정의 눈초리로 바라보아야 한다. 늘 그런 것처럼 미래는 깨어서 준비하는 자의 것이다. 그러나 그러나 말이다. 지금 한국은 이 새로운 물결을 어느 정도 알고, 어느 정도 준비하고 있을까?

제 2 장

이런 시대의 성격은 무엇이고 시대를 대표하는 상품은 무엇인가?

제 1 절 시대의 성격: 단절과 혼란

우리는 제3부에서 디지털경제 3.0이 발전된 제4차 산업혁명의 시대에 어떤 경제적 변화가 일어나고 있는지, 혹은 일어날 것인지를 살펴 보았다.

현재 진행되고 있는 디지털경제의 궁극적인 발전과 진화를 어떤 시각으로 보건 한 가지 분명한 사실은 다가오는 시대는 '새로운 산업혁명의 시기'라는 것이다. 이 산업혁명에 3차 혹은 4차 접두어를 붙이는 것은 그리 큰 의미가 없다. 기준과 관점에 따라 산업혁명의 숫자는 변동될 수 있기 때문이다. 조금 더 설명하자면 제1부에서 본 바와 같이 클라우스 슈밥의 논리를 따르자면 그것은 제4차 산업혁명이지만,[1] 제러미 리프킨의 견해를 따르자면 그것은 제3차 산업혁명에 불과하기 때문이다.

여기서 구체적인 질문을 던진다. 이 새로운 산업혁명의 시기, 앞으로 우리가 지나가야 할 20여년의 시대가 가지는 구체적인 성격은 무엇일까?

1. 단절의 시대

제1부에서 본 바와 같이 모든 산업혁명은 변혁의 시기를 지난다. 어떤 시대의 구조적 변화에 산업혁명이라는 이름을 붙이는 것은 기술적 진보가 단지 경제(생산성 향상, 고용구조 변화, 산업구조 변화 등)에만 변화를 주는 것이 아니라, 한 사회

---

1 이 책도 기본적으로 이런 관점을 따른다.

의 모든 부문에 걸쳐 매우 큰 변화를 초래하기 때문이다. 그래서 모든 산업혁명은 그 이전의 시기와 비교하여 현격한 격차를 만들 수밖에 없다. 제1차 산업혁명으로 인한 증기기관의 발명과 노동자 계층의 대두, 제2차 산업혁명으로 인한 공장시스템의 발명과 대량생산 시대의 도래, 제3차 산업혁명으로 인한 인터넷의 발명과 연결된 사회의 출현이 그것이다. 하지만 이런 산업혁명의 진행과정에서 사회는 현격한 변화를 경험하기는 했지만, 그것은 일종의 연속적인 과정이었다. 노동자 계층은 어느 날 갑자기 대두한 것이 아니라, 공장에서 생산이 가능하게 됨에 따라 지방의 노동력이 도시로 집중하는 과정에서 생겨난 것이다. 대량생산 역시 어느 날 갑자기 하늘에서 떨어진 것이 아니라, 부분적인 생산의 시대를 거치다가 컨베이어 시스템이 발명됨으로써 대량생산의 시대로 서서히 변모해 간 것이다. 연결된 사회 역시 어느 날 갑자기 등장한 것이 아니라, 세계적인 인터넷의 보급으로 서서히 출현하기 시작한 것이다. 산업혁명의 격변기에 모두 새로운 변혁이 일어났지만 기본적으로 그 변혁은 과거부터 진행된 '일련의 과정'을 거쳐 나타난 것이다.

제4차 산업혁명 역시 그 이전의 경우와 같이 새로운 변혁의 시기를 거칠 수밖에 없다. 하지만 이 시기에는 과거의 산업혁명과는 달리 그 변혁이 어느 정도의 연속적인 과정을 통해 드러나는 것이 아니라, 상당히 과격하고 급진적인 비연속적인 과정을 통해 드러나게 된다. 물론 제4차 산업혁명 역시 디지털경제의 발전과 밀접한 관련을 가지기 때문에 이 역시 하나의 연속적인 과정이라고 이해할 수 있다. 하지만 여기서 강조하는 것은 그 과정의 결과 드러난 변혁이 매우 비연속적이고 과격하다는 것이다.[2]

그래서 제4차 산업혁명 이후 목격하게 되는 거칠고 과격한 변화를 '단절'이라는 말로 표현하고 싶다. 다시 말해, 앞으로 20여년 우리가 목격하는 사회는 단절의 사회가 될 가능성이 높다는 것이다.

이런 단절은 우선 역설적으로 경험의 단절로 드러난다.[3] 제4차 산업혁명의 가장 기본적인 인프라 중의 하나는 사물인터넷이다. 사물인터넷으로 인해 사물과 사물이 연결될 뿐 아니라, 사물과 사람, 그리고 공간이 연결된다. 이것은 인류가 한 번도 경험하지 못한 새로운 세계, 즉 모든 것이 연결된 세계가 다가온다는 것을 의미한다. 이 모든 것이 연결된 세계를 이해하는 것만 해도 벅찬데, 이 연결된

---

2 이것을 제1부에서 not incremental but disruptive 란 표현을 사용하여 설명하였다.
3 이런 단절 외에도 사회 계층의 단절이 심각한 문제로 다가온다. 그 계층의 단절은 제3장에서 인간다운 삶을 보장하는 측면에서 다시 검토할 것이다.

세계를 더 복잡하고 이해하기 어렵게 만드는 것이 있다. 그것은 제4차 산업혁명의 또 다른 인프라인 인공지능이다. 모든 것이 연결된 세계에 '스스로 학습할 수 있는 능력'을 가진 인공지능이 결합된다면 미래의 구체적 모습을 예견하는 것은 사실상 불가능하다. 인간보다 더 뛰어난 지각을 보이는 존재가 모든 것이 연결된 세계를 조정한다면, 그 연결된 시간과 공간은 인간에는 '경험이 단절되는 연결'이 될 수밖에 없다는 것이다. 스스로 개입할 수 없고, 스스로 조정할 수도 없고, 정해진 매뉴얼에 따라 혹은 효율성에 따라 연결이 진행된다는 말이다. 쉬운 예를 들자. 이 시대에는 인간과 인간은 그 어느 시대보다 더 외형적으로 연결된 형태를 유지하지만, 인간을 인간답게 하는 실질적인 의미에서는 전혀 연결되지 않게 된다는 것이다.

2. 혼란의 시대

제4차 산업혁명의 시대는 이런 단절의 시기이면서 또 '혼란'의 시대이기도 하다. 이 경우 혼란은 '인지의 혼란'을 의미한다. 이런 인지의 혼란은 크게 두 가지로 구별할 수 있다.

첫째, 가상현실의 대두로 인한 인지의 혼란이다. 가상현실은 온라인이나 오프라인 상에서 인터넷과 연결되거나 혹은 새로운 기기의 도움을 빌려 경험하게 되는 현실이다. 가상현실을 새로운 서비스가 제공되는 단순한 플랫폼으로 이해할 수도 있으나, 가상현실에 대한 기술적 발전은 우리가 현실이라고 인식하는 실제적 사물과 사건의 개념에 일대 변혁을 가져온다. 쉽게 말하자. 현실이란 무엇인가? 와 같은 철학적인 질문이 나올 수 있다. 무엇이 진정한 현실이고, 무엇이 가상으로 만든 현실인지, 혹은 그 양자를 구별할 수 있는 것은 무엇인가? 영화 아바타나 인셉션의 세계가 더 이상 공상과학의 세계가 아니라 구체적으로 마주하게 되는 세계로 변하게 된다. 지나친 철학적인 추론일지 모르나 꿈과 현실이 하나가 되는 매우 이상한 혼란을 경험하게 될 수도 있다.

둘째, 구별의 혼란이다. 이런 구별의 혼란이 가장 구체적으로 드러나는 분야는 인공지능을 장착한 휴머노이드와의 관계에서이다. 쉽게 말하자. AGI가 장착된, 인간과 유사한 로봇을 우리는 어떻게 이해하고 접근해야 하는가? 한 가지 질문을 더해보자. 인간과 로봇이 결합된 존재가 출현하게 된다며, 그 존재는 인간인가, 로봇인가? 공상 과학적인 이야기로 치부할 수도 있다. 하지만 아래의 분석에서 보는 바와 같이 이번 제4차 산업혁명은 인간을 대상으로 한 마지막 산업혁명이 될 수도 있다. 앞으로의 산업혁명은 인간과 로봇을 모두를 대상으로 진행될 수도 있기 때문이다.

🤖 제4차 산업혁명의 분석 20   마지막(?) 산업혁명[4]

산업혁명에 마지막이 있을 수 있는가? 이 책에서 일관되게 말하고 있는 것처럼 지금 우리는 제4차 산업혁명의 긴 터널을 지나고 있고, 조만간 그 산업혁명이 꽃처럼 피어나는 것을 보게 될 것이다. 그러면 그 뒤에는 어떤 일이 일어날까? 선형론적 문명관에 의하면 새로운 산업혁명이 우리를 기다리게 된다. 기술의 변화는 여전히 그 끝이 없이 계속되기 때문이다.

하지만, 이 제4차 산업혁명은 인류가 경험할 수 있는 마지막 산업혁명이 될 수 있다. 인류가 더 이상 새로운 기술혁신을 이룰 수 없다는 말이 아니라, 인간 그 자체가 새로운 개체 혹은 그 무엇(?)으로 변해버리면 그 이후의 기술혁신은 산업혁명이 아닌 별개의 개념으로 이해될 수밖에 없기 때문이다.

사물인터넷, 3D 프린팅, 빅데이터, 사물인터넷, 인공지능, 로봇, 그리고 거기에 BT와 NT가 결합되면 인간은 더 이상 호모사피엔스가 아니게 될 수 있다. 본문 중에 잠깐 언급했지만, 인간의 산업과 문명을 이루는 주체가 더 이상 호모사피엔스로 인식해온 인간이 아닐 수 있다. 인간과 로봇이 결합된 아니 혼합된 그 무엇이 산업과 문명의 주류로 떠오를 수 있다. 이 인간을 아니 이것(?)을 무엇이라고 불러야 하나? 호모 사피엔스가 아닌 호모 로보티쿠스. 이런 표현이 가능할까? 제2부의 로봇 편에서 설명한 인간과 로봇이 묘하게 결합되거나, AGI의 발달로 인간 이상의 인지와 능력을 가진 존재가 출현하게 된다면 인간이 지금까지 만들어온 문명과 산업은 전인미답의 경지로 들어서게 된다.

너무 지나친 질문이라고 할 수 있다. 하지만, 2016년 3월 알파고가 이세돌을 이겼을 때 그 미래의 가능성은 현실로서 우리 앞에 다가왔다. 많은 전문가들은 말한다. 아직 인공지능은 그런 수준이 되지 못한다고. 인간이 충분히 인공지능의 발전을 콘트롤할 수 있고, 인류를 위해서 인공지능을 활용할 수 있다고. 하지만, 스티븐 호킹은 말한다. 인공지능의 발명은 인류의 가장 큰 실책이라고. 제2부의 인공지능과 로봇을 설명하는 자리에서 인공지능의 가능성과 위협에 대해서는 충분히 설명했다.

너무 큰 담론이라고 말할지 모른다. 하지만, 작은 일이 가지는 의미를 제대로 이해하지 못할 경우 그 작은 일이 가져올 엄청난 결과에 효과적으로 대처할 수 없다. 지금 당장 눈 앞에 닥치는 일은 아닐지 모르나, 어쩌면 우리는 더 이상 산업혁명의 미래가 보이지 않는 그 미래를 향해 한 걸음씩 다가가고 있을지 모른다. 무슨 말인가? 앞으로도 기술혁신에 기반을 둔 산업혁명은 계속되겠지만 제5차 산업혁명은 호모 사피엔스인 인간을 위한 것이 아니라 호모 사피엔스와 호모 로보티쿠스를 동시에 겨냥한 혁명이 될 가능성이 있다.

---

4 저자의 분석임.

시대를 대표하는 상품: 로봇과 자율주행차

이런 '단절'과 '혼란'이 공존하는 시대는 IT와 인터넷만이 중요한 것이 아니다. 우리가 앞서 살펴보았지만, 모든 현존하는 기술(NT, ET, CT, BT 등)과 에너지 자원이 이 시대의 성격을 좌우하게 될 것이다.

여기서 한 가지 질문을 던진다. 단절과 혼란이 이 시대의 성격이라면, 이 시대를 가장 잘 드러낼, 혹은 대표할 수 있는 상품 혹은 아이템은 무엇일까? 제1차 산업혁명의 경우 그것은 증기기관 혹은 기차이고, 제2차 산업혁명의 경우에는 자동차이고, 제3차 산업혁명의 경우에는 PC와 스마트폰이라 할 수 있다. 제4차 산업혁명의 시기에는 로봇과 자율주행차가 대표적인 아이템이 될 가능성이 높다.

1. 로 봇

로봇은 미래의 상품이 아니다. 지금도 각종 공장에서 로봇은 인간을 대신하여 단순육체 노동을 효율적으로 제공하고 있다. 제2부에서 설명한 바와 같이 제4차 산업혁명을 거치면서 로봇은 이런 산업현장의 로봇을 뛰어넘어, 거의 모든 영역에서 인간을 대체할 것이고, 인공지능의 발전은 이런 대체 속도를 더욱 빠르게 할 것이다. 그래서 로봇이라는 문제는 다음과 같은 세 가지 측면에서 깊이 생각할 필요가 있다.

첫째, 로봇에 의해 대체됨으로써 직업을 잃게 되는 문제를 어떻게 인식하고 어떤 방향으로 대응책을 마련할 것인가? 인공지능이 개화되면 고도의 지능을 요하는 분야에까지 로봇은 인간을 대체할 것이다. 어떻게 할 것인가? 로봇과 인공지능에 의한 직업의 변화, 혹은 직업의 상실 문제는 제3부에서 이미 살펴보았다. 문제는 이 문제에 대한 대응책이다. 이 대응책은 두 가지로 나눌 수 있다. 직업을 상실하거나 경제적 능력을 잃어버린 사람들에게 어떻게 인간의 기본적인 삶을 누리도록 할 것인가? 이 문제는 다음 제3장에 인간다운 삶의 보장이라는 측면에서 검토할 것이다. 또 다른 문제는 앞으로 20년 이런 사회를 예상하면서 어떤 방식으로 자신의 능력을 개발하고, 이에 맞추어 교육제도를 변화시킬 것인가 하는 점이다. 이 문제는 제5장 교육제도의 변화라는 측면에서 검토할 것이다.

둘째, 인간과 유사한 지능을 가지고 인간과 유사한 외형을 가진 로봇이 개발된다면(그리 먼 미래의 이야기가 아니다) 인간과 로봇의 관계를 어떻게 설정한 것인가? 이미 제2부에서 본 바와 같이 EU에서는 인간의 권리장전과 같은 로봇의 권리장전 문제가 논의되었고, 사우디 아라비아에서는 소피아라는 인공지능 로봇에게 세계 최초로 시민권을 부여한 바도 있다. 하지만, 어떤 경우에도 인간과 로봇의 관계 설정에 대한 구체적이고 명확한 지침은 나온 바 없다. 이 문제는 향후 보다 깊은 검토를 필요로 한다.

셋째, 인간과 로봇의 관계를 뛰어넘어 인간을 어떻게 규정할 것인가? BT(Bio-technology)나 NT(Nano-technology)의 발전은 인간의 모든 장기를 새로운 장기, 혹은 로봇에 쓰이는 부품으로 교체하는 것을 가능하게 한다. 그 경우, 두뇌를 제외한 대부분의 장기가 BT와 IT를 이용한 부품으로 교체된다면 그 사람은 인간인가, 아닌가? 반대로, 모든 장기는 그대로 둔 채 두뇌만 인공지능과 같은 형태로 된다면, 그 사람은 혹은 그것(?)은 인간인가 아닌가? 이런 문제는 이 책의 논의 범위를 넘는 문제일 수 있다. 하지만, 이런 문제는 멀지 않은 시기에 조금 더 구체적으로 검토될 필요가 있다.

제4차 산업혁명의 분석 21   인공지능과 로봇의 결합, 어디까지 왔을까?[5]

본문 중에서 인간과 로봇의 관계 형성이 미래의 중요과제가 될 것임을 언급한 바 있다. 인공지능을 장착한 휴머노이드 로봇, 인간과 비슷한 혹은 인간을 뛰어넘는 인공지능을 장착한 로봇이 머지않은 미래에 우리와 함께 공존한다는 것은 미래의 공상과학 소설이 아니다. 지금 이런 로봇의 개발은 어느 정도 진행되어 있을까? CES 2020에서 전시된 로봇을 통해 지금까지의 진행 정도를 추론해보려 한다.

CES에서 제시된 로봇은 그 성격상 주로 서비스 로봇이 될 수밖에 없다. 그러니 여기서 보이는 로봇으로 지금 세계의 어디선가 진행되고 있는 휴머노이드 로봇 개발의 상황을 파악하기는 어렵다. 예컨대, 보스톤 다이나믹스에서 개발하고 있는 일련의 로

CES 2020에서 본 서비스 로봇

자료: 저자 촬영.

---

5 저자의 분석임.

봇은 이런 CES에서 자신의 제품을 전시하지 않기 때문이다.

CES 2020에서 보여지는 로봇은 앞서 언급한 바와 같이 서비스 로봇, 그중에서도 애완용 로봇과 안내 전시용 로봇이 주를 이룬다(위 그림 참조). 이런 로봇은 본문에서 언급한 페퍼와 큰 차이를 보이지 않는다. 사실 이런 서비스 로봇이 아직 일상에서 우리가 만날 수 있는 로봇들이다. 하지만 인공지능과 로봇기술이 충분히 발전한다면 이런 서비스 로봇도 괄목할 만한 발전을 하지 않을 수 없다.

CES 2020에서 목격한 또 다른 인상적인 것은 드론에 대한 것이다. 드론은 우선 유통업체의 라스트 마일(제품이 소비자에게 배달되는 마지막 단계)을 효율적으로 운영하는 데 도움을 준다. 아마존 등 물류업체들이 드론에 관심을 가지는 것이 바로 이런 이유에서다. 하지만 드론은 이런 배송업체의 전유물이 아니다. 그 사용처는 우리가 생각하는 이상으로 광범위하다. 사진 촬영, 농업, 기상관측 등 기본적인 용도뿐 아니라 심지어는 군사용으로 사용되기도 한다. 사우디아라비아의 유전이 이런 드론의 공격을 받아 큰 피해를 본 것은 이미 다 아는 사실이다. 이런 드론은 매우 빠르게 발전한다. 초기에는 사람이 조정하는 것이 주류를 이루었지만 이제는 스스로 방향을 정하고 주어진 목적을 수행한다. (아래 그림은) 드론의 이런 진보를 보여준다.

CES 2020에서 본 드론

자료: 저자 촬영.

하지만 가장 놀라운 것은 인공지능의 발전에 대한 것이다. 네온(삼성전자와 관련이 있다)이라는 업체는 인공지능을 이용하여 가상의 인격과 사람을 만들었다. 아래 그림들에서 보이는 사람들, 그리고 단정한 여인의 사진은 실제 사람이 아니다. 인공지능이 이런 가상의 인격을 만들어 스스로 움직이고 주어진 과제를 수행하도록 한 것이다. 인공지능의 발전 방향은 그래서 우리가 예측할 수 없는 방향으로 움직이는 것 같다.

CES 2020에서 본 인공지능이 만든 가상 인격

주: 네온이 만든 여러 가상인격과 인물이 스크린에 구현되고 있다. 그림에서 오른쪽 두 번째 인물을 확대한 것이 왼쪽의 사진이다. 거듭 말하지만 실제의 사람이 아니다.
자료: 저자 촬영.

결론적으로 CES 2020을 통해 점검한 인공지능과 로봇의 발전에 대해서는 다음과 같은 평가를 내릴 수 있다. 인공지능은 우리가 생각하는 이상으로 빠르게 발전하고 있지만, 인공지능을 장착한 휴머노이드 로봇의 출현에는 조금 더 시간이 필요할 수도 있다.

2. 자율주행차

자율주행차 역시 미래의 상품이 아니다. 조만간 상용화될 것이고, 빠른 속도록 현재의 자동차를 대체할 것이다. 제2부에서 자세히 본 바와 같이 자율주행차는 단순한 자동차가 아니다. 그것은 다음과 같은 성격을 가진다.

- 사물인터넷으로 무장한 연결된 기기(connected car)
- 스마트폰을 대신할 새로운 IT 기기
- 인공지능의 구체적 적용
- 빅데이터의 활용
- 달리는 플랫폼
- 컨텐츠의 활용
- 대부분 전기자동차
- 제4차 산업혁명을 대표하는 상품

이런 자율주행차가 왜 제4차 산업혁명을 대표하는 상품으로 자리 잡을까? 그

것은 제4차 산업혁명의 기본적인 특성인 융합이 가장 극명하게 드러나는 분야이
며, 자동차 산업 이외의 산업에 가장 많은 영향을 미치는 제품이고, 사람들의 일
상에 가장 큰 영향을 주는 산업이 될 것이기 때문이다. 제2부에서 본 바와 같이
자동차 산업은 향후 서비스를 기반으로 하는 산업으로 재편될 것이며, 도시 공간
의 구조적 재편까지 영향을 미칠 것이며, 사람들이 점차 자동차를 소유해야 할
대상에서 하나의 서비스로 생각하게 될 것이다.

제4차 산업혁명의 분석 22 제2차 이동성(mobility)시대의 도래

디지털경제의 발전을 돌이켜 볼 때 제1차 이동성의 시대는 2007년 시작되었다. 즉 애플이 2007
년 1월 아이폰을 본격적으로 출시함으로써, 스마트폰만 가지고 있으면 언제 어디서든 IT와 인터넷
에 접속할 수 있는 시대가 열리게 되었다. 디지털 유목민(digital nomad)이라는 말은 바로 이런 시
대를 배경으로 한 것이다. 이런 스마트폰이 보급된 지 10년이 넘었고, 거의 모든 사람이 스마트폰
을 소유하게 되었다. 그래서 이런 시대를 디지털경제의 발전과정에서 디지털경제 2.0에 해당된다
고 제1부에서 설명하였다. 이동하면서 인터넷에 접속하고 이동하면서 원하는 일을 할 수 있는 제1
차 이동성의 시대는 이렇게 시작되었다. 주지하는 바와 같이 데스크탑 컴퓨터에서 할 수 있는 일로
서 스마트폰으로 할 수 없는 일은 사라졌다. 과거에는 스마트폰의 제한된 자판 때문에 컨텐츠의 입
력에 문제가 없지 않았으나 이제 그것마저도 가상의 자판 혹은 스마트폰 데크에 연결함으로써 문
제가 사라졌다. 오히려 스마트폰 전용의 컨텐츠 혹은 기능이 부각되는 시대가 되었다.

이런 제1차 이동성의 시대를 지나 지금, 제2차 이동성의 시대가 열리고 있다. 그것은 자율주행차
다. 아직 완전한 자율주행차가 양산되지 않고 있고, 거리에서 이런 자동차를 목격하지는 않지만 5
년 이내에 이런 자동차를 거리에서 목격할 가능성이 아주 높아지고 있다.

CES 2020에서는 이런 추세 혹은 경향을 다시 한 번 확인할 수 있다. CES 2019에서도 자율주행차
와 관련한 제품들이 출시되지 않은 것은 아니지만, 이번 CES 2020에서는 이런 자율주행차가 이미
'대세의 반열'에 접어들었음을 보여주고 있다. 아래 사진들은 이런 자율주행차와 관련된 가장 대표
적인 회사의 대표적인 컨셉을 모은 것이다. 도요타, 벤츠, 혼다의 자동차가 그것이다. 한 가지 인상
적인 것은 이들 자동차는 전부 내연기관으로 움직이는 것이 아니라, 전기로 움직인다는 것이다. 전
기자동차를 기반으로 한 자율주행차. 이미 새로운 시대가 다가오고 있다.

전기차를 기반으로 한 자율주행차 컨셉들

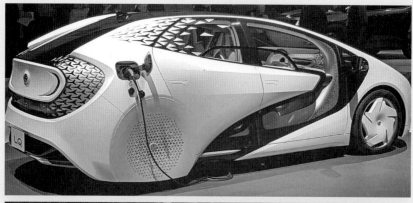

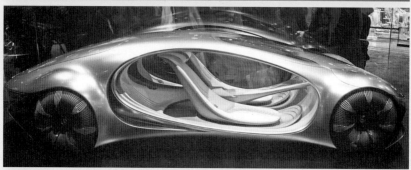

주: 맨 위의 사진은 토요타, 가운데는 벤츠, 맨 아래 사진은 혼다.
자료: 저자 촬영.

이런 자율주행차는 일반적인 승용차에 국한되지 않는다. 소형버스 형태의 대량 수송 기관에도 이런 자율주행차는 하나의 흐름으로 굳어지고 있다. (아래 그림에서 보는 바와 같이) 비슷한 형태의, 많은 사람을 동시에 수송할 수 있는 자율주행차 역시 피할 수 없는 현상으로 받아들여진다. 이들 자동차 역시 내연기관이 아닌 전기를 기반으로 한다.

소형버스 형태의 자율주행차 컨셉

주: 맨 위는 토요타, 가운데는 현대, 맨 아래는 아이신.
자료: 저자 촬영.

이런 자율주행차와 관련된 마지막 압권은 하늘을 나는 자동차다. 현대가 우버와 합작하여 만든
이 자동차는 빠른 시일 내에 상용화되지는 않을 것이다. 하지만 자동차의 마지막 종착역이 무엇이
될지를 시사하고 있다.

하늘을 나는 자동차: 현대

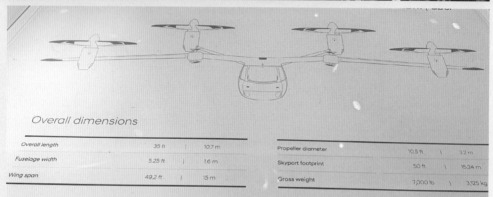

Overall dimensions

Overall length	35 ft	10.7 m	Propeller diameter	10.5 ft	3.2 m
Fuselage width	5.25 ft	1.6 m	Skyport footprint	50 ft	15.24 m
Wing span	49.2 ft	15 m	Gross weight	7,000 lb	3,125 kg

주: 위 사진은 하늘을 나는 자동차의 시제품, 아래 사진은 그 제원.
자료: 저자 촬영.

    이 모든 것이 가리키는 것은 한 가지다. 제2차 이동성의 시대가 오고 있다는 것이다. 자율주행을 하게 되면 자율주행차가 지금의 스마트폰과 비슷한 역할을 할 수 있다. 자율주행차 안에서 지금의 스마트폰이 하는 모든 일을 할 수 있게 된다는 것이다. 그러면 스마트폰은 사라질까? 그렇지 않다. 단지 그 용도와 기능이 바뀔 뿐이다. 어떻게 바뀔까? 지금 데스크탑 컴퓨터나 노트북이 차지하는 역할을 스마트폰이 하게 될 가능성이 높다.

    한 가지 더 언급해야 한다. 제2차 이동성의 시대가 오면 자율주행차 내부 공간은 두 번째 사무실, 혹은 두 번째 집이 될 수 있다. 다시 말해 자동차 내부의 공간이 재구성되고 재조정된다는 것이다. 이런 공간이 어떻게 활용될까? 그것은 전적으로 자율주행차를 이용하는 고객의 선호, 취향에 달려있다. 그러니 삼성이 이번 CES에서 경험의 시대를 들고 나온 것은 적절한 것으로 보여진다.

제 3 장

인간다운 삶을 어떻게 보장할 것인가?

제1절 기술의 변화와 인공지능

제3부의 제2장에서 제4차 산업혁명의 시기에 인간 노동의 위상이 어떻게 변화되고 직업에는 어떤 변화가 발생할지를 살펴보았다. 이제 그런 변화를 시각을 달리하여 다시 한 번 살펴보고자 한다.

〈표 3-1〉은 2018년을 기점으로 2022년에 어떤 기술적 특성이 중요해지고, 어떤 기술적 특성이 중요해지지 않는 지를 요약한 것이다. 이 중 2022년에 상대적으로 중요해지지 않는 기술적 특성을 다음과 같이 다시 정리한다.

- 손재주와 관련된 것
- 단순한 기억력과 공간 인식력
- 금융과 실물 자원의 관리
- 기술적 사항의 설치와 유지
- 단순한 읽기, 쓰기, 듣기
- 단순한 인적 관리
- 시간 관리
- 보고, 듣고, 말하는 능력
- 기술을 사용하고, 관리하면서 컨트롤하는 것

이런 기술적 특성은 복잡한 지능과 통찰력, 혹은 연산이나 문제해결 능력을 필요로 하지 않는 것들이다. 달리 말하면 인간으로서 할 수 있는 단순 능력은 2022

Today, 2018	Trending, 2022	Declining, 2022
Analytical thinking and innovation	Analytical thinking and innovation	Manual dexterity, endurance and precision
Complex problem—solving	Active learning and learning strategies	Memory, verbal, auditory and spatial abilities
Critical thinking and analysis	Creativity, originality and initiative	Management of financial, material resources
Active learning and learning strategies	Technology design and programming	Technology installation and maintenance
Creativity, originality and initiative	Critical thinking and analysis	Reading, writing, math and active listening
Attention to detail, trustworthiness	Complex problem—solving	Management of personnel
Emotional intelligence	Leadership and social influence	Quality control and safety awareness
Reasoing, problem—solving and ideation	Emotional intelligence	Coordination and time management
Leadership and social influence	Reasoing, problem—solving and ideation	Visual, auditory and speech abilities
Coordination and time management	Systems analysis and evaluation	Technology use, monitoring and control

자료: World Economic Forum(2018).

년 이후 더 이상 새로운 경쟁우위 요소로 작용하지 않게 된다. 쉽게 말하자. 이런 기술적 특징과 관련된 직업 혹은 작업은 ANI를 장착한 로봇에게 넘겨줄 수밖에 없다는 것을 시사한다.

　[그림 3-1]은 2018년과 2022년을 비교하여 해당 작업에 인간과 기계가 각각

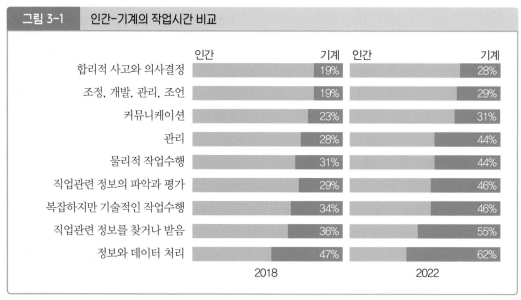

그림 3-1　인간-기계의 작업시간 비교

자료: World Economic Forum(2018).

개입되는 비율, 혹은 인간과 기계가 해당 기술적 특성과 관련된 작업을 수행하는 비중을 나타낸다. 그 두드러진 특성은 다음과 같다. 가장 먼저, 모든 기술적 특성과 관련된 작업에서 기계가 수행하는 비중이 증가하고 있다. 예를 들면 합리적 사고와 의사결정 분야에서 기계가 수행하는 비중은 19%에서 28%로 늘었다. 조정하고, 개발하고, 관리하고, 조언하는 분야에서 기계가 작업을 수행하는 비중은 19%에서 29%로 늘었다. 그 다음, 가장 기계가 많이 개입하는 작업 영역은 정보와 데이터 처리와 관련된 분야다. 2018년 당시에도 기계가 개입하는 비중이 47%였지만, 2022년에는 62%로 증가하고 있다.

여기서 기본적으로 기계(machine)라고 말한 것은 사실상 인공지능의 도움을 받는 로봇 혹은 작업용 동력체를 의미한다. 쉽게 말하자. 시간이 지날수록 인공지능의 개입이 늘어나고, 모든 기술적 특징 분야에서 인간이 할 수 있고, 인간이 하는 일의 양은 줄어들 수밖에 없다는 것이다. 더 쉽게 말하자. 일을 하고 싶어도, 일을 할 수 없는, 실업자가 기하급수적으로 늘어날 수밖에 없다.

제 2 절 프레카리아트(precariat) 계층의 출현

1. 프레카리아트의 개념

프레카리아트. 이탈리아어로 불안정한 이란 의미를 가진 프레카리오(precario)와 노동계급을 의미하는 프롤레타리아트(proletariat)의 합성어다. 쉽게 말해 불안정한 노동계층이라는 것이다.

이 단어는 런던 대학교의 가이 스탠딩 교수가 2011년 그의 책[1]에서 주장한 개념이다. 그에 따르면 프레카리아트란 '소외되어 있고, 아노미에 빠져있고, 걱정하고 분노하기 일쑤인 상황에 처해있는 사람, 다시 말해 부(富)를 누리고 사회와 유기적인 관계를 유지하는 엘리트들의 바깥에 처해있는 사람'을 의미한다(그의 책, pp. 58~60). 그의 이런 주장은 제4차 산업혁명을 염두에 둔 것이 아니었다. 오히려 그는 2008년 금융위기 뒤 분화하는 서구사회의 불안정한 노동계층을 강조한 것이었다. 하지만, 이 개념은 그의 의도와는 달리 제4차 산업혁명 이후의 사회

---

1 책 제목은 다음과 같다. The Precariat: The New Dangerous Class. 자세한 것은 가이 스탠딩 지음, 김태호 옮김, 『프레카리아트』, 박종철 출판사, 2014를 참고할 것.

를 묘사하는 아주 적절한 용어가 되고 있다.

불안정한 노동계층. 분노, 아노미, 걱정, 소외. AI의 대두로 인해 실업자가 되어버린, 혹은 실업자가 될 노동계층을 이처럼 적절히 표현할 수 없다. 쉽게 말하면 AI 권력이 만들어낼 새로운 사회계층이 프레카리아트라는 것이다. 프레카리아트가 새로운 사회의 특징을 표현하는 사회계층이라면, 이 계층으로 드러나는 사회의 가장 큰 특징은 무엇일까? 그것은 부의 양극화. 엄청난, 매우 엄청난 규모의 부의 양극화다.

2. 심화되는 부의 양극화

이 부의 양극화는 미래의 사회에 닥쳐올 새로운 현상일까? 그렇지 않다. 2019년에 발표한 Credit Suisse의 '글로벌 부(富) 보고서'는 이미 이런 현상이 시작되었음을 보여주고 있다. [그림 3-2]에서 보여주는 바와 같이, 상위 0.9%(여기에 해당되는 사람은 4,700만 명으로 이들은 미화 백만 달러 이상의 자산을 가지고 있다)가 전 세계 부(富)의 43.9%를 차지하고 있다. 이들이 가지고 있는 모든 자신을 합치면 158.3조 달러에 달한다. 1%도 안되는 인구가 세계 총 부의 거의 44%를 차지하고

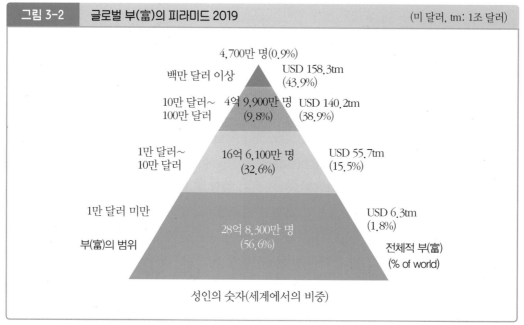

그림 3-2　글로벌 부(富)의 피라미드 2019　　　　　(미 달러, tm: 1조 달러)

자료: Credit Suisse(2019), p. 9의 Figure 5에서 인용.

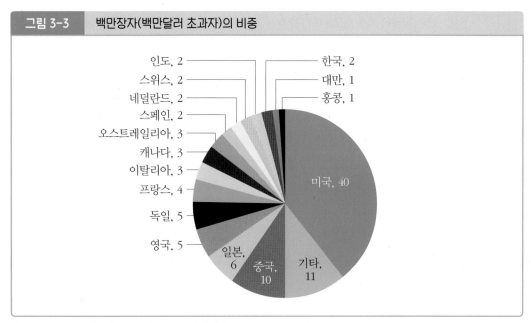

그림 3-3   백만장자(백만달러 초과자)의 비중

인도, 2
스위스, 2
네덜란드, 2
스페인, 2
오스트레일리아, 3
캐나다, 3
이탈리아, 3
프랑스, 4
독일, 5
영국, 5
일본, 6
중국, 10
기타, 11
미국, 40
한국, 2
대만, 1
홍콩, 1

자료: Credit Suisse(2019), p. 11의 Figure 7에서 인용.

있다는 것이다.

나라별로는 어떻게 다를까? [그림 3-3]에서 보는 바와 같이 100만 달러 이상의 자산을 가지고 있는 미국 사람들은 전체의 40%(1,861만 4천명)로 가장 높은 비중을 차지하고 있으며, 그 다음을 중국(전체의 10%, 444만 7천명), 일본(전체의 6%, 302만 5천명)이 차지하고 있다. 한국은 74만 1천명으로서 전체의 약 2%를 차지하고 있다.

백만 달러의 자산이라는 기준을 완화하여 50만에서 100만 달러의 자산을 가지고 있는 사람들을 포함할 경우에는 어떤 결과가 나올까? 또, 100만에서 500만 달러의 자산을 가진 사람들과 500만 달러 이상의 자산을 가진 사람들을 포함하면 그 결과는 어떻게 나올까? [그림 3-4]는 상위 20개국에서 50만 달러 이상의 자신을 가진 사람들을 위와 같은 기준으로 나눈 것을 그림으로 나타낸 것이다.

이 그림에서 보는 바와 같이 미국은 이에 해당되는 사람들의 총 수가 80,510명으로 세계 전체의 48%를 차지하고 있다. 흥미로운 것은 중국이 두 번째로 많은 18,130명이고 그 다음을 독일(6,800명)이 뒤따르고 있다. 이런 순위는 별로 중요하지 않을 수 있다. 이 그림이 나타내는 것은 지역적으로 미국이 압도적인 비중을 차지하고 있다는 것이다.

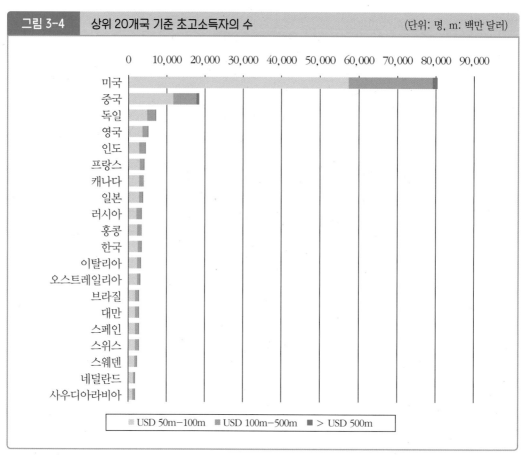

그림 3-4 | 상위 20개국 기준 초고소득자의 수   (단위: 명, m: 백만 달러)

자료: Credit Suisse(2019), p. 12의 Figure 9에서 인용.

3. 미래는 어떻게 진행될 것인가?

　이런 부의 양극화는 앞으로 어떤 양상을 띨 것인가? AI의 사용이 보편화된 사회에서는 이런 부의 양극화는 보다 더 심화될 것으로 예상된다. 100만 달러 이상의 자산을 가진 사람들을 기준으로 할 때 위에서 제시한 결과는 2019년의 세계는 1 대 99의 사회임을 암시하고 있다. 1%의 사람들이 사회의 가장 최상층에서 배타적인 지위를 누린다는 것이다.

　유기윤 외(2017)는 그들이 미래사회에 관한 보고서에서 미래사회를 초양극화사회로 묘사하면서 이 사회를 0.003 대 99.997의 사회로 묘사하고 있다. 이들에 따르면 상위 0.001%는 플랫폼 소유주 계층을 의미하고, 그 다음 0.002%는 이들 플랫폼을 활용하는 스타(정치인, 예체능 스타)를 의미한다. 나머지 99.997%는 일반

시민으로서 이들은 프레카리아트의 특징을 띤다고 설명한다. 이들의 보고는 그 전제가 70년 후의 사회라는 점에서 미래 예측의 정확성에 대해 다소의 의문을 가질 수 있다. 하지만, AI이 사회를 실질적으로 지배하는 미래의 사회에서 인구의 거의 대부분이 프레카리아트에 속한다는 통찰은 새겨들을 만하다.

이런 모든 분석의 공통점은 무엇일까? 그것은 획기적인 사회제도의 변화가 없으면 앞으로 프레카리아트에 속하는 사람들은 인간으로서의 기본적인 생활마저 위협받는 상황에 처할 수 있다는 것이다. 단순한 경제적 열악성을 넘어, 의욕과 활기의 상실, 그로 인한 소외, 그리고 최종적으로 분노가 일상화된다면 이들의 존재는 한 사회의 건강을 심각히 저해할 수 있다. 어떤 대책을 세워야 할 것인가?

이들을 위해서는 지금 다방면으로 거론되고 있는 기본소득 제도를 심각히 검토할 필요가 있다.

제 3 절 기본소득, 필요한가?

1. 기본소득의 개념[2]

기본소득은 basic income 혹은 universal basic income이라는 형태로 표현되지만 그 기본적인 정의는 국가가 국민들에게 최소한의 인간다운 삶을 누리도록 조건 없이 (즉 노동을 제공하지 않더라도) 지급하는 소득을 의미한다. 이런 정의에서 보는 바와 같이 기본소득은 첫째, 최소한의 생활을 보장하기 위해, 둘째, 노동을 제공하지 않더라도 조건 없이, 셋째, 정부가 지급하는 것이다. 즉, 무조건성, 보편성, 개별성을 특징으로 한다.

이런 기본소득 제도를 시행하기 위해 가장 먼저 검토되어야 할 것은 그 재원(財源)에 대한 것이다. 기본적으로 기본소득의 재원은 투기 소득에 대한 중과세, 소득세, 최고세율 인상, 법인세 인상, 토지세, 다국적 기업 공조 과세 등으로 마련하는 방안이 검토되고 있다. 하지만, 어떤 형태로 기본소득의 재원을 마련하느냐에 따라 그 효과는 매우 큰 격차가 날 수 있다. 또 하나 검토되어야 할 것은, 기본소득제가 도입될 경우 소득 불균형, 내수 침체, 일자리 감소 등을 완화할 수 있으

---

2 여기서의 내용은 [네이버 지식백과] 기본소득(시사상식사전, pmg 지식엔진연구소)를 기본으로 재정리한 것이다.

나, 이로 인해 기존 복지체제를 위협할 수 있다는 우려가 있다는 것이다.

기본소득은 주로 핀란드, 네덜란드 등 북유럽 국가에서 도입이 활발하게 논의되고 있다. 스위스에서는 정부가 매달 성인에게 2,500프랑(약 300만원), 18세 미만 어린이 및 청소년에게는 625프랑(약 78만원)씩 기본소득을 지급하는 방안에 대해 2016년 6월 찬반 투표가 이뤄졌으나 76.9%의 반대로 무산된 바 있다. 반면 핀란드 정부는 2017년 1월 1일(현지시간)부터 2년 동안 일자리가 없어 복지수당을 받는 국민 중 2,000명에게 매달 560유로(약 70만 6,000원)의 기본소득을 지급하기 시작했다. 핀란드 정부는 기본소득이 빈곤 감소, 고용 효과 등에 어떤 영향을 미치는지 면밀하게 검토한 뒤 점차 그 적용 대상을 확대한다는 방침이다.

2. 기본소득과 제4차 산업혁명

1) 기본소득과 관련된 최근의 국내외 논의

최근 미국의 대선과정에서 가장 인상적인 것 중의 하나는 일자리 논쟁에 관한 것이다. 미국에서 일자리가 왜 줄어들었나? 트럼프 대통령은 그 원인을 이민자로 규정하고 그들을 적으로 돌리는 태도를 취했다. 하지만, 앤드루 양은 그 원인을 기술발전에서 찾았다. 당연히 해법은 다를 수밖에 없다. 앤드루 양은 기술발전과 이에 따른 실업의 증가를 필연적으로 보고 이에 대한 해법으로 18세 이상 성인에게 매달 1,000달러씩 지급하는 보편적 기본소득제도를 들고 나왔다. 이런 앤드루 양의 공약을 일면 '인간 중심의 자본주의'라고 부르기도 한다.

제4차 산업혁명의 분석 23   인간중심의 자본주의?[3]

"여러분이 자유 배당금을 받으면 그 돈은 어린이 집에, 자동차 수리에, 학자금 대출에, 교재 구입에 간다. 이게 바로 우리를 수년간 힘들게 해 온 낙수효과(트리클 다운)의 반대인 반낙수효과(트리클 업)이다."(한겨레 신문, 2019년 11월 6일, 2면에서 인용)

대통령 선거과정에서 민주당 앤드루 양의 주장은 미국 사회가 직면하고 있는 몇 가지 문제점을 정확히 지적한다. 첫째, 소수의 대기업이 잘 되면, 그 효과가 점차 중소기업 등 사회의 다른 부문으로 번져 함께 잘 살게 된다는 낙수효과에 대한 반론이다. 단순한 반론이 아니라, 소수의 대기업이 부를 독점하는 현상에 대한 사회적인 저항의 성격마저 보인다. 이런 성격은 단지 앤드루 양의 주장에만 보이는 것이 아니다. 민주당 개혁의 선두주자인 버니 샌더스 역시 부의 양극화와 이로 인

---

3 저자의 분석임.

한 사회적 갈등을 날카롭게 공격한다. 둘째, 제4차 산업혁명으로 인한 기술발전에 대한 소외와 두려움의 표현이다. 일자리가 줄어들고 직업의 성격이 변하는 것은 외국의 무차별 저가 수출공세 때문이 아니라, 기본적으로 기술발전으로 경제의 성격이 바뀌고 있기 때문이라는 것이다. 기술발전에 저항도 해보고 싶지만 개인의 힘으로 되는 것은 아니다. 그러면 무엇을 해야 하는가? 내가 최소한 인간답게 살아갈 방도라도 마련해 달라. 그런 요청이 나올 수밖에 없다.

혹자는 이런 요구와 이런 요구에 기반을 둔 기본소득제도의 시행요구를 인간 중심의 자본주의라고 부르기도 한다. 묻고 싶다. 자본주의에 인간 중심의 자본주의가 있고, 자본 중심의 자본주의 혹은 기술 중심의 자본주의가 있는가? 지나친 비판일지 모르나 자본주의는 자본을 중심으로 한 경제체제에 불과할 따름이다. 작명으로 환상을 가질 필요는 없다. 무엇을 강조해야 하는가? 기본소득제도를 더 주장하고, 부자에게 더 많은 세금을 물리는 것으로 족한가? 진부한 말일지 모르지만 변화, 진정한 변화가 필요하다.

알렉산드리아 오카시오-코르테스. 바텐더 출신의 29세 미국 역대 최연소 하원의원. 이런 화려한 접두어는 필요하지 않다. 그가 말한 한 마디면 충분할지 모른다. 변화는 우리가 생각하는 것보다 더 가깝다. 그는 도대체 무슨 정책을 말하고 있는가? 대표적인 두 가지만 들어보자. 모두를 위한 의료보험(Medicare For All)과 그린 뉴딜(Green New Deal: 과거의 뉴딜정책의 성격을 따르지만 지구의 환경을 생각하는 차원). 오카시오 역시 기본소득의 필요성을 부정하지는 않는다. 하지만, 인간이 인간답게 살 수 있는 환경에서 인간답게 대우을 받는 사회가 필요하다는 그 주장은 여전히 경청할 만하다.

인간 중심의 자본주의? 이런 명칭이 아니어도 좋다. 결코 떨칠 수 없는 자본주의, 혹은 제4차 산업혁명이라 하더라도 '인간의 모습을 한' 혹은 '인간을 생각하는' 자본주의면 충분할지 모른다.

한국에도 이와 비슷한 움직임이 있었다. 서울시는 일정한 소득 이하의 청년들에게 6개월 동안 월 50만원의 수당을 지급하는 정책을 시행하는 계획을 밝힌 바 있다. 경기도는 청년 기본소득 제도를 운영하고 있다. 경기도에 거주하는 24살 청년에게 연 100만원을 지급한다는 것이다. 또 이와 유사한 농민기본소득의 도입도 검토하고 있다. 최근 민간 연구소 '랩2050'은 2021년부터 실행 가능한 국민기본소득 모의 실험 결과를 발표했다. 이에 따르면 상위 12%(연 소득 4,700만원)에 대한 비과세 감면제도를 폐지하고, 일부 복지정책을 폐지하고 축소하며, 재정 구조조정 등의 정책을 취하면 2021년부터 전 국민 월 30만원의 기본소득이 가능하다고 한다.[4]

---

4 한겨레 신문, 2019년 10월 29일, 17면 기사.

2) 기본소득제 도입해야 할 것인가?

위에서 본 바와 같이 제4차 산업혁명이 본격화되기 전에도 다양한 이유로 기본소득제에 대해 논의되고 있으며, 심지어는 재원 마련과 지불 방법에 대한 모의실험결과까지 발표되고 있다. 그 가장 큰 취지는 인간다운 삶의 보장이다.

그렇다면 이 기본소득제도는 제4차 산업혁명이 본격화되면서 프레카리아트 계층이 본격적으로 출현하기 전에 반드시 검토할 필요가 있다. 물론, 인공지능의 경제적 효과도 아직 가시화되지 않고 있고, 일자리에서도 직접 사회 혼란을 초래할 만한 큰 변화는 아직 일어나지 않고 있다. 하지만, 앞서 제2부와 제3부에서 검토한 바와 같이 이런 변화는 필연적이다. 미리 대처하지 않는다면 나중에 더 큰 사회적 비용을 지불할 수밖에 없다.

가장 중요한 문제는 재원 조달 방법이다. 기존의 재원 조달 방안은 과세제도의 조정, 복지정책의 축소, 재정 절약 등 현재의 상태를 기반으로 한 것이다. 하지만, 제4차 산업혁명이 성숙되는 시기, 사회와 자산의 최상층에 속한 계층이나 기업에 대한 과세방안은 반드시 검토되어야 할 것이다. 지금도 그 기미가 보이고 있지만, 독점에 가까운 시장 점유율을 보이고 있는 글로벌한 플랫폼 기업에 대해서는 어떤 형태로든 가장 높은 수준의 세금을 부과할 필요가 있다. 나아가, 그 필요성이 인정된다 하더라도, 그 플랫폼 기업은 글로벌한 성격을 가지기 때문에, 어느 한 나라의 결정으로 시행될 수 있는 것이 아니다. 그러므로 이 문제는 반드시 국제적인 논의를 거칠 필요가 있다.

거듭 강조하지만 이 기본소득제도는 수혜 대상자의 웰빙을 위한 것이 아니라 그 대상자의 기본생활을 보장하기 위한 것이다. 다양한 방법, 다양한 방향, 다양한 지향점을 가지고 충분히 열린 형태로 논의되어야 한다.

👾 제4차 산업혁명의 분석 24 디지털세금, 거두어야 하나, 말아야 하나?[5]

기본소득의 시행을 앞두고 가장 논쟁적인 것은 기본소득과 관련한 재원 조달 방법이다. 본문에서 설명한 바와 같이 기본소득제도의 도입이 프레카리아트로 대변되는 초양극화된 사회의 갈등과 모순을 해결하기 위한 것이라면, 기본소득의 재원은 제4차 산업혁명의 성과로 인해 가장 많은 혜택을 보는 기업 혹은 개인들이 부담해야 한다. 워렌 버핏과 같은 미국의 세계적 부자는 더 많은 세금을 납부할 의사를 밝히기도 했지만 여기서의 관심은 기업에 대한 것이다. 기업, 그중에서도 제4

---

5 저자의 분석임.

차 산업혁명의 혜택을 가장 많이 누리는 플랫폼 기업 혹은 IT기업에게 지금과는 다른 세금을 부과해야 하는가?

"구글, 애플은 돈만 벌어가지 말고, 세금도 제대로 내라" 프랑스에서 터져 나온 이 구호는 디지털세를 가장 극명히 나타내는 것이다. 프랑스는 주장하기를 이들 기업은 프랑스에는 업무 지원 부서만 두고, 실제로 돈을 버는 사업부의 본사는 법인세가 낮은 외국에 두는 식으로 프랑스에 본사를 둔 자국 기업보다 훨씬 적은 세금을 낸다는 것이다. 사실 EU 집행위원회가 발표한 자료에 따르면 EU 내 전통기업의 법인세는 23.2%에 달하나, 글로벌 디지털 기업의 경우 9.5%에 불과하다(실효세율 기준). 이런 주장 끝에 프랑스는 2020년 1월부터 전 세계 매출이 7억 5,000만 유로, 프랑스 내 매출이 2,500만 유로를 초과한 기업들은 해당 매출의 3%를 세금으로 내야 한다고 밝혔다. 프랑스만 이런 조항을 마련한 것이 아니다. 영국은 2020년 4월부터 자국내 매출액의 2%에 해당하는 세금을 부과하기로 했으며, 이탈리아는 매출액의 3%(2021년 1월 시행)를 세금으로 부과하겠다는 결정을 내린 바 있다.

하지만 이런 결정에 우호적인 의견만 있는 것은 아니다. 아일랜드, 네덜란드, 벨기에 등은 이런 세금의 부과에 반대하고 있다. 왜 그런가? 글로벌 IT기업들이 유럽 내 본사를 두거나, 연구시설을 둔 지역이기 때문이다. 여기서도 이해관계는 엄격히 작용한다.

이런 문제를 한두 나라의 문제, 혹은 유럽만의 문제로 국한시키는 것은 바람직하지 않다. 최근 G7 재무장관들이 디지털세의 필요성에 합의함에 따라 국제적 차원에서 공통적인 안을 마련하려는 움직임이 본격화되고 있다. 다국적 기업의 조세회피를 막아야 하고, 서비스가 제공되는 국가에서 과세를 해야 한다는 원칙론이 힘을 받고 있기 때문이다.

여기서 한 걸음 더 나아간다. 이런 디지털세의 부과는 국제적 조세 공정성을 위한 것인지 기본소득의 실현을 위한 재원 마련을 위한 것은 아니다. 더 본질적인 문제는 가령 구글이나 아마존 같은 플랫폼 기업들에 디지털세를 넘어선 세금을 어떻게 부과해야 하며, 혹은 언제 어느 정도로 부과해야 하느냐는 것이다. 하지만 국제적 공감대가 이루어지지 않는다면, 기본소득의 실현을 위한 추가적인 세금 부과는 먼 길을 가야할지 모른다. 하지만, 세금 부과에 더 시간이 걸릴수록 양극화 해소의 길은 더 멀어지고, 양극화의 정도는 더 심해질 가능성을 부인할 수 없다.

제 4 장

어떻게 준비해야 하는가?

제 1 절 정 부

디지털경제 3.0의 발전과 이에 따른 제4차 산업혁명의 시기를 제대로 준비하는 것은 매우 중요하다. 하지만 앞서 이야기한 사물인터넷과 인공지능의 보편적인 보급으로 인한 '단절'과 '혼란'의 카오스, 나아가 로봇과 자율주행차의 대대적인 보급에 의한 사회적 패러다임의 변화, 한국은 정말 그 카오스와 변화에 제대로 된 준비를 하고 있을까?

2020년 현재 무엇을 하고 있는지는 별로 중요하지 않을 수 있다. 다가오는 20년을 위해 한국이 지속적으로 해야 할 몇 가지 기본적인 방향을 정리해보기로 한다.

첫째, 한국에 가장 부족한 것은 제4차 산업혁명의 시기를 어떤 관점, 어떤 청사진으로 준비하고, 그 준비를 누가 어떻게 실행에 옮길 것인지 전체적인 계획이 없다는 것이다. 제4차 산업혁명의 시대는 단순히 사물인터넷과 인공지능, 로봇과 인공지능의 시대가 아니다. 모든 것이 융합되고, 전혀 새로운 사회적 패러다임이 나타나는 시기다. 정부가 바뀌더라도 변하지 말고 이 모든 계획을 마련하고, 실행해 나갈 콘트롤 타워가 필요하다.

2020년 현재 정부는 대통령 직속의 4차 산업혁명위원회를 설치하여 다가오는 제4차 산업혁명의 시대를 준비하고 있다. 이 위원회의 목적은 다음과 같다.[1]

– 4차 산업혁명에 대한 종합적인 국가전략

---

1 아래의 4차 산업혁명위원회에 관한 논의는 www.4th-ir.go.kr에서 제시된 자료를 기본으로 한 것이다.

- 4차 산업혁명 관련 각 부처별 실행계획과 주요 정책
- 4차 산업혁명의 근간이 되는 과학기술발전 지원, 인공지능·ICT 등 핵심기술 확보 및 기술혁신형 연구개발 성과창출 강화에 관한 사항
- 전 산업의 지능화 추진을 통한 신산업·신서비스 육성에 관한 사항

이 위원회가 그 설립 목적대로만 운영된다면 한국은 제4차 산업혁명의 큰 강을 지혜롭게 건널 수 있을지 모른다. 특히 '종합적인 국가전략'을 마련한다는 점에서 이 위원회의 설립은 매우 시기적절하고 그 공로를 평가해야 한다. 이 위원회의 가장 큰 성과는 2019년 10월에 발표된 '4차 산업혁명 대정부 권고안'이다([그림 4-1] 참조). 이 권고안은 기본적으로 나쁘지 않다. 이 정도의 체계적인 권고라도 아직 제대로 나온 적이 없기 때문이다. 정부부처에서 적극적으로 권고안을 수용하기만 한다면 제4차 산업혁명을 향한 긴 여행을 효과적으로 시행할 수도 있다. 하지만, 아쉬운 점이 없지 않다. 위원회의 권고안은 말 그대로 권고일 따름이

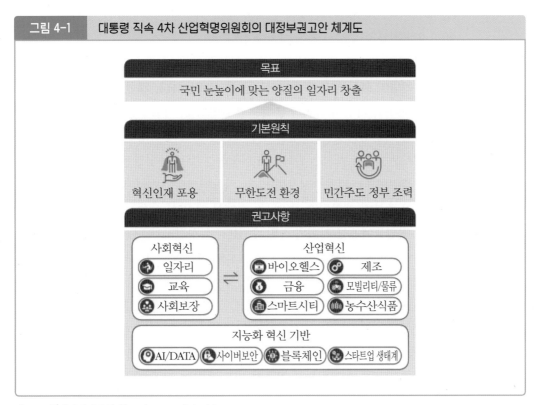

그림 4-1 대통령 직속 4차 산업혁명위원회의 대정부권고안 체계도

자료: 4차 산업혁명위원회(2019), p. 49에서 인용.

지 그것을 누가, 어떤 방식으로, 어떻게 재원을 확보해 실행해 나갈 수 있을지 제시하지 않고 있기 때문이다. 새로운 정부가 출범하면, 과거의 사례와 같이, 하나의 스쳐 지나가는 에피소드에 불과할지 모른다.

우리에게 필요한 것은 어떤 정부가 들어서건 지속적으로 제4차 산업혁명이라는 변혁의 큰 강을 무사히 헤쳐 나갈 수 있는 콘트롤 타워, 계획만 세우는 것이 아니라 그 실행까지 책임지는 그런 조직, 혹은 시스템이다.

그리고, 이 위원회의 권고안이 정말 향후 20년의 미래 청사진을 설계할 그런 권고인지에 대해서는 평가가 다를 수 있다.[2]

둘째, 모든 산업이 융합되는 시기, 한국이 경쟁력을 확보할 수 있는 부문을 육성할 수 있도록, 산업정책의 관점에서, 집중과 선택이 필요하다. 여기서 정부의 역할에 대한 하나의 단서가 필요하다. 제1부에서 설명한 것처럼, 정부가 모든 것을 앞장서서 하는 시대는 지나갔다. 모든 것이 기업의 자율성에 근거해야 하지만, 그 자율성을 유도하고 방향을 이끄는 촉진자의 역할은 변함없이 정부가 맡아야 한다. 그런 의미에서 산업정책의 집중과 선택은 과거 1970~80년대의 집중과 선택과는 다르다. 과거의 정책이 모든 것을 책임지는 것이라면, 미래의 정책은 바람직한 길로 인도하는 것에 그쳐야 한다.

왜 집중과 선택일까? 로봇과 자율주행차가 시대의 대세로 떠오르지만 한국의 산업과 기업이 모든 부문에 투자하는 것은 불가능하다. 제한된 자원과 투자의 효율성 때문이다. 가장 바람직한 분야는 사물인터넷, 자율주행차, 전기자동차의 배터리이다. 사물인터넷이 아직 초기 단계라는 점에서 삼성전자와 SK 하이닉스를 중심으로 센서에 부착되는 반도체에 집중하는 것은 산업경쟁력의 관점에서 충분한 근거를 가진다. 자율주행차의 경우, 사물인터넷의 일종이라는 점, 그리고 아직 시장이 충분히 개화되지 않았다는 점에서 이 역시 삼성전자를 중심으로 한 한국의 IT 기업들에게는 기회의 장일 수 있다. 삼성전자가 허만을 인수하여 차량의 전자장비 부분에 집중하는 것은 긍정적으로 평가할 수 있다. 나아가, 향후 자율주행차를 포함한 모든 자동차는 전기자동차로 바뀐다는 점에서 삼성 SDI와 LG화학을 필두로 전기자동차의 배터리에 집중하는 것도 좋은 전략이다.

한 가지 검토할 사항이 있다. 인공지능에 대한 것이다. 여기에 집중하는 것은 바람직할까? 소프트뱅크의 손정의가 한국을 방문하여 첫째도 인공지능, 둘째도 인공지능, 셋째도 인공지능을 강조한 것은 충분히 공감한다. 하지만, 이 부문에

---

2 여기서는 산업적 측면에서의 권고를 평가하기로 한다. 그리고 교육에 대해서는 다음 장에 다시 자세히 논의하기로 한다.

집중적인 투자를 하는 것이 효율성의 측면, 국가 경쟁력의 측면에서 가장 바람직한지는 조금 재고를 필요로 한다. 인공지능의 개발에 가장 중요한 인적자원에서 한국이 세계적인 수준에 다가가기 위해서는 조금 더 시간이 필요하고, 개발에 필요한 인적자원이 확보될 경우 이미 인공지능은 주요 몇 개국이 선점한 상태가 될 수도 있다. 그래서 인공지능에 대한 투자는 인공지능 전반에 대한 것이 아니라, 인공지능을 개발하기 위한 머신러닝과 딥러닝의 방법론을 개발하는 기초기술, 혹은 개발된 인공지능을 생활과 산업의 현장에서 적용할 수 있는 모듈 혹은 시스템 개발에 집중하는 것이 더 바람직할 수도 있다(아래의 '제4차 산업혁명의 분석 25' 참조).

🤖 제4차 산업혁명의 분석 25   AI의 개발, 과연 집중해야 하나?[3]

인공지능의 개발에는 무엇이 필요할까? 다음 〈표〉에서 보는 바와 같이 그것은 네 부류로 나눌 수 있다. 첫째는 인재(talent)이다. 여기에는 상위 레벨에 속하는 연구자의 수 등이 포함된다. 두 번째는 연구 역량(research)이다. 여기에는 AI와 관련된 논문 수, 연구개발을 진행하기 위한 top-100, 소프트웨어와 컴퓨터 서비스회사 등이 포함된다. 세 번째는 AI 개발 역량(development)이다. 여기에는 AI 관련 벤처 캐피탈과 특허 관련 수 등이 포함된다. 네 번째는 개발된 인공지능 기술이 산업계와 기업체에 어느 정도 수용될 수 있는지(adoption) 그 정도를 나타낸다. 다섯 번째는 인공지능을 발전시키기 위한 데이터를 얼마나 효율적으로 공급할 수 있는지 등이 포함된다. 여섯 번째는 인공지능을 개발하기 위한 반도체와 슈퍼컴퓨터 등과 관련한 지표(hardware)를 의미한다.

이 〈표〉에서 보는 바와 같이 인공지능과 관련된 전체 순위에서 여전히 압도적 우위를 차지하는 것은 미국이다. 하지만, 중국과 유럽은 그 순위에서 혼전을 벌이고 있다. Castro 등은 미국 다음으로 중국을 다크호스로 꼽고 있으며, EU는 미국과 중국에 뒤처져 있음을 지적하고 있다. 중국의 부상이 무서운 것은 개발된 인공지능을 기업과 산업계가 채택하는 능력에 있어 압도적이고, 인공지능을 발전시키기 위한 빅데이터의 개발과 제공에 타의 추종을 불허하고 있기 때문이다. 다만, 중국에 부족한 것은 인공지능을 개발하는 인력과 연구소 그리고 벤처기업 등의 역량 혹은 수이다. 현재 중국은 이들 분야에서 EU에 뒤처져 있지만 인공지능 관련 인력양성, 연구 개발과 교육 등에 엄청난 재원을 쏟아붓고 있기에 EU와의 격차는 줄어들 것으로 보여진다.

그러면 인공지능의 개발과 활용에 있어서 누가 최종 승자가 될 것인가? 여기서 두 가지 질문을 던진다. 최종 승자의 의미가 무엇인가? 우리는 어디쯤 있으며 인공지능의 개발에 있어서 어떤 전략적 목표를 가질 것인가?

인공지능 분야의 최종 승자란 무엇을 말하는 것일까? 원론적으로 말하면 인재, 연구역량, 개발역량, 기업체 수용정도, 데이터, 하드웨어 등 모든 분야에서의 압도적 지위를 의미한다. 현재 미국이 이 모든 분야에서 압도적 지위를 차지하고 있지만, 이런 사실이 향후 인공지능 분야의 최종승자

---

3 저자의 분석임.

인공지능 개발과 관련된 자원 순위

범주	중국	EU	미국
인재	3	2	1
연구	3	2	1
개발	3	2	1
인공지능 채택	1	2	3
데이터	1	3	2
하드웨어	2	3	1

자료: Castro et al.(2019), p. 3에서 인용.

를 보장하지는 않는다. 최종승자란 소비자들이 가장 많이 인공지능을 활용하고, 기업과 산업계가 더 많은 인공지능 관련 기술을 채택하는 것을 의미한다. 아무리 뛰어난 기술이라도 소비자와 기업이 이것을 활용하지 않는다면 아무런 의미가 없다. 그러므로 최종승자는 활용 쪽에 조금 기울어진다.

한국의 전략적 선택과 관련 다음과 같은 질문을 던진다. 한국이 이 모든 분야에서 미국, 중국, EU를 압도할 수 있을까? 그럴 가능성이 전혀 없는 것은 아니다. 반도체 분야에서의 성공 사례가 있기 때문이다. 하지만 인공지능과 관련해서도 이런 사례가 적용될 수 있다고 낙관할 수는 없다. 선택과 집중이 필요하다고 하는 것은 바로 이런 이유에서다. 어느 분야가 좋을까? 개인적인 의견을 전제로 Adoption 즉 기술을 채택해서 활용하는 분야에 집중했으면 한다. 물론 다른 분야를 방치하라는 것은 아니다. 인재의 경우 소수의 천재가 인공지능의 새로운 영역을 열 수 있기 때문이다.

여기서 다시 4차 산업혁명위원회의 권고안을 검토한다. 이 권고의 목표는 '국민 눈 높이에 맞는 양질의 일자리 창출'이다. 이에 대한 기본 원칙으로 '혁신인재 포용, 무한도전 환경, 민간주도 정부 조력'을 들고 있으며, 권고사항으로 사회혁신, 산업혁신, 지능화 혁신 기반 세 가지를 들고 있다. 가장 먼저 질문을 던지고 싶은 것은 4차 산업혁명위원회 권고안의 목표에 대한 것이다. 국민에 대한 양질의 일자리 창출이 중요하지 않다는 것이 아니라, 이 책의 관점에서, 제4차 산업혁명위원회의 콘트롤 타워 목적은 '대한민국의 지속적 번영을 위한 사회, 경제 패러다임의 변화를 위한 미래 비전과 구체적 실천 전략의 수립'이 되어야 한다. 또, 권고안이 제시한 기본원칙 역시 양질의 일자리 창출을 위한 측면이 매우 강하다. 그런 점에서 4차 산업혁명위원회의 활동방향은 상당히 제한적이라고 할 수밖에 없다.

권고 사항을 보자. 이 절에서의 관심인 산업혁신 안에는 바이오헬스, 제조, 금융, 모빌리티·물류, 농수산물 식품, 스마트 시티가 포함되어 있다. 이들 분야에 대한 권고안의 방향은 기본적으로 타당한 것으로 보여진다. 하지만, 어디에서도 그 구체적인 실행계획은 찾을 수 없다. 매우 아쉽다. 특히, 앞에서 설명한 바와 같이 투자의 효율성과 한국의 국가경쟁력 제고라는 측면에서 어디에 선택과 집중을 해야 하는지 그 고민의 흔적을 찾을 수 없다.

셋째, 제4차 산업혁명의 시대를 살아갈 일반 국민 혹은 소비자들을 어떤 방식으로 교육해야 할 것인가 하는 점이다. 이 교육의 문제는 다음 장에서 좀 더 자세히 설명할 것이다.

지금까지 한국의 교육이 준비해 왔던 것은, 비유로 말하자면, 일종의 하드웨어 생산에 관한 것이다. 눈에 보이는 물건들을 더 많이, 더 저렴하게, 더 단시간에 만드는 방법에 몰두하면서 그 목적에 기여하는 교육을 해 왔다는 것이다. 이제 그런 하드웨어를 만드는 것만으로는 경쟁력을 가질 수 없는 시대가 왔다. 하드웨어는 소프트웨어와 적절한 조화를 이룰 때 시너지가 만들어진다. 여기서의 소프트웨어란 컴퓨터 코딩으로 구성된 소프트웨어뿐만 아니라, 컨텐츠, 정보, 지식과 같은 무형의 재화도 포함된다. 그러니 앞으로 필요한 것은 이런 소프트한 무형의 재화를 만들어 나가는 사람이다. 결국 준비된 사람이 필요하다.

문제는 이 준비된 사람을 어디서 찾을 것인가 하는 점이다. 단순하게 생각해야 한다. 우리 교육의 지향점을 바꿀 필요가 있다. '상상력과 창의력이 중요하다.' 틀린 말은 아니다. '디자인 교육을 강화해야 한다.' 역시 틀린 말은 아니다. 하지만 정말 제4차 산업혁명 이후의 시대를 준비해야 한다면, 교육의 방향은 다음과 같이 변경하는 것이 바람직하다: "상상력과 창의력, 디자인 교육을 바탕에 깔고 개인의 개별성을 강조하고, 감성과 소통을 강조하며, 대중보다는 개별자를 존중하는 방향으로 교육의 방향을 바꾸어야 한다."

제2절 기 업

기업 차원의 준비는 앞의 절에서 말한 국가 차원의 준비와 연결된다. 산업정책 차원에서의 선택과 집중은 결국 기업 차원에서의 선택과 집중으로 연결될 수밖에 없기 때문이다. 기업으로서도 공급과잉인 중후장대 산업은 지양하고, 로봇과 자율주행차로 대표되는 미래의 제품에 집중할 필요가 있다. 그런 점에서 이 절에서는 기업이 제4차 산업혁명의 시기에 어떤 태도 혹은 어떤 관점으로 제품을 만들고 비즈니스를 영위하는 것이 바람직한가를 하나의 사례를 들어 설명하기로 한다.

기업 A가 자율주행차를 만드는 것에 집중하기로 결정을 내렸다. 그러면 어떤 관점에서 접근하는 것이 좋을까? 과거에는 뛰어난 기술을 탑재한 차를 저렴한 가격에 만드는 것이 기본이었다. 여기에 광고와 같은 마케팅을 통해 소비자에게 어필하고, 브랜드 이미지를 높이는 것으로 충분히 비즈니스를 영위할 수 있었다. 다가오는 제4차 산업혁명의 시대에는 이러한 요소만으로 충분할까?

그렇지 않다. 세계적인 경쟁에서 이기기 위해서는 '저렴한 가격의 뛰어난 기술을 탑재한 자율주행차'. 이것으로 충분하지 않다. 이것만으로 소비자의 이목을 끌 수 없고, 세계 시장에서 팔리지도 않는다. 무엇이 필요할까? 제3부의 새로운 경쟁력의 원천에서 논의한 체험, 이미지, 스토리, 이야기, 이벤트 등이 필요하다. 달리 말하면, 좋은 차를 만드는 것은 기본이고, 그 좋은 차를 선택하게 하는, 소비자를 지속적으로 그 제품의 구매로 유도하는, 부가적인 요소를 가지고 있어야 한다는 것이다. 아직 출시도 하지 않은 테슬라의 전기자동차 모델 3에 소비자의 예약이 몰리는 이유가 무엇일까? 테슬라의 전기자동차에는 사람을 끄는 체험과 이미지, 그리고 이야기가 있기 때문이다.

결국 기업이 좋은 제품을 만들더라도 그것이 제4차 산업혁명기의 시대적 특성과 부합되지 않는다면 그 제품은 팔리지 않을 가능성이 많다. 그런 점에서 기업 역시 개인이 자신의 경쟁력 향상을 위해 가져야 할 특성 깊이 생각할 필요가 있다. 그 특성에 대해서는 제6장(매혹)에서 자세히 설명할 것이다.

지금까지 기업이 만든 제품을 소비자에게 제대로 팔기 위해서 무엇이 필요한지를 설명했다. 방향을 바꾼 질문이 필요하다. 그런 제품을 어떤 방식으로 만들어야 하는지, 그런 제품을 만드는 기업 자체는 어떻게 변해야 하는가? 제2부와 제3부는 이에 대한 간접적인 답이 될 수 있다. 그 해답의 방향을 한 마디로 요약하면 '자신의 모든 것을 바꾸는 변화'가 된다. 다음 '제4차 산업혁명의 분석'들이 이 변화의 방향에 대한 하나의 시사점이 되기를 바란다.

2014년. 현대차 그룹은 서울 삼성동의 한전부지를 10조 5,500억원에 사들이기로 결정했다. 이 뉴스를 접했을 때 깊은 실망감을 느꼈다. 현대차가 도대체 무엇을 하려고 하는가? 아직 세계 자동차 시장에서 확고한 입지를 다진 상태도 아니고, 노사협력이 원활하게 이루어지는 것도 아니고, 디지털경제의 변화에 따른 자동차 산업의 변화에 앞장서지도 않은 상태에서 부동산에 10조 5,500억원을 투자하다니. 미래 기술 개발과 변화하는 자동차 시장에 대응하기 위해 사용해도 모자란데 그것을 엉뚱한 데 사용하다니. 주식을 가지고 있으면 팔고 싶었다.

그로부터 5년. 관심의 영역에서 벗어나 있던 현대차 그룹에 다시 희망의 싹을 보기 시작했다. 정의선 수부(수석부회장)의 행보 때문이다. 칼라일 공동대표와의 회담에서 보여준 그의 미래 자동차에 대한 인식은 이 책의 제2부에서 제시한 것과 정확히 일치하는 것이다. 가령 다음과 같은 것들이다. '밀레니얼 세대는 자동차를 소유하는 것이 아니라, 공유를 희망할 것이다.' '현대차 그룹의 기업 문화는 스타트 기업처럼 변화할 것이다.' 그 인식의 압권은 '우리의 비즈니스를 제조업에서 서비스 부문으로 전환해야 한다'는 것이다. 이 책의 제2부에서 제시한 자동차 기업이 향후 수송서비스 공급자(transportation-service provider)로 변할 것이라는 예측과도 일치한다. 그래서 5년 후 자율주행차를 양산하기 위해서, 순수자율주행 기술분야 글로벌 3위 기업 앱티브와 자율주행 SW 개발을 전문으로 하는 합작법인을 설립하기로 했다는 것은 매우 고무적인 소식이다. 즉, 현대자동차는 2025 전략을 '스마트 모빌리티 솔루션 기업'을 지향하는 것으로 설정하고 있다. 앞으로의 행보를 지켜보아야 하겠지만 일단 현대자동차 그룹은 제4차 산업혁명이 가져오는 변화의 방향을 정확히 알고 적응하려 노력하고 있다.

"새로운 게임을 하려고 한다면, 비즈니스 모델 혁신을 하려고 한다면, 미안하지만 기존에 들어갔던 리소스(resource, 자원)를 3년 안에 다 없애겠다. 거의 이 정도의 생각을 해야 한다." 최태원 SK 회장의 말이다. 조금 놀랐다. 처음 들었을 때는 어느 벤처기업의 혁신 각오를 밝힌 말로 알았다. SK 그룹과 같은 대기업의 회장이 이런 말을 하다니.

하지만, 이 정도의 인식은 그리 놀라운 것이 아니다. 세계의 경제사를 돌이켜 보면 변화에 적응하지 못해 망하거나 도태한 기업은 한둘이 아니기 때문이다. IT기업은 특히 이런 변화가 심하다. 노키아가 가장 최근의 사례이고, 코닥 역시 마찬가지며, 일본의 소니 역시 과거의 위상을 찾지 못하고 있다. 그래서 변해야 한다. 하지만 이런 말은 조금 식상할 수 있다.

정말 놀란 것은 그가 다음과 같은 말을 했을 때다. "우리가 아주 크게 변하지 않는다면, 3년 안에 새로운 성장동력을 만들지 않는다면, 유형자산이 없는 기업의 하청업체로 전락할 수 있다." 그가 말한 유형자산이 없는 기업이란 플랫폼 기업이다. 우버, 구글, 넷플릭스, 페이스북이 대표적이다. SK 하이닉스가 아무리 현재 잘 나간다하더라도, 제4차 산업혁명 시대의 시장과 경제의 변화에 적응하지 못한다면, 구글에 반도체를 납품하는, 구글의 구매결정에 목숨을 걸 수밖에 없는 기업으로 전락하고 만다는 것이다. 반도체 기업이 그럴진대 석유화학과 같은 중후장대 산업은 더 말할 필요가 없다. 플랫폼 기업의 중요성을 알고, 기업자체의 근본적인 변화(deep change)를 요구한 것은

---

4 저자의 분석.

정말 제대로 된 통찰력이다.

그래서 단순히 인공지능을 도입하고, 기업의 디지털 전환(digital transformation)을 독려하고 스마트 팩토리를 도입한다는 것으로는 충분하지 않다. 제4차 산업혁명 시대 새로운 경쟁력의 원천이 무엇인지를 파악하고, 그것을 획득하기 위한 새로운 기업, 새로운 사업, 새로운 비전을 필요로 한다.

하지만 중요한 것은 말이 아니라 행동이다. 최태원 회장의 인식이 과연 비즈니스 현장에서 어떤 형태로 구체화될지는 조금 더 지켜보아야 한다. 단지, 총수 혼자만의 인식으론 기업 전체의 변화를 이끌어내기 어렵기 때문이다. 그렇지만, 이런 인식이라도 가지고 있다는 것은 그리 가볍게 볼 일은 아니다.

기쁜 마음으로 지켜 보겠다. 아 참. 경제적 여유가 있다면, 그리고 SK 그룹의 변화가 가시화된다면 그룹 지주사 주식이라도 사야겠다.

제4차 산업혁명의 분석 27   삼성과 LG의 사례: CES 2020을 중심으로[5]

삼성과 LG. 이번 CES 2020에서 유달리 돋보였던 기업들이다. 조금 과장되게 말하자면 CES의 관객동원은 이 두 기업이 담당한 것이 아닌가 하는 착각이 들 정도였다. 관객들의 이목을 끈 것은 이 두 기업이 전시한 대형 TV 혹은 QLED와 OLED로 대표되는 디스플레이 기술이었다. 다음 그림에서 보는 바와 같이 삼성은 The Wall이라는 이름 하에, 말 그대로 하나의 벽 전체를 하나의 화면으로 만들었다. LG는 전시관 부스 입구에 동굴을 만들고 그 동굴의 표면에 굴곡진 디스플레이를 설치하였다. 시시각각으로 변하는 그 디스플레이는 관객의 시선을 사로잡기에 부족함이 없었고, 그래서 단순히 부스 안으로 들어가는 것도 쉽지 않았다.

중국 기업들은 어떨까? TCL, Huawei, Changhong 등 중국 기업들도 만만치 않은 규모로 삼성과 LG와 비슷한 제품들을 선보였지만 관객들의 관심을 그다지 끌지 못했다. 하지만, 한 가지 놀라운 사실은 삼성과 LG 부스에 전시된 제품들과 비슷한 제품들이 전시되고 있었고, 일부 제품은 삼성과 LG와 비교해도 손색이 없었다. 시간이 지날수록 이런 경향은 더 강화될 가능성이 높다. 중국 기업이 한국 기업을 추격하는 것은 더 이상 비밀이 아니기 때문이다.

여기서 한 가지 질문을 던진다. 삼성과 LG는 다가오는 제4차 산업혁명의 시기에 무엇을 목표로 기업을 운영하고 있는 것일까? CES에서 수많은 관객의 환호를 받고 CES 혁신상을 수상하는 것으로 만족해도 되는 것일까?

다 아는 바와 같이 애플은 CES에 부스를 열지 않았다. 구글은 Hey Google이라는 이름으로 전시관 외부에 대형 천막을 치고, 헤이 구글이라는 음성 인식 비서가 모든 제품에 어떻게 사용되는지를 체험하도록 하고 있었다. 아마존은 어떨까? '제4차 산업혁명의 분석 4'에서 말한 바와 같이 자신들

---

5 저자의 분석임.

CES 2020에서의 삼성과 LG

주: 위의 사진은 삼성의 The Wall, 아래 사진은 LG 부스 입구의 동굴 디스플레이.
자료: 저자 촬영.

과 협력하는 기업체들을 나열하고, 람보르기니를 알렉사가 콘트롤한다는 것을 강조하고 있었다. 애플, 구글, 아마존이 어떤 기업인지는 모두 알고 있다. 삼성과 LG보다 작은 부스를 열거나, 부스를 열지 않은 이들이 삼성과 LG보다 못한 것일까? 그렇지 않다.

조금 단순화시켜 말한다면 삼성과 LG는 디스플레이와 스마트폰 그리고 가전제품이라는 하드웨어를 만드는 회사다. 물론 그 하드웨어의 품질 때문에 소비자의 이목을 끌고 있지만, 그걸로 충분할까? 애플의 사례를 보자. 주지하는 바와 같이 삼성이 스마트폰의 세계 시장 점유율 1위를 차지하고 있지만, 스마트폰의 수익은 그렇지 않다. 애플이 압도적인 1위를 차지하고, 삼성은 그보다 한참 뒤진 2위를 차지할 뿐이다. LG는 언급하기도 어렵다. 구글은 어떤가? 구글이 제공하는 안드로이드라는 스마트폰의 OS가 아니고서는 삼성과 LG 두 기업 모두 스마트폰을 만들기 어렵다. 헤이 구글이라는 음성 인식 비서도 마찬가지다. 아마존은 어떤가? 이 플랫폼 기업은 오프라인의 모든 유통업을 잡아먹을 기세다. 미국의 블랙 프라이데이에 삼성과 LG의 가전제품이 가장 많이 팔리는 것은 바로 이 아마존을 통해서다.

애플, 구글, 아마존은 삼성과 LG와는 달리 소프트웨어 기업이고, 유형적인 제품을 만드는 것이 아니라 이미 만들어진 제품에 새로운 부가가치를 만드는 기업들이다. 애플이 '왜 소프트웨어 기업인가'라는 의문이 들 수 있다. 아이폰을 중심으로 한 하드웨어 제품을 만들고 있기 때문이다. 하지만 애플 제품들이 소비자의 환호를 받고 있는 이유가 무엇인지를 알면, 애플을 단순한 하드웨어 기업으로 간주하기 어렵다.

다시 돌아간다. 삼성과 LG는 앞으로 어떤 방향으로 나아가야 하는가? 삼성이 소프트웨어에 대한 노력을 하지 않은 것은 아니다. 타이젠이라는 독자적인 스마트폰 OS를 개발하기도 했으니 말이다. 하지만 소프트웨어의 개발에 성공적이지 못했다. 삼성이 나아갈 길은 현재 압도적 우위를 가지고 있는 반도체의 경쟁력을 계속 유지해 나가는 것이다. 하지만, 제4차 산업혁명이 성숙기에 접어들면 반도체 역시 일반적인 부품에 그칠 가능성을 배제하지 못한다. 예를 들자. 자율주행차의 초기에는 그 차 안에 들어가는 센서 때문에 반도체가 각광을 받지만 자율주행차의 보급이 본격화되면 더 이상 그 센서가 중요하지 않을 수 있다. 기술이 보편화된다는 말이다. 그렇게 되면 본격적인 수익은 그 자율주행차에 컨텐츠를 제공하는 기업이 될 수밖에 없다. 구글, 애플, 아마존이 그들이다. 미안한 말이지만 재주는 삼성과 LG가 부리고 돈은 이들이 벌게 된다.

삼성과 LG. 한국을 대표하는 이들 기업은 현재의 사업방향을 그대로 유지하면서(필요하면 여기에도 의문을 제기할 필요가 있다), 사업을 운영하는 방법에 변화를 줄 필요가 있다. 분사와 벤처기업의 활성화가 그것이다. 삼성은 이미 C(Creative) Lab inside와 outside의 형태로 사내 벤처와 사외 벤처를 활성화하고 있다. 그리고 이번 CES 2020의 유레카 파크에 이들 벤처가 개발한 제품을 전시하고 있다. 하지만, 여전히 그 양과 질, 그리고 규모에 있어서 부족하다. 이들 분사와 벤처기업이 구색 맞추기가 아니라면, 경우에 따라서는 이들 벤처가 개발한 제품으로 삼성의 미래 진로를 변경해야 할 수도 있다. 묻고 싶다. 과연 그렇게 할 준비가 되어 있는가? 현재 삼성의 모든 것을 걸고, 모든 것을 다시 바꿀 각오가 되어 있는가? 이런 질문은 단지 삼성에게만 던지는 것이 아니다. LG는 삼성보다 더 큰 각오를 하고 자신의 사업방향과 사업을 운영하는 방법에 대해 고민을 해야 한다. 지금, 삼성과 LG가 만들고 있는 모든 제품들은 조만간 중국 기업들이 만들게 될 것이다.

그러니 소리 나지 않게, 소리를 내지 않으면서 강해야 한다.

제 5 장

교육제도는 어떻게 바뀌어야 하는가?

제 1 절   왜 바뀌어야 하는가?

교육제도가 왜 바뀌어야 하는가?

답은 지극히 단순하다. 지금의 교육제도로는 융합이 보편화되는 미래 사회를 이끌어 갈 인재를 배출하기 어렵기 때문이다. 그 이유는 무엇일까? 이 책에서 일관되게 강조한 사물인터넷과 인공지능의 보급으로 사람들이 살아가는 사회경제적 환경이 지금과는 현격히 달라지기 때문이다. [그림 5-1]에서 보는 바와 같이

그림 5-1   무엇을 배워야 하는가?

"

아이들이 배워야 하는 건 코딩 기술이 아니라 논리적으로 추상하는 힘이다.
세상 만물의 근원을 궁금해하고 사유할 수 있는 힘,
그리고 인공지능과 함께 살아가는 세상을 자연스레 받아들이는 상상력이다.
이런 능력은 '만사가 온통 코딩'인 오늘날을 살아가는 어른들도 유념해야 할 화두다.

"

자료: 삼성전자 뉴스룸, https://news.samsung.com/kr/

인공지능과 함께 살아갈 세상을 준비해야 하기 때문이다.

이 문제를 조금 더 자세히 설명하자. 지금 교육 현장에서는 독창성, 디자인 능력 등을 강조한다. 이런 특질은 중요하다. 하지만 이렇게 교육을 받은 사람들이 사회에 나와 활동을 할 때는 이런 특질은 더 이상 중요하지 않은 것이 된다. 마치 영어교육의 중요성과도 같다. 아무도 영어를 잘 하지 못할 때는 영어를 잘 한다는 것은 매우 중요한 경쟁력의 원천이다. 하지만, 모든 사람이 영어를 어느 정도 잘 하게 되면, 이제 영어를 잘 한다는 것은 경쟁력의 원천이 아니라, 도태하지 않기 위한 기본적인 요소가 된다. 앞으로 20년, 지금 강조하는 독창성, 디자인 능력은 당연히 갖추어야 할 기본적인 요소가 된다. 미래의 교육은 무엇을 강조하는 방향으로 바뀌어야 하나?

이 답에 질문을 하기 전 교육제도가 바뀌어야 하는 또 하나의 이유, 즉 융합의 중요성을 다시 강조하고 싶다. 모든 기술과 상품이 융합되고, 그래서 기업과 산업의 경계가 사라지게 되면, 특정 분야의 전문성보다는 모든 분야를 어느 정도 알면서 한두 가지의 분야를 깊이 아는 특성이 중요하게 된다. 중요한 것은 무엇을 전공했는가가 아니라, 주어진 문제를 어떻게 해결할 수 있는가 하는 점이다. 문제를 해결하기 위해서는 특정 분야의 지식뿐 아니라, 그 분야와 관련된 다방면의 지식도 알 필요가 있다. 통찰력이 필요하다는 것이다.

조금 요약하자. 인공지능과 더불어 살아가야 하는 미래의 사회에서, 지금 현장에서 강조되는 덕목은 더 이상 경쟁력의 원천으로 작용하지 않게 되고, 앞으로는 단순한 지식과 정보보다는 주어진 문제를 해결할 수 있는 통찰력이 더 중요해진다.

하지만, 이 책은 교육제도의 변화를 집중적으로 분석하기 위한 것이 아니다. 단지, 교육제도의 변화는 필연적이라는 것을 강조하고, 교육제도가 기본적으로 어떻게 바뀌어야 하고, 바뀌어진 교육제도의 틀 안에서 무엇이 강조되고 학생들이 무엇을 배워야 하는지를 간략히 설명할 것이다.

제 2 절 어떤 방향으로 바뀌어야 하는가?

"21세기에 당면하고 있는 복잡한 문제들이 학교와 학문의 영역을 넘어 새로운 유형의 융합연구 및 교육을 요구하고 있다."

스탠포드 총장의 말처럼 결국, 핵심은 교육의 변화다. 그렇다면 어떤 방향으로의 변화가 필요할까? 그 기본 방향은 개괄적으로 다음과 같이 정리할 수 있다([그림 5-2] 참조).

첫째, 우선 가장 기본적인 대학교육의 변화가 필요하다. 대학의 학부에서 전공을 구분하는 것은 이제 아무런 의미가 없다. 학부에서는 경계가 없어지는 산업과 세계를 이해하기 위해 작은 격자 속에 놓여있는 각 학문 분야를 융합할 필요가 있다. 부분이 아닌 전체, 격리가 아닌 통합, 단절이 아닌 연속을 이해할 인재가 필요하다는 말이다. 이런 학부 교육의 변화가 이루어진다면, 세부적인 지식과 정보의 전달보다는 문제를 장기적으로, 거시적으로 통찰하고 문제의 근원과 파급효과를 함께 이해하면서 해결책을 제시하는 안목을 기를 수 있게 된다.

둘째, 세부적인 전공에 대한 교육이 필요하다면 그것은 대학원 과정에서 진행하면 된다. 하지만 대학원 과정 역시 지금과 같이 분리된 격자식의 과정이 아니라, 융합대학원과 같은 형태로 구체적인 문제해결 방법을 제시할 수 있는 안목을 키우는 통합적인 과정으로 운영될 필요가 있다.

셋째, 이런 대학과 대학교육의 변화를 담보하기 위해서는 매우 높은 정도로 대학의 자율성이 보장되어야 한다. 지금과 같이 교육부가 학생의 선발, 학생의 교육과정, 대학에 대한 지원책을 규정하는 관행은 시정될 필요가 있다. 인구의 감소에 따라 대학에 진학하는 학령인구가 줄어드는 과정에서 교육부의 과도한 간섭과 개입은 제4차 산업혁명 시대의 인재 양성을 저해하는 요인으로 작용할 수 있다.

넷째, 초중등 교육은 이런 대학교육의 변화를 전제로 현재와 같은 6-3-3이 아니라 다양한 형태로 변할 필요가 있다. 이런 문제를 효과적으로 검토하기 위해 별도의 검토위원회를 설립하되, 여기서 제시된 결론은 권고가 아닌, 실행가능한 정책으로 입안되어야 한다.

다섯째, 이렇게 외형적인 교육제도가 변한다면 그 교육에서 강조하는 방향은 어떻게 바뀌어야 할까? [그림 5-2]는 이에 대한 하나의 제언이다. 가운데 원에 위치한 상상력, 창의력, 디자인과 관련된 교육은 여전히 시행되어야 할 기본 덕목이다. 하지만, 이것은 단지 필요조건에 불과할 뿐 충분조건은 아니다. 더 중요한 것은 학생의 개별성을 존중하고, 감성과 소통을 강조하고, 대중보다는 개인으로서의 개별자를 서로 존중해주는 역량을 키우는 것이다. 이런 교육의 기본방향

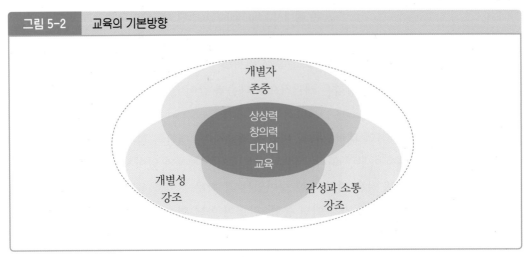

그림 5-2　교육의 기본방향

개별자
존중

상상력
창의력
디자인
교육

개별성
강조

감성과 소통
강조

자료: 저자작성.

을 한 단어로 표현하면 그것은 '끼'라는 말로 표현할 수 있을지 모른다. 하지만 이 것은 극히 그 특성을 극히 일부분밖에 표현하지 못할지 모른다. 그러면 그것은 무엇일까?

제 6 장

하나의 제언: 매혹

제4장과 제5장에서 새로운 교육의 방향 혹은 새로운 경쟁력을 배양하기 위한 방안으로 다음과 같은 제언을 했다.

"제4차 산업혁명 시대를 준비하기 위해서는 상상력과 창의력, 디자인 교육을 바탕에 깔고 '개인의 개별성을 강조하고, 감성과 소통을 강조하며, 대중보다는 개별자를 존중하는' 방향으로 교육의 방향을 바꾸어야 한다."

이런 방향으로 교육의 방향이 틀어진다면, 아니 이런 식으로 개인과 기업의 경쟁력을 키우는 방향으로 우리의 의견이 모아진다면, 여기에서 나올 수 있는 가장 바람직한 특성은 무엇일까? 아니, 위와 같은 교육의 지향점을 한 단어로 표현한다면 무엇이라고 정의할 수 있을까?

나는 그것을 매혹이라는 말로 정의하고 싶다. 매혹이 왜 중요하고 그것은 어떤 특성을 가질까? 그 매혹을 이해하기 위해서는 조금 긴 설명을 필요로 한다(자세한 것은 다음 '제4차 산업혁명의 분석 28'을 참조).

모든 사람이 동의하는 바와 같이 애플은 디지털경제 2.0, 즉 모바일 혁명의 시기를 대표하는 기업이다. 애플은 스티브 잡스가 만든 아이폰, 아이패드, 맥 컴퓨터에 열광하는 소비자들로 가득 찬 매력적인 기업이다. 여기서 질문 하나를 던진다. 이 애플은 제4차 산업혁명이 만개한 이후에도 매력적인 기업이 될 수 있을까? 아니, 현재(2020년)의 관점에서 이 기업은 여전히 매력적인 기업일까?

다양한 견해가 있을 수 있지만, 현재의 애플은 매력적인 기업이기보다는 '좋은 기업'의 특성을 더 많이 가진다. 시가총액으로만 본다면 애플은 세계 경제역사상 보기 드문 훌륭한 기업이다. 이렇게 훌륭한 기업으로 만든 것에 스티브 잡스의 뒤를 이은 팀 쿡의 공로가 없을 수 없다. 하지만, 팀 쿡이 한 것은 스티브 잡스가 만든, 소비자를 홀리는 제품들을, 더 개량하고 더 크게 더 작게 더 다양하게 바꾼 것이다. 세상을 놀라게 하는 새로운 제품을 만들지는 않았다는 것이다. 이런 분석은 무엇으로 연결될까? 이것은 애플이 현재와 같은 사업패턴을 지속해 간다면 미래에는 매력적이지 않을 가능성이 많다는 것을 의미한다. 무엇이 이런 평가에 이르게 했을까? 혁신, 자기변화, 스스로를 부정하고 새롭게 태어나는 것이 지속적이지 않다는 것이다. 과거의 성공에 도취되어 그 성공을 연장시키는 것에 불과하다는 것이다.

그런 점에서 현재 구글은 현재 매우 매력적인 기업이다. 끊임없이 새로운 분야를 개척하고 새롭게 변신을 하고 있기 때문이다. 하지만, 이 구글도 디지털경제 3.0의 시대, 혹은 제4차 산업혁명기의 시대에는 평가가 달라질 수 있다. 그 이유는 무엇일까? 감동이 없기 때문이다.

매혹을 이해하기 위해서는 매력과 함께 감동을 필요로 한다. 매혹에는 매력과 감동이 다 있지만, 그 반대는 성립하지 않는다. '아' 하는 소비자의 탄성. 그 하나가 그 기업을 다른 기업과 차별화시키는 경쟁력의 원천이 된다. 스티브 잡스의 애플에는 그 감동이 있었다. 하지만, 이제 그 감동은 테슬라와 엘론 머스크로 넘어갔다. 아직 출시도 하지 않은 모델 3에 소비자들은 열광하며 지갑을 연다. 하지만, BMW나 GM이 출시하는 전기자동차에는 열광하지도 않고 지갑도 열지 않는다. 심지어는 BMW나 GM의 전기자동차가 성능이 더 뛰어나도 그렇다.

이 매혹이 있는 인물의 다른 예는 누구일까? 손정의가 그 후보에 오를 수 있다. 손정의는 2017년 8월 CEO 자리에서 물러나기 위해 2년 전인 2014년 니케시 아로라를 부사장으로 임명했다. 하지만, 더 일을 하기 위해 은퇴계획을 공식적으로 철회하고 니케시 아로라 부사장에게 사퇴를 요청했다. 손정의의 말이 재미있다. 인류 역사의 큰 패러다임이 변하고 있는데 (물러나지 않고) 일을 더 하고 싶다는 것이다. 어떤 일일까? 인공지능에 몰두하고 싶다는 것이다. 손정의의 소프트뱅크는 인터넷과 전자상거래, 통신업체를 뛰어넘어 이제 로봇과 인공지능의 분야까지 자기 변신을 거듭하고 있다.[1]

엘론 머스크와 손정의도 매혹을 품고 있는 인물이 아닐 수도 있다. 그럼 없는

---

1 손정의는 2020년 현재 그의 주도로 설립된 비전펀드의 열악한 실적 때문에 다소 힘든 시기를 지나고 있다. 비전펀드에서 투자한 '위워크'라는 공유사무실이 시장에서 인정을 받지 못하고 있기 때문이다. 또 비전펀드에서 투자한 한국의 쿠팡도 지속적인 적자를 기록하고 있을 뿐, 아직 한국의 온라인 시장마저 장악하지 못하고 있다. 손정의에게는 다소 힘든 시기일 수 있다. 앞으로 그가 다시 어떻게 변할지 지켜볼 필요가 있다.

것일까? 그렇지는 않다. 지금 서울의 판교, 북경의 중관촌, 새너제이의 실리콘 밸리에서 막 창업을 하거나 창업을 준비하고 있는 인물일 수도 있다. 그것도 아니라면 그 매혹적인 인물은 바로 '당신(you)'일 수 있다.

이제 결론을 내릴 때다. 개인이건 (기업이건) 다가오는 제4차 산업혁명의 시기를 성공적으로 헤쳐 나가기 위해서 가장 필요한 덕목은 그러므로 '매혹'이라고 할 수 있다.

제4차 산업혁명의 분석 28　매혹[2]

혁신, 디자인, 상상력 그리고 감동마저 뛰어 넘어야 한다
"승리란 여러분이 선택한 목적지에 다다르는 것이다. 그것은 진보와 성취 그리고 자신에게 의미하는 바이다"
– 잭 웰치 –

디지털 캐피털(digital capital)이라는 개념을 만든 돈 탭스콧은 과거 세계 5대 글로벌 IT기업을 다음과 같이 규정한 바 있다: 애플, 구글, 아마존, 알리바바, 삼성. 하지만, 이것은 과거의 분류이다. 현재는 FAANG(Facebook, Apple, Amazon, Netflix, Google)의 시대다. 아니다. 이 또한 과거의 분류다. 지금은 MAGA(Microsoft, Amazon, Google, Apple)의 시대다. 공통점은 무엇일까? 무엇으로 보건 애플, 구글, 아마존은 포함된다.

애플과 아마존, 그리고 구글은 아마 2020년 이후에도 끊임없이 인구에 회자될 것이다. 그러나 그 이후에도 이들은 지금의 위치를 유지할 수 있을까? 여전히 불확실하다. 앞서 말한 바와 같이 변화의 속도는 너무 빠르기 때문이다. 필자는 2040년까지 이 격변하는 시대에 자신의 존재를 부각시키고 성공하기 위한 한 단어를 제시하고자 한다.

그것은 다름 아닌 매혹(魅惑: enchantment)이다. 매혹은 감동을 전제로 하고, 매력 혹은 품격을 뛰어넘는 것이다. 매혹이 있으면 말로 표현할 수 없는 힘으로 사람을 감동시킬 수 있지만, 매력적이고 사람에게 감동을 준다고 해서 거기에 매혹이 있다고 할 수 없다. 매혹은 그 이상의 힘이다. enchantment라는 영어 단어가 부적절할 수 있지만 그것은 마술과 같은 힘으로 사람을 사로잡는 점에서 일맥상통하다. 당연히, 매혹적이기 위해서는 혁신, 디자인, 상상력, 컨텐츠, 심지어 품격, 스토리텔링, 경험 등 제4차 산업혁명의 경쟁력과 관련된 모든 요소가 포함된다.

이런 기업이 있을 수 있을까? 나는 현재의 테슬라 자동차 회사와 이 회사를 만든 엘론 머스크에서 이 매혹의 실마리를 본다. 테슬라 모델 S. 어떤 차일까? 누구도 전기자동차를 만들어 팔기 주저할 때 과감히 상용화를 시도한 테슬라의 주력모델이다. 한 번 충전하면 400km 이상을 간다. 놀랍게도 엘론 머스크는 이 차를 타고 뉴욕에서 LA까지 미국을 횡단했다. 내비게이션을 비롯한 모든 시스템이 터치스크린과 버튼을 통해 조작 가능하고 스마트폰, 태블릿, 자동차가 하나로 연결되어 유기적으로 움직인다. 게다가 디자인마저 빼어나다. 하지만, 명심하자. 나는 이 테슬라와 엘론 머

2　필자가 부산일보 2015년 3월 9일에 쓴 칼럼을 수정 보완.

테슬라의 엘론 머스크와 소프트뱅크의 손정의

자료: 왼쪽 엘론 머스크의 사진은 구글 '재사용가능' 이미지에서 검색. https://en.wikipedia.org/wiki/Elon_Musk; 오른쪽 손정의의 사진은 네이버 CCL에서 검색. http://blog.naver.com/sinjeongcc?Redirect=Log&logNo=220355308557.

스크에서 매혹의 실마리를 본 것이지 매혹 그 자체를 본 것은 아니다.

사람에만 국한시킨다면 매혹의 실마리가 보여지는 사람은 또 있다. 소프트뱅크를 만들고, 마윈의 알리바바에 투자하고, 미국의 스프린트에 이어 T 모바일의 인수마저 추진하는 손정의가 그 사람이다. 손정의는 최근 로봇 사업 진출을 밝히며 인간과 대화할 수 있는 페퍼라는 로봇을 양산할 계획임을 밝혔다. 또, 있다. 앞으로 제4차 산업혁명의 성패를 좌우하는 것은 인공지능이라는 것을 알고 첫째도, 인공지능, 둘째도 인공지능, 셋째도 인공지능이라며 인공지능의 개발에 집중하고 있다. 인터넷과 전자상거래, 통신업체, 로봇, 그리고 인공지능. 변신도 이 정도면 거의 마술의 수준이다.

애플의 신사옥은 마치 우주선 같고, 구글의 신사옥은 거대한 식물원 같다. 일하고 계획하고 쉬는 사옥마저 이들은 평범을 거부하고 매혹의 요소를 집어넣으려 한다. 위로만 올라가려는 한국의 기업들이 한 번 눈여겨보아야 하지 않을까? 팔이 안으로 굽듯이 이런 매혹의 단서를 한국의 기업이 보여주면 얼마나 좋을까? 하지만, 정작 세계를 사로잡을 매혹의 기업은 지금 미국의 실리콘 밸리, 중국의 중관촌, 혹은 대덕의 어느 창고에서 힘들게 무엇인가를 만들고 있을 가능성도 없지 않다.

참고문헌

여기에 제시된 참고문헌 목록에는, 더 깊고 본격적인 연구를 위한 출발점으로서, 본문 중에 직접 언급되거나 인용되지 않은 것들도 포함되어 있음.

강승준(2019), "블록체인 기술의 현황과 금융권 활용방안 전망," KT 경제경영연구소.

고재경(2014), "3D프린팅 기술 현황 — 소재산업을 중심으로." 『산은조사월보』, 2014년 09월호(제706호).

김기홍(2006), 『디지털 경제론』, 파주: 법문사.

_____(2014), "디지털경제의 발전에 따른 시기구분에 대하여: 웹 개념과의 연관성을 중심으로," 『e-비즈니스 연구』, 제15권, 제3호, pp. 411-432, 사단법인 국제 e-비즈니스 학회.

_____(2016), 『디지털 경제 3.0』(제3판), 파주: 법문사.

_____(2018), "디지털무역의 개념과 디지털무역 활성화를 위한 국제적 논의의 분석," *Asia-Pacific Journal of Multimedia Services Convergent with Art, Humanities, and Sociolocy*, vol. 8, no. 9, 사단법인 인문사회과학 기술융합학회.

김대식(2019), 『당신의 뇌, 미래의 뇌』, 서울: (주) 북하우스 퍼블리셔스.

김민식 · 정원준(2014), "사물인터넷(IoT) 관련 가치사슬 및 시장 구성요소 현황," 정보통신연구원.

김민정(2017), "공유경제의 안정적 성장을 위한 정책방향," 『KDI FOCUS』, 통권 제83호.

김민정 · 이화령 · 김순주(2016), 『공유경제에 대한 경제학적 분석: 기대효과와 우려요인 및 정책적 함의』, 연구보고서 2016-11, 서울: 한국개발연구원(KDI).

김영혁(2016), "자동차의 '서비스화' 시작되고 있다," 『LG Business Insight』, 2016. 03. 23. LG 경제연구원.

김예구(2015), "블록체인 기술과 금융의 변화," 『KB 지식 비타민』, 15-91호.

김재덕(2017), "4차 산업혁명의 거대 플랫폼, 스마트시티," 『월간 기술과 경영』, 2017년 11월호.

김홍태(2013), "3D 프린터 시장 현황과 파급효과," 『KB daily 지식 비타민』, 13-77호.

김회민(2017), "인공지능 기술의 발달과 가상 개인비서 서비스의 진화," 『KB 지식 비타민』, 16-53호.

노용관(2017), "인터넷 전문은행의 개인금융 파급영향," 『주간 KDB 리포트』, 2017. 09. 11. KDB 미래전략연구소.

대한민국 정부부처 합동(2019), 『2019년 3D 프린팅산업 진흥 시행계획』.

박상현(2017), "지능정보기술이 가져올 사회변화와 산업혁신," 『월간 기술과 경영』, 2017년 11월호.

박정희(2019), 『산업데이터 활용기반 비즈니스 모델 및 적용 사례』, 이슈페이퍼 2019-07, 한국산업기술진흥원.

박종규(2019), 『4차 산업혁명 보고서』, 경기도: 생능출판.

배수현(2015), "부산 주력산업과의 융합을 통한 사물인터넷 시장 확대 정책 필요," 부산발전포럼, 부산발전연구원.

산업통상자원부(2014), "창조경제 구현을 위한 제조업 혁신 3.0 전략," 『보도자료』, 2014. 06. 26.

서미란(2019), "국내·외 3D프린팅 활용사례와 시사점," 정보통신산업진흥원 이슈리포트.

서영희(2017), "자율주행자동차 시장 및 정책동향," 『월간SW중심사회』, 2017년 6월호.

세계경제연구원(2017), 『제4차 산업혁명과 한국경제의 미래』, 서울: 세계경제연구원.

유기윤·김정옥·김지영(2017), 『2050 미래사회보고서』, 서울: 라온북.

이소아(2017), "스마트팩토리가 뭔가요?," 틴틴경제, 2017년, 7월 8일, 중앙일보.

이자연(2019), "가상증강현실(AR, VR)산업의 발전방향과 시사점," 『월간 KIET 산업경제』, 2019년 2월호. 세종: 산업연구원.

이장재(2019), 데이터 경제와 국가기술혁신체계(NIS)의 역할, 『5G 시대, 데이터경제와 국가혁신체계의 역할』, KISTEP 혁신전략연구소 제3회 NIS 정책 콜로키움, 서울.

이재용·사공호상(2015), "스마트도시 해외동향 및 시사점," 『국토정책 Brief』, No. 529. 국토연구원.

이재용 외(2018), 『스마트시티 유형에 따른 전략적 대응방안 연구』, 세종: 국토연구원.

이종주(2019), "데이터 소유권 동향," 『월간SW중심사회』, 2019년 10월호, pp. 26-35.

이현숙(2017), "자율주행자동차 기술개발의 특징 및 정책동향," 『융합 위클리 TIP』, Vol. 92.

이현지·김광석(2015), "사물인터넷의 국내외 시장 및 정책동향," 『주간기술동향』, 2015. 09. 16. 정보통신기술진흥센터.

주대영·김종기(2014), 『초연결시대 사물인터넷(IoT)의 창조적 융합 활성화 방안』, 이슈페이퍼, 2014-342, 산업연구원.

전황수(2014), "사물인터넷 시장 및 국내외 개발 동향," 『주간기술동향』, 2014. 01. 22. 정보통신산업진흥원.

조용수(2015), "똑똑한 기계들의 시대, 인공지능이 만드는 미래 세상," 『LG Business Insight』, 2015. 09. 02. LG 경제연구원.

차두원(2018), 『이동의 미래』, 서울: 한스미디어.

차석근(2017), "제조혁신, 스마트공장," 『월간 기술과 경영』, 2017년 11월호.

최윤식(2019), 『미래학자의 통찰의 기술: 미래를 꿰뚫어보고 변화를 주도하는 생각의 도구』, 파주: 김영사.

카카오뱅크(2019), "2019 상반기 한국카카오은행 현황".

케이뱅크(2019), "케이뱅크은행 현황 2019년 상반기".

편석준·진현호·정영호·임정선(2014), 『사물인터넷: 클라우드와 빅데이터를 뛰어넘는 거대한 연결』, 서울: 미래의 창.

하나금융경영연구소(2016), "비트코인의 거래 메커니즘과 사설블록체인 활용 동향".

하원규(2015), "제4차 산업혁명의 신지평과 주요국의 접근법,"『주간기술동향』, 2015. 08. 26. 정보통신산업진흥원.

한국과학기술기획평가원(2016),『2014년도 예비타당성조사 보고서 자동차전용도로 자율 주행 핵심기술개발 사업』.

한국과학기술평가원(2017),『IMD 2017 세계경쟁력 연감 분석: 과학 및 기술 인프라 중 심』, 조사자료 2018-003.

한국로봇산업진흥원(2017),『2015년 로봇산업 실태조사 결과보고서』.

한국산업기술진흥원(2017),『디지털무역과 미국 무역정책』.

한국정보화진흥원(2018), "세계속의 빅데이터,"『BigData Monthly』, Vol 42, 서울: 한국정 보화진흥원.

한국컨텐츠진흥원(2017),『컨텐츠 산업 통계조사 2016』.

한진아 역(2018),『인공지능이 인간을 죽이는 날』, 고바야시 마사카즈 지음, 서울: (주) 새 로운 제안.

현우진(2019), "뉴미디어의 시작과 넷플릭스의 모듈화,"『주간기술동향』, 2019. 07. 17. 정 보통신기획평가원.

황종모 · 한승우(2017), "해외 주요국 디지털화폐 관련 제도 및 시장 현황,"『전자금융과 금 융보안』, 제7호.

BP 기술거래(2018),『제4차 산업혁명의 꽃 전장산업, 왜 삼성은 전장사업에 목숨을 걸까』, 서울: (주) BP 기술거래.

IBK 경제연구소(2017),『중소기업 CEO를 위한 내 손안의 4차 산업혁명』, 서울: IBK 경제 연구소.

KAIST 문술미래전략대학원 · 미래전략연구센터(2019),『KAIST 미래전략 2019: 기술변화 부터 국제정세까지 한반도를 둘러싼 메가트렌드 전망과 전략』, 파주: 김영사.

KAIST 정보미디어 연구센터(2012), "KAIST 글로벌 엔터테인먼트 산업 경쟁력 보고서 2012".

4차 산업혁명위원회(2019),『4차 산업혁명 대정부권고안』, 서울: 대통령 직속 4차 산업혁 명위원회.

Atkinson, Robert. D. & Foote, Caleb(2019), *Is China Catching Up to the United States in Innovation?*, Information Technology and Innovation Foundation.

Azmeh, S. and C. Foster(2016), "The TPP and the digital trade agenda: Digital Industrial policy and Silicon Valley's influence on new trade agreements," *Working Paper Series*, No. 16-175, Department of International Development, London School of Economics and Political Science(LSE).

Baldwin, Richard(2019), *The Globotics Upheaval*, London: The Orion Publishing Group Ltd.

Beede, D., R. Powers, and C. Ingram(2017), *The Employment Impact of Autonomous Vehicles*, ESA Issue Brief # 05-17, Office of the Chief Economist, Economics and Statistics Administration, US Department of Commerce.

Berryhill, J. et al.(2019), Hello, *World: Artificial intelligence and its use in the public sector*, OECD Observatory of Public Sector Innovation.

Chace, Calum(2017), 『경제의 특이점이 온다: The Economic Singularity』, 신동숙 옮김, 서울: 비즈페이퍼.

Chun, S. U.(2016), "Autonomous Driving opens a new era of competition between IT and automobiles," *LGERI Report*, Aug 17 2016, pp. 20-33.

Clements, Lewis M. & Kara M. Kockelman(2017), "Economic Effects of Automated Vehicles," *Transportation Research Record*. No. 2606, pp. 106-114.

Credit Suisse(2019), *Global wealth report 2019*, Credit Suisse Research Institute.

Department for Transport(2015), *The Pathway to Driverless Cars: A Code of Practice for testing*, Department for Transport of the United Kingdom.

Dutton, Tim, Barron, Brent, and Boskovic, Gaga(2018), *Building an AI World: Report on National and Regional AI Strategies*, Canadian Institute For Advanced Research.

European Commission Directorate General for Research and Innovation(2018), *Future of Work*, Future of Society.

European Commission Joint Research Centre(2019), *China: Challenges and Prospects from an Industrial and Innovation Powerhouse.*

European Political Strategy Centre(2019), *10 Trends: Shaping innovation in the digital age.*

Fefer, Rachel F. and Shayerah I. Akhtar, and Wayne. M. Morrison(2017), *Digital Trade and U. S. Trade policy*, Congressional Research Service, 7-5700.

Gaub, Florence(2019), *Global Trends to 2030: Challenges and Choices for Europe*, European Strategy and Policy Analysis System.

Gemma, Joe(2017), "How robots conquer industry worldwide. IFR Press Conference," Presented at the meeting of International Federation of Robotics, 2017, September 27: Frankfurt, Germany.

The White House(2019), "Summary of the 2019 White House Summit on Artificial Intelligence in Goverment," *The White House Office of Science and Technology Policy.*

International Federation of Robotics(2017a), *Executive Summary World Robotics 2017 Industrial Robots.*

_____(2017b), *Executive Summary World Robotics 2017 Service Robots.*

_____(2018), "IFR Press Conference worldwide presentation material," Presented at the meeting of International Federation of Robotics, 2018, October 18: Tokyo, Japan.

_____(2019a), *Executive Summary World Robotics 2019 Service Robots.*

_____(2019b), *World Robotics 2019 Preview.*

_____(2019c), "IFR Press Conference worldwide presentation material," *Presented at the meeting of International Federation of Robotics, 2019,* September 19: Shanghai, China.

Harvard Business Review(2013), *Internet of Things: science fiction or business fact?,* Methodology and participant profile.

John, F. Sargent Jr. & R. X. Schwartz(2019), *3D Printing: Overview, Impacts, and the Federal Role,* Congressional Research Service.

KIAT(Korea Institute for Advancement of Technology)(2017), *Digital Trade and America's Trade policy,* KIAT, GT 2017−US04, Seoul.

KIM, GI HONG(2018), "Why are Autonomous Vehicles Important?," *Asia-Pacific Journal of Multimedia Services Convergent with Art, Humanities, and Sociolocy,* vol. 8, no. 8.

_____(2014), "A Study on the Characteristics of Bitcoin: Is Bitcoin Money or not?," *The Journal of Internet Electronic Commerce Research,* Vol. 14, No. 2, pp. 115−132, Korea Internet e−Commerce Association.

KIM, J. K.(2017), "The Current Status of Global Digital Commerce and Main Issues," *KOTRA Global Issue Forum* No. 9, 2017. 11. 17.

Kim, J. K. and S. K. Na, J. M. Jang, S. H. Lee, and M. Y. Lee(2015), *The Main Issues in International Digital Commerce and Kores's Policy Response,* Korea Institute for International Economic Policy(KIEP), Research Report 15−18, Seoul.

Kurzweil, Ray(2007), 『특이점이 온다: Singularity is near』, 김명남, 장시형 옮김, 파주: 김영사.

Lanctot, Roger(2017), *Accelerating the Future: The Economic Impact of the Emerging Passenger Economy,* STRATEGY ANALYTICS.

Lashinsky, Adam(2018), 『우버 인사이드: Wild Ride』, 박영준 옮김, 서울: 행복한 북클럽.

Lund, Susan & Manyika, James(2016), *How digital trade is transforming globalisation,* International Centre for Trade and Sustainable Development(ICTSD) and World Economic Forum(WEF).

Ma, Hua−teng(2018), 『공유경제』, 양성희 옮김, 파주: 주식회사 열린 책들.

Mandel, Michael(2013), "Can the Internet of Everything Bring Back the High−Growth Economy?," Policy memo, progressive policy institute.

Manyika, J. et. al.(2015), *The Internet of Things: Mapping the value beyond the hype excutive summary,* McKinsey Global Institute.

McQuinn, Alan & Castro, Daniel(2019), *A Policymaker's Guide to Blockchain,* Information Technology and Innovation Foundation.

McEvoy, Sharlene. A(2014), "Brave New World: The Economic Impact of the Driveless Car: A Bumpy Road Ahead," *Proceedings of the 4th International Conference on*

Environmental Pollution and Remediation. 2014, August 11−13: Prague, Czech Republic.

McKinsey & Company(2013), "The Internet of Things and the future of manufacturing," a discussion paper uploaded in the homepage of McKinsey & Company.

_____(2014), "Making connections: An Industry perspective on the Internet of Things," a discussion paper uploaded in the homepage of McKinsey & Company.

_____(2015a), *The Internet of Things: Mapping the value beyond the Hype.* June 2015.

_____(2015b), "The Internet of Things: Five critical questions," a discussion paper uploaded in the homepage of McKinsey & Company.

_____(2015c), "An executive's guide to the Internet of Things," a discussion paper uploaded in the homepage of McKinsey & Company.

Meltzer, Joshua P.(2016), *Maximizing the opportunities of the internet for international trade,* International Centre for Trade and Sustainable Development(ICTSD) and World Economic Forum(WEF).

Min, K. S. and H. C. Jung and J. H. Jun(2016), "Digital Trade and Korea's Trade," *Trade Focus 2016,* No. 19, Institute For International Trade(IIT).

MIT Work of the Future(2019), The Work of the Future: Shaping Technology and Institutions Fall 2019 Report.

Morvan, Laurence(2016), *Data: The Fuel of the Digital Economy and SME Growth,* Accenture, Paris, France.

OECD(2003), *ICT and Economic Growth.*

_____(2017), *OECD Employment outlook 2017.*

_____(2019), *OECD Employment outlook 2019: The future of work.*

Office of the Director of National Intelligence(2019), *National Intelligence Strategy of the United States of America 2019.*

Porges, Amy & Enders, Alice(2016), *Data Moving Across Borders: The Future of Digital Trade Policy,* International Centre for Trade and Sustainable Development(ICTSD) and World Economic Forum(WEF).

Rifkin, Jeremy(2012), 『3차 산업혁명: The Third Industrial Revolution』, 안진환 옮김, 서울: 민음사.

_____(2014), 『한계비용 제로사회: 사물인터넷과 공유경제의 부상, The zero Marginal cost society: the internet of things, the collaborative commons, and the eclipse of capitalism』, 안진환 옮김, 서울: 민음사.

PWC(2014), *The Sharing Economy: Sizing the Revenue Opportunity.*

_____(2019), *The macroeconomic impact of artificial intelligence.*

Schwab, Klaus(2016), 『제4차 산업혁명: The Fourth Industrial Revolution』, 송경진 옮김, 서울: 새로운 현재.

_____(2018), 『더 넥스트: The Next』, 김민주 · 이엽 옮김, 서울: 메가스타디 (주).

Servoz, Michel(2019), *The future of work? Work of the future*, Brussel: European Commission.

Shell, Ellen Ruppel(2019), 『일자리의 미래』, 김후 옮김, 서울: (주) 예문아카이브.

Standing, Guy(2014), 『프레카리아트: The Precariat』, 경기도 고양: 박종철 출판사.

United States Government Accountability Office(2019), *Advanced Manufacturing: Innovation Institutes Have Demonstrated Initial Accomplishments, But Challenges Remain in Measuring Performance and Ensuring Sustainability: Report to Congressional Committees.*

World Economic Forum(2016), *The Future of Jobs.*

World Economic Forum(2018), *The future of jobs report 2018.*

국가통계포털(http://kosis.kr/)

네이버(www.naver.com)

더샵(www.thesharp.co.kr)

미국 해병대 공식홈페이지(www.marines.mil)

비즈니스워치(http://news.bizwatch.co.kr/)

비즈니스포스트(www.businesspost.co.kr)

삼성전자 뉴스룸(https://news.samsung.com/kr/)

시사저널(www.sisapress.com)

아이뉴스24(www.inews24.com)

아이리버(www.iriver.co.kr)

애플 홈페이지(www.apple.com)

앱스토리(http://news.appstory.co.kr/)

연합뉴스(www.yonhapnews.co.kr)

이코노미스트(www.economist.com)

인사이터스(www.insightors.com)

조선비즈(http://biz.chosun.com/)

조선미디어 블로그(http://blogs.chosun.com/)

중앙일보(https://joongang.joins.com/)

파이낸셜뉴스(www.fnnews.com)

한겨레(www.hani.co.kr)

한국경제(www.hankyung.com)

현대차 저널(news.hmgjournal.com)

Airbnb news room(https://news.airbnb.com/ko)

Bitcoincharts(https://bitcoincharts.com/)

CNET News(www.cnet.com)

CoinMarketCap(https://coinmarketcap.com/)

CraveOnline(www.craveonline.com)
→ www.craveonlinemedia.com으로 주소변경

DeepMind Blog(https://deepmind.com/blog/)

EWAO(http://ewao.com/)

Flickr(www.flickr.com)

Forbes(www.forbes.com)

Hill Air Force Base(www.hill.af.mil)

HMG Journal(http://blog.hmgjournal.com/)

IoT Analytics(https://iot-analytics.com/)

Linkedin(www.linkedin.com)

M2M Guiden(www.m2mguiden.se)

Newzoo(https://newzoo.com/)

Observer(https://observer.com/)

Pixabay(https://pixabay.com/)

Recode(www.recode.net)

Shapeways(www.shapeways.com)

Secondlife(https://secondlife.com/)

SK 채용 공식블로그(www.skcareersjournal.com)

techpedia(https://www.techopedia.com/definition/190/artificial-intelligence-ai)

Techtopia(www.techopedia.com)

The Economist(www.economist.com)

The Week(www.theweek.co.uk)

Time(https://time.com/)

Traffic Safety Store(www.trafficsafetystore.com)

Useoftechnology(www.useoftechnology.com)

Wikimedia Commons(https://commons.wikimedia.org/)

Wikipedia(https://en.wikipedia.org/)

Wired(www.wired.com)

Wohlers Associate(https://wohlersassociates.com/blog/)

Youtube(www.youtube.com)

찾아보기

영문

[저자약력]

• 학사: 서울대학교 인문대학 국사학과
• 석사: 서울대학교 대학원 경제학과
• 박사: Universtiy of California, San Diego
   전공: 응용게임이론(협상, 국제통상), 정보경제학(IT, 디지털경제)

[주요경력]
• 중앙일보 이코노미스트 誌 "시론" 집필위원
• 동아일보 객원논설위원
• 부산일보 경제칼럼 집필위원
• 국제신문 기획시리즈 집필위원
• 산업연구원(KIET) 디지털경제실장
• 국회 디지털경제연구회 자문위원
• 산업자원부 뉴라운드 자문위원
• 국제 e-비즈니스학회 부회장
• 한국국제통상학회 회장
• 외교부 정책자문위원(현)
• 부산대학교 경제통상대학 경제학부 교수(현)

[주요 연구실적]
• 『디지털경제 3.0』 법문사
• 『서희, 협상을 말하다』 새로운 제안
• 『전략적 협상』 법문사
• 『새로운 산업경쟁력 원천으로서의 B2B: 이론과 실제』(공저), 산업연구원
• "국제적 정보격차, 어떻게 이해할 것인가?"
• "산업연관분석을 이용한 한국 IT서비스 산업의 구조분석"(공저)
• "부상하는 인도의 IT산업과 한국과 인도의 IT산업 협력의 기본방안"
• *Information Technology and Regional Economic Development: A Korean Perspective*
• "The Role of GATT in Trade Negotiations: A Game-Theoretic perspective"
• "Why do or do not Nations settle their disputes bilaterally?"외 다수

제4차 산업혁명

2020년 3월 10일 초판 인쇄
2021년 6월 25일 초판 2쇄 발행

| 저 자 | 김 기 홍 |
| 발행인 | 배 효 선 |

발행처 도서출판 **法 文 社**

주 소   10881 경기도 파주시 회동길 37-29
등 록   1957년 12월 12일 / 제2-76호(윤)
전 화   (031)955-6500~6 Fax (031)955-6525
e-mail (영업): bms@bobmunsa.co.kr
        (편집): edit66@bobmunsa.co.kr
홈페이지 http://www.bobmunsa.co.kr

조 판 (주)성 지 이 디 피

정가 23,000원   ISBN 978-89-18-91096-3